VEINTE CUENTOS
HISPANOAMERICANOS
DEL SIGLO XX

Veinte Cuentos Hispanoamericanos del Siglo XX

Edited with *Introduction,*
Notes, and *Vocabulary* by

ENRIQUE ANDERSON-IMBERT
and
LAWRENCE B. KIDDLE

University of Michigan

New York

APPLETON-CENTURY-CROFTS, INC.

PQ
7085
.A5

*A nuestro
admirado amigo
Hayward Keniston*

PREFACE

In this anthology of Spanish American short stories of the twentieth century we have attempted to offer the greatest possible variety. The authors, presented chronologically according to the year of their birth, speak for successive generations, each having its own peculiar force. These writers represent well the literary regions of Spanish America: four authors from the Plate River region (Argentina and Uruguay); one from the Gran Chaco area (Paraguay and northeastern Argentina); one from the southern Pacific coast (Chile); three from the Andean region that was formerly the Incan Empire (northwest Argentina, Bolivia, Peru, and Ecuador); three from the northern Andean region (Colombia and part of Venezuela); five from the Caribbean area (Cuba, Puerto Rico, Dominican Republic, the coast areas of Venezuela and Colombia, and part of Central America); and three from the Mexican area (Mexico and most of Central America). Our twenty authors illustrate the most important literary currents of the last fifty years: modernism, realism, naturalism, ultraism, surrealism, and existentialism. Some of the stories are urban in locale, and others take place in a rural setting. The characters portrayed belong to all the economic and racial classes that comprise the complex society of Spanish America. The diversity of themes is rich: stories of love, detectives, animals, physical conflict, children, superstitions, fantasy, psychological analysis, death, and domestic drama. The variety of moods is equally rich, since the stories depict deep tragedy as well as comedy. Throughout the anthology we have striven to maintain a high level of artistic accomplishment, and we trust that this collection, in addition to serving as a means for teaching the Spanish language to English-speaking students, will also be useful for the teaching of Spanish American literature in more advanced courses at the university and college level.

The historical introduction on the short story in Spanish America, together with the individual comments that precede each story, will be of value for literary study. The *preguntas* that follow each story provide an opportunity for conversational practice at both the intermediate and the advanced levels. The stories we have chosen are reproduced in all cases without change in the original published versions, except for corrected punctuation. The vocabulary is intended for intermediate and advanced students and, consequently, does not include those words that we believe to be familiar to the student who has completed his elementary training in the language. The footnotes to the text clarify passages whose difficulties involve common words omitted from our vocabulary and, in several cases, provide information of value in appreciating the texts themselves.

We are grateful to the authors or to their representatives who gave us so generously the right to reproduce their stories in this anthology. We are also grateful to Professor J. W. Barlow, whose patience, kindness, and encouragement made this publication a reality.

E.A.-I.
L.B.K.

CONTENTS

A SPECIAL NOTE TO OUR READERS

THE CHRONOLOGICAL arrangement of the stories in this collection, although necessary for an appreciation of the development of the short story in Spanish America, is not the best order to follow for students at the intermediate level, where a progression of linguistic difficulties is desirable. Our recommendation to the teachers and students of these classes or to casual readers at the same level in learning the Spanish language is to read the stories in the following order:

Easy

UNA MONEDA DE ORO
EL PESO FALSO
EL HOMBRE MUERTO
ESPUMA Y NADA MÁS
FATHER'S DAY
A ESE LUGAR DONDE ME LLAMAN

Medium

LA DORADILLA
EL GUARDAGUJAS
EL DUEÑO DEL INCENDIO
EL TESTIGO INESPERADO
HOMBRES EN TEMPESTAD
EL CHOLO QUE SE VENGÓ
EL ÁRBOL

Hard

In this group the footnotes, which are relatively scarce in the other two groups, become more numerous and more extensive.

SANTOS TARQUI
LA LLUVIA
POR QUÉ LAS NARIGUETAS DE LOS NEGROS ESTÁN HECHAS DE FAYANCA
EL «PAYÉ»
LA ESTRELLEMAR
YZUR
LA MUERTE Y LA BRÚJULA

VEINTE CUENTOS
HISPANOAMERICANOS
DEL SIGLO XX

The Short Story
in Spanish America [1]

THE COLONIAL PERIOD: 1492–1810

DURING THE course of the conquest and colonization of
the New World many Spaniards wrote chronicles in
which we find occasionally examples of artistic storytell-
ing. Sometimes these stories were derived from the rich
popular traditions of the Middle Ages and the Renais-
sance; sometimes their inspiration came from the authors'
own experiences in the New World; and at other times
they represented colorful legends learned from indige-
nous cultures. Bernal Díaz del Castillo (Spain, 1496?–
1584), for example, offers pages of lively narrative. Afterward came the native American chroniclers, both
mestizos and *criollos,* who left works that contained
abundant narrative elements. Typical of these was Inca
Garcilaso de la Vega (Peru, 1539–1616). There are sufficient narrative materials from the colonial period itself
for an interesting anthology. However, the sense of these
narratives depended on a context foreign to imaginative
literature, and, consequently, they cannot be considered
as short stories. The short story constitutes an independent literary genre, completely autonomous and possessed of its own dignity. It is a short prose composition

[1] The comments that precede each story in our anthology are amplifica-
tions of this introductory outline. The authors whose names appear in small
capitals are included in the anthology and the reader can find additional
information about them in the introductions to their stories.

—short enough to be read at a single sitting—which presents its characters and circumstances at a crisis or turning point. The skillful development of the successive steps in an action plus the ability to conceal the denouement serve to hold the reader's attention until the end of the story. If we define the short story in this way, we are forced to admit that its appearance in Spanish American literature is comparatively recent.

THE INDEPENDENCE PERIOD: 1810–1824

(*Authors born between 1775 and 1800*)

At the end of the eighteenth century and at the beginning of the nineteenth, the development of journalism popularized the *cuadro de costumbres*, or sketch of manners and customs. These sketches frequently had the structure of a short story and, in this period, it is often difficult to distinguish the sketch from a true short story. The inspiration for these journalistic productions came from Europe, especially from France (Jouy, Mercier), from England (Addison, Steele) and, of course, also from Spain. Spanish picaresque literature had influenced France and England, and now it was returning with new spirit to its point of origin. One of the notable *costumbristas* of the eighteenth century in Spain was José de Clavijo y Fajardo (1730–1806), who wrote under the pseudonym, *El Pensador*. In the Spanish American colonies the same pseudonym was borrowed by several journalists, the most famous of which was *El Pensador Mexicano*, Fernández de Lizardi (Mexico, 1776–1827), the greatest *costumbrista* of the independence period. The most striking characteristic of this first appearance of sketches of manners in Spanish America was the author's intent to stimulate political reforms.

The First Romantic Generation

(*Authors born between 1800 and 1830*)

The first numerous group of writers who seemed to fluctuate between the description of customs and the invention of plots and creation of characters was composed of those who wrote between 1825 and 1860, or in the period when the Spanish overseas empire had broken up into separate, independent countries. These authors were romantics. Their pages not only contained an intention to effect reform but they were also interested in local color, in the inner life of people, in their traditions, and in the national soul. Civil wars between rival *caudillos* followed the wars of independence against Spain, and the literature of the period had a background of either anarchy or tyranny. Much of the writing of the period denounced political evils and sought to overthrow dictators. Esteban Echeverría (Argentina, 1805–1851), for example, wrote a vigorous *cuadro de costumbres,* "El matadero," which might also be classed as one of the first good short stories in our literature. Throughout all of Spanish America this type of literature appeared.[2] Of all countries, however, it was in Colombia, perhaps, that the cross-fertilization between the *costumbrista* sketch and the short story proper produced the greatest amount of literature.[3]

[2] In Argentina in addition to Echeverría we could add the names of Domingo Faustino Sarmiento, José María Gutiérrez, and Vicente Fidel López. In Chile, Jotabeche (1809–1858) and, above all, José V. Lastarria (1817–1888). In Peru, Felipe Pardo (1806–1868) and Manuel Ascencio Segura (1805–1871). In Venezuela, Fermín Toro (1807–1865). In Mexico, Manuel Payno (1810–1894) and José María Roa Bárcena (1827–1908). In Cuba, Cirilo Villaverde (1812–1894), José Victoriano Betancourt (1813–1875), and José María de Cárdenas y Rodríguez (1812–1882).

[3] José Manuel Groot (1800–1878); Juan de Dios Restrepo, better known as Emiro Kastos (1827–1894); José María Samper (1828–1888); José María Vergara y Vergara (1831–1872); José Manuel Marroquín (1827–1908); and José Caicedo Rojas (1816–1897).

THE SECOND ROMANTIC GENERATION

(*Authors born between 1830 and 1845*)

Between 1860 and 1880 the social and political life of Spanish America became less violent. At least some countries attained a certain constitutional tranquility and order. Short-story writers were then able to observe more calmly life around them or to delve into and re-create the colonial past. They were romanticists like their predecessors and, like them, they continued to write stories with *costumbrista* descriptions or *costumbrista* sketches with narrative characteristics.[4] The most extraordinary storyteller of this generation was Ricardo Palma (Peru, 1833–1919). He added to the intertwined threads of the *costumbrista* sketch and the short story a third thread, that of history. His *Tradiciones peruanas* are not strictly short stories, but it would be impossible to exclude them from a history of the short story because, in the evocation of the past, Palma resorts to all the typical devices of the short-story art.

FROM REALISM TO MODERNISM

(*Authors born between 1845 and 1865*)

From 1880 to 1895 international capitalism fostered great technical progress. Masses of European immigrants arrived in the Americas and they brought with them new attitudes and work habits. Governments laid stress on material progress, and Spanish America entered an era of prosperity. Writers began to cultivate art for art's sake, and stories of greater artistic merit began to appear. Even the short stories that were similar to those of

[4] The Mexicans, Ignacio Manuel Altamirano (1834–1893) and Vicente Riva Palacio (1832–1896); the Ecuadoreans, Juan León Mera (1832–1894) and Juan Montalvo (1832–1889); and the Argentinean, Lucio Victorio Mansilla (1831–1913).

an earlier period were written with careful attention to style. Furthermore, new themes made their appearance.

(a) *Realism.* On one hand, there was a desire to explore the entire Spanish American scene. Geographically, the scope of literature widened to include descriptions of previously unknown regions. More important than that, however, was the fact that the writers believed that the masses of Indians, Negroes, mulattoes, mestizos, and *zambos* deserved to be full members of society together with the whites and that they should appear in literature not as picturesque background characters but as important elements. The writers who presented objectively these new settings and characters with new themes left the romantic *costumbrista* sketch and eventually attained the realistic short story.[5]

(b) *Idealism.* On the other hand, there were authors who decided to explore their own sensibilities, to idealize reality, and create a world of pure fantasy. This subjective tendency derived also from romanticism and, taking on poetical, lyrical, and idealistic elements, it ultimately led to a very refined style of writing known as modernism. In their desire to be moderns these authors tried to imitate European literary fashions. They were impressed by the richly imaginative prose of authors who wrote in exotic languages like German (Heine, Hoffmann) or English (Poe) or by the Spanish lyric poets who in turn were inspired by Germanic tendencies (Bécquer). They were also fascinated by the ideals of the French Parnassians (Gautier, Baudelaire, Coppée, Mendès), whose artistry they sought to transfer to the short story. Stimulated by these influences, the Spanish American short story achieved elegance, subtlety, and flexibility. We can even appreciate a rare sensibility

[5] The Peruvian, Clorinda Matto de Turner (1854–1909); the Argentinean, José S. Álvarez (1858–1903); the Mexicans, José López Portillo y Rojas (1850–1923) and Rafael Delgado (1853–1914); and the Colombian, Tomás Carrasquilla (1858–1940).

with a preference for daring imagery unusual at that time in the works of such writers as Eugenio María Hostos (Puerto Rico, 1839–1903), Eduardo Wilde (Argentina, 1844–1913), and Manuel José Othón (Mexico, 1858–1906); but the first group of modernist short-story writers, or better modernist poets who also wrote short stories, was composed of José Martí (Cuba, 1853–1895), Manuel Gutiérrez Nájera (Mexico, 1859–1895), Julián del Casal (Cuba, 1863–1893), and Rubén Darío (Nicaragua, 1867–1916). Only the last of these lived to write in the present century.

MODERNISM, CRIOLLISMO, NATURALISM
(*Authors born between 1865 and 1880*)

In the period 1895–1910 modernism reached its flowering. Rubén Darío was its most influential exponent not only in Spanish America but also in Spain. The glittering modernist style, however, found itself in difficulties when it sought to tell a story because of the essential conflict between the carefully turned phrase and the necessity of presenting the realistic development of an action. The balance between the two is not easy to maintain, and if a writer devotes his efforts to one he generally neglects the other. Frequently the modernists told their stories with the same lyric tension they employed in their poems. However, even the realistic and naturalistic storytellers and also the regionalistic writers and folklorists were sensitive to the new art of prose. It would be an oversimplification to classify the stories of this period as idealistic, where the author's inner self is supreme, or realistic, where the outer world is foremost in importance. The fact is that many of the story writers given to lyric flights lowered their eyes to regional customs and landscapes and indulged in a sort of *criollismo* and even Indianism. On the other hand, many of the writers most attached to earthy, everyday reality often turned to abnormal themes and, in this direction, entered a rare area of neuroticism and decadence bordering on estheticism. Without intending to oversimplify this complicated picture let us glance briefly first at the idealistic and then at the realistic short story.

LEOPOLDO LUGONES and HORACIO QUIROGA, first of all, are discussed in detail in our text immediately before their stories. Many other writers cultivated also fantastic and science fiction, metaphysical problems, metapsychical experiences, horror and mystery tales, allegories, and utopias.[6]

We have already pointed out that some story writers, although nurtured on the aristocratic ideals of modernism, chose to put their art at the service of themes typical of *criollismo*. The Venezuelans, Manuel Díaz Rodríguez (1868–1927), Luis Manuel Urbaneja Achelpohl (1874–1937), and Rufino Blanco Fombona (1874–1944), were noteworthy in this respect. The last of these placed himself squarely in the realistic camp in his narrative literature. There is no doubt that from realism as represented throughout Spanish America came, if not the best stories from a stylistic point of view, at least the richest in the observation of the life and landscapes of that area.[7] Its preferred themes were of country life. At times, as in the case of Javier de Viana (Uruguay, 1868–1927), the naturalistic conception of life led these writers to pre-

[6] For example, Amado Nervo (Mexico, 1870–1919); Clemente Palma (Peru, 1872–1937); Atilio Chiappori (Argentina, 1880–   ); Fabio Fiallo (Dominican Republic, 1866–1942); Pedro Emilio Coll (Venezuela, 1872–1947); Rafael Barrett (Paraguay, 1876?–1910).

[7] The Argentineans, Manuel Ugarte (1878–1951) and Roberto Payró (1867–1928); the Chileans, Federico Gana (1867–1926) and Baldomero Lillo (1867–1923); the Peruvian, Enrique López Albújar (1872–   ); the Colombian, Efe Gómez (1873–1938); the Mexican, Micrós (1868–1908); the Costa Rican, Magón (1864–1936); the Cubans, Miguel de Carrión (1875–1929) and Jesús Castellanos (1879–1912); and the Uruguayan, Javier de Viana (1868–1927) are but a few of the writers of this realistic current.

sent men and women as mere products of the soil. Since the conflicts between the haves and the have-nots and between man and Nature had already become acute in Spanish America, the most frequent note in the realistic short story was one of protest against social injustice and human sufferings.

THE DECADE 1910–1920

(Authors born between 1880 and 1895)

Again in this period we see repeated the fluctuation between story writers who seemed to draw inspiration from their own inner life and those who discovered it in the crude reality of the American scene. The greater stress and importance went to the latter. The alignment for this period then was, on the one hand, a small group of writers proud of their intimate approach [8] to their art, and, on the other hand, the recalcitrant realists, a legion too numerous for individual mention here.[9] The bridge that joined the two sides was for those writers of aristocratic bearing and intent whose works frequently had humble *criollo* themes.[10]

[8] Among these is the Mexican, Alfonso Reyes (1889–   ), one of the greatest of contemporary writers, although his production in the field of the short story is very small. Also of small output in this genre is the very original Julio Torri (Mexico, 1889–   ). Perhaps, we should consider as short stories the incidents or episodes in *Memorias de Mamá Blanca* by Teresa de la Parra (1891–1936). The Guatemalan, Rafael Arévalo Martínez (1884–   ) is, to be sure, a short-story writer of prime importance, and the Cuban, Federico de Ibarzábal (1894–   ), merits attention.

[9] Noteworthy among these are the Argentineans, Benito Lynch, Álvaro Yunque, and GUILLERMO ESTRELLA; the Uruguayan, Adolfo Montiel Ballesteros; the Chileans, Mariano Latorre, Rafael Maluenda, Fernando Santiván, and Luis Durand; the Central Americans, Carmen Lira and Joaquín García Monge; the Cubans, Carlos Loveira and Marcelo Salinas; and the Mexican, Mariano Azuela.

[10] The Mexicans, FRANCISCO MONTERDE and Ermilo Abreu Gómez (1894–   ); the Peruvians, Abraham Valdelomar (1884–1917) and Ventura García Calderón (1886–   ); the Argentinean, Ricardo Güiraldes (1886–1927); the Venezuelan, Rómulo Gallegos (1884–   ); the Chilean, Eduardo Barrios (1884–   ); and the Bolivian, Alcides Arguedas (1879–1946). Many of

THE DECADE 1920–1930

(*Authors born between 1895 and 1905*)

In the years of World War I the boldest among the young writers were influenced by the incoherent tendencies of Europe. As was to be expected, the disrupting action of cubism, futurism, creationism, surrealism, and other "isms" set words free, enriched metaphorical invention, and discovered obscure zones of the subconscious, but all this was accomplished at the cost of the narrative requirements of the true short story. This furious uprising against order and common sense soon passed on—in Spanish America it was called "new sensibility," "vanguardist literature," "ultraism,"—but a few writers amused themselves by deliberately destroying the traditional short-story pattern. There is little point in mentioning them here. Other writers, while conserving a playful attitude, nevertheless wrote more carefully, even though their stories became a display of iridescent metaphors, like those of Jaime Torres Bodet (Mexico, 1902–   ), or else so tenuous as to evaporate into thin air, like those of Enrique Labrador Ruiz (Cuba, 1902–   ).

The more constructive of the vanguardists wrote fantastic, detective, philosophical, or lyrical stories. Since Argentina was the country whose life had attained the highest level of artificiality and cosmopolitan sophistication, there, more than anywhere else, the antirealistic literature was to be found. At the head of this movement was JORGE LUIS BORGES, with Silvina Ocampo, Manuel Peyrou, and others behind him. Elsewhere in Spanish America short-story writers appeared who were rich in

these are better known as novelists. The most famous short-story writer of this group is the Cuban, Alfonso Hernández Catá, who belongs also to Spanish literature. Another interesting short-story writer from Cuba is Luis Felipe Rodríguez.

imagination, lyricism, and personal originality: the Salvadorean, SALARRUÉ, the Cuban, NOVÁS CALVO, the Venezuelan, USLAR PIETRI. At times these writers felt the fascination of ethnography and began to collect legends of Indians and Negroes. A well-known author of this group is LYDIA CABRERA.

One of the unstudied aspects of Spanish American literature is the spread of vanguardist stylistic techniques, above all, those of expressionism and surrealism, to the short story of a political or a social theme. In general, however, the political and social stories were written with realistic techniques.[11]

The realistic storytellers were customarily not interested in portraying the psychology of their characters but only the circumstances of their lives. Existentialism or, at least, that anguished meditation about a flesh and blood individual that we associate with Kierkegaard, came to inspire another type of story. It was neither idealistic nor realistic literature. Its originality lay precisely in its refusal to separate the human soul from the external world. Authors of this type of literature were interested in comprehending human existence as a life program that every individual launches from a given situation in the world. The most famous exponent of this tendency was Eduardo Mallea, better known as a novelist, but also outstanding as the author of short stories whose characters indulge in monologues concerning the meaning of their lives as people born to be Argentineans.

[11] For example, the Argentineans, Roberto Arlt, Leonidas Barletta, Bernardo Verbitsky; the Uruguayans, Juan José Morosoli, Francisco Espínola, and ENRIQUE AMORIM; the Chileans, Manuel Rojas, Salvador Reyes, Juan Marín, González Vera, and Marta Brunet; the Paraguayan, Gabriel Casaccia; the Bolivian, Augusto Céspedes; the Peruvian, FERNANDO ROMERO; the Ecuadoreans, José de la Cuadra and DEMETRIO AGUILERA MALTA; the Colombians, ADEL LÓPEZ GÓMEZ and HERNÁN TÉLLEZ; the Cubans, Enrique Serpa and Carlos Montenegro; the Mexicans, Gregorio López y Fuentes, Cipriano Campos Alatorre, Juan de la Cabada, Rubén Salazar Mallén, Mauricio Magdaleno, José Mancisidor, Francisco Rojas González and JORGE FERRETIS; and the Dominican, Juan Bosch.

THE LAST TWO DECADES: 1930–1950

(*Authors born between 1905 and 1925*)

The authors born after 1910 whose works began to appear during the 1930's remain to be treated in our survey. These authors lived in times unsuitable for literary endeavor. Since 1930 political struggles throughout the world have been all-absorbing. Communism with its revolutionary propaganda, fascism with its barrack conspiracies, the bitter consequences of the fall of the Spanish Republic, World War II and, afterward, the dictatorships and civil wars with the waning of liberalism everywhere have given recent writers a tone of desperation, irony, and skepticism. Some "escapists" among them have taken refuge in fantasy, in poetic stories, in the chesslike complication of detective stories, or in stories based on childhood memories.[12] Others seriously and in great torment set out to depict this terrifying world in which we live, to present vigorous psychological studies, or to protest the evils of contemporary social conditions.[13] However, all this really does not belong as yet to literary history. It is a characterization of our own times and we lack sufficient perspective to appreciate the meaning of these narrative currents and the true value of the writers. Only the course of time will permit a just evaluation of the Spanish American short story of the present.

[12] The Argentineans, Enrique Anderson Imbert, Adolfo Bioy Casares, and Julio Cortázar; the Chilean, MARÍA LUISA BOMBAL; the Mexican, JUAN JOSÉ ARREOLA; the Uruguayan, Mario Benedetti; the Venezuelan, Julián Padrón; the Cubans, José Lezama Lima, Virgilio Piñera, and Félix Pita Rodríguez; and the Ecuadorean, Alejandro Carrión.

[13] The Mexicans, Francisco Tario and Juan Rulfo; the Guatemalan, Monteforte Toledo; the Venezuelan, Guillermo Meneses; the Ecuadoreans, Enrique Gil Gilbert and Adalberto Ortiz; the Peruvian, José María Arguedas; the Chileans, Francisco Coloane and Andrés Sabella; the Uruguayans, Julio C. Da Rosa and Juan Carlos Onetti; and the Cubans, José M. Carballido Rey and Dora Alonso de Betancourt.

Notes on American Spanish

AN ANTHOLOGY of contemporary Spanish American stories that eliminated works in which either regional or nonstandard Spanish forms appeared would fail to give an adequate representation of the literature of this century. Even its pedagogical value would be questionable, since it would offer an equally inadequate sample of the living language of present-day Spanish America. A somewhat similar result would occur if we excluded from a selection of contemporary North American writers those authors who used regional and popular American English in their works. In each case important works by outstanding authors would be omitted. In this anthology our choice of authors and works has not been influenced by whether they reflect standard Spanish usage or not. We explain the linguistic aspects of our selections in the footnotes, vocabulary, and the following outline.

Approximately one third of the authors whose works appear in our anthology make use of nonstandard Spanish in their stories. For the most part this popular regional spoken Spanish is used by these authors to give certain of their characters an added dimension that cannot be disregarded. The variations in word meanings between what is called standard Spanish and the types represented in our collection are adequately covered in our vocabulary; but certain differences in pronunciation, accentuation, and word usage heard among unlettered rustics and semiliterate city dwellers or in the informal speech of cultured people deserve brief comments.

I. Vowels

A. When concurrent vowels occur in separate syllables or words (*hiatus*), popular speech joins them in a single syllable:

1. Like vowels fuse: **ques** (que es); **quel** (que el); **destar** (de estar).

2. Unlike vowels form diphthongs or triphthongs with the accent shifting to the more open vowel:

   a – í becomes ái: **laisla** (la isla), **ai** (ahí), **caiban** (caían)
   o – í becomes ói: **óido** (oído)
   e – á becomes iá: **fondiado** (fondeado), **diagua** (de agua), **tiagás** (te hagás)
   e – ó becomes ió: **dioro** (de oro)
   a – ó becomes áu: **áhura** (ahora)
   a – é becomes ái and finally **e**: **trerse** (traerse)
   o – é becomes ué: **nues** (no es)
   e – ay becomes iáy: **¿quiay?** (¿qué hay?)

B. Concurrent vowels may generate a glide sound between them: **seya** (sea); **vadeyo** (vadeo); **cambeye** (cambée from a popular infinitive **cambear** for cambiar); **oyí** (oí).

C. Unstressed vowels tend to change their nature, influenced frequently by surrounding consonants: e becomes i, as in **incontrado** (encontrado); **ricuerdo** (recuerdo); **pidía** (pedía).

II. Consonants

A. A **d** between vowels or in word-final position becomes weakened in pronunciation and frequently disappears:

1. -ado becomes -ao and, less acceptable socially, -au: **criao** (criado); **burlao** (burlado); **atrasao** (atrasado); **amontonáu** (amontonado); **matáu** (matado).

2. -ido becomes -ío: **marío** (marido); **querío** (querido).

3. -d is very commonly lost in informal conversation of all socio-economic classes: **mitá** (mitad); **tempestá** (tempestad); **usté** (usted).

B. Grouped consonants are frequently simplified: -ct- becomes -t- as in **dotor** (doctor); -sl- becomes -l- as in **juguémola** (juguémosla); **nie-** becomes **ñe-** as in **ñevado** (nievado, a popular form used for nevado); -st- becomes -t- as in **quisites** (quisiste) or **dijites** (dijiste). The final -s added to these forms is through analogy (see IV A).

C. The pronunciations given to certain letters of the alphabet vary considerably throughout the Spanish world. Our authors show the following Spanish American pronunciations:

1. ll pronounced like **y**: **faya** (falla); **cuchiyo** (cuchillo); **estreyemar** (estrellemar).

2. l in syllable- or word-final position pronounced as **r**: **curpa** (culpa); **barsa** (balsa); **ar** (al); **er** (el).

3. h aspirated and written **j** although pronounced like our **h** in how: **josco** (hosco); **juído** (huído).

4. **f** pronounced like the English **h** and written **j**: **ajuera** (afuera);
juera (fuera); **juerzas** (fuerzas); **juí** (fuí); **juimos** (fuimos).
5. **hue-** and **bue-** pronounced **güe-**: **güevo** (huevo); **güey** (buey).

III. Words are influenced in their form by other words similarly used
(*analogy*).
A. **quisites** for **quisiste**, **dijites** for **dijiste** are preterit forms and
show by their final **s** the influence of other tenses where a final **s** marks
the second person singular.
B. **caiban** for **caían** shows the influence of **iba** and other imperfect
indicative forms of -ar verbs in -aba, etc.

IV. Sounds often change places within a word (*metathesis*): **naide**
for **nadie**; **niervo** for **nervio**.

V. Sounds may be added to the beginning of a word without changing the meaning (*prosthesis*): **afigurarse** (figurarse).
A. At times a preceding preposition has been absorbed and a new
infinitive is created: **dir** (de + ir), **dentrar** (de + entrar plus the
influence of the preposition **dentro**).

VI. Sounds may be omitted from the unaccented beginning of words
(*apheresis*): **ber** (haber); **biera** (hubiera); **bía** (había); **tá** (está);
taba (estaba); **tábamos** (estábamos); **nojao** (enojado); **tarraya**
(atarraya).

VII. Sounds may be added within a word (*epenthesis*): **seya** (sea);
ambuleto (amuleto).

VIII. Meaningless sounds may be added at the end of a word
(*epithesis* or *paragoge*). This tendency is very rare and is only found
in isolated rural areas: **cadávere** (cadáver).

IX. Sounds may be lost at the end of an unstressed word (*apocope*):
pa (para); **pal** (para el).

X. Spanish American rustic speech often preserves forms either lost
or else extremely rare in peninsular Spanish. Our text has the following archaic forms: **naide** (nadie), **muncho** (mucho), **vide** (vi),
mesmo (mismo), **pos** (pues), **ansina** (así), **dende** (desde), **alante**
(adelante), **hey, nuei, mey** (he, no he, me he).

XI. *Voseo*. Instead of **tú** the archaic **vos** is used in large areas of
Spanish America as the intimate form of address for the second person
singular. The verb and pronoun forms used with **vos** are generally the
same forms used with **tú** with the following exceptions (using **tomar,
comer, vivir**, and **levantarse** as sample verbs):
A. Present Indicative: **vos tomás, vos comés, vos vivís.**
B. Present Perfect Indicative (Ecuadorean usage): **vos habís tomado, vos habís comido, vos habís vivido.**

C. Present Subjunctive: **vos tomés, vos comás, vos vivás.**

D. Command forms: **tomá (vos); no tomés. comé; no comás. viví; no vivás.**

E. Pronoun usage: **te** is the reflexive and object form for **vos** usage, for example, **vos te levantás, levantate, no te levantés.** The object of a preposition is, however, **vos,** for example, **voy con vos, estaba pensando en vos.**

Leopoldo Lugones

ARGENTINA

LEOPOLDO LUGONES (1874–1938) made contributions to Spanish American poetry that were no less important and valuable than those of Rubén Darío. He was, like Darío, a verbal gymnast, but he was more versatile. Lugones was out of sorts with the world, with literature, and even with himself. In his dissatisfaction he changed ideas and forms constantly. He finally committed suicide, but even in his last days he sought new forms of expression. We know this because his posthumously published verses and stories reveal him to have adopted an extremely nationalistic, popular, and *criollista* position. A comparison between the baroque style of *La guerra gaucha* (1905) and the simple style of the posthumous stories would measure the distance traversed in the development of Lugones' prose.

The influence of Lugones on the younger writers in Spanish America was the result of his poetical works, especially his *Lunario sentimental* (1909). However, his short stories were also held in much esteem, for example, by Jorge Luis Borges.

His most celebrated collections of short stories are *Las fuerzas extrañas* (1906) and *Cuentos fatales* (1924). In the first of these we find admirable stories presenting themes of tragedy, fantasy, abnormal psychology, and science fiction, among them "La lluvia de fuego," "Los caballos de Abdera," and "Yzur." This nonrealistic trend

16

places Lugones in a literary family founded by the American, Edgar Allan Poe. In "Yzur," Lugones describes the procedures of teaching an ape to talk. The value of the story, however, is not in the plot but in its atmosphere of mystery. Taking advantage of the obscurity surrounding the origin of human life and the strong effect on our imagination that the similarity between apes and men has always had, Lugones has imagined an original point of departure: the idea that in the beginning apes were men, but that they stopped talking and preferred to be animals in order to protect themselves from their rapacious human brethren.

Yzur

Compré el mono en el remate de un circo que había quebrado.

La primera vez que se me ocurrió tentar la experiencia a cuyo relato están dedicadas estas líneas,[1] fué una tarde, leyendo no sé dónde, que los naturales de Java atribuían la falta de lenguaje articulado en los monos a la abstención, no a la incapacidad. «No 5 hablan, decían, para que no los hagan trabajar.»

Semejante idea, nada profunda al principio, acabó por preocuparme hasta convertirse en este postulado antropológico:

Los monos fueron hombres que por una u otra razón dejaron de hablar. El hecho produjo la atrofia de sus órganos de fonación 10 y de los centros cerebrales del lenguaje; debilitó casi hasta suprimirla[2] la relación entre unos y otros, fijando el idioma de la especie en[3] el grito inarticulado, y el humano primitivo descendió a ser animal.

Claro está que si llegara a demostrarse esto, quedarían ex-15 plicadas desde luego todas las anomalías que hacen del mono un

---

[1] **a . . . líneas** whose description is the subject of these lines
[2] **debilitó . . . suprimirla** it weakened even to the point of elimination
[3] **fijando . . . en** reducing the language of the species to

ser tan singular; pero ello no tendría sino una demostración posible: volver el mono al lenguaje.[4]

Entretanto había corrido el mundo con el mío, vinculándolo cada vez más por medio de peripecias y aventuras.[5] En Europa
5 llamó la atención, y de haberlo querido,[6] llego a darle la celebridad de un *Cónsul;*[7] pero mi seriedad de hombre de negocios mal se avenía con tales payasadas.

Trabajado por mi idea fija[8] del lenguaje de los monos, agoté toda la bibliografía concerniente al problema, sin ningún resultado
10 apreciable. Sabía únicamente, con entera seguridad, *que no hay ninguna razón científica para que el mono no hable.* Esto llevaba cinco años de meditaciones.

Yzur (nombre cuyo origen nunca pude descubrir, pues lo ignoraba igualmente su anterior patrón), Yzur era ciertamente
15 un animal notable.[9] La educación del circo, bien que[10] reducida casi enteramente al mimetismo, había desarrollado mucho sus facultades; y esto era lo que me incitaba más a ensayar sobre él mi en apariencia[11] disparatada teoría.

Por otra parte, sábese que el chimpancé (Yzur lo era) es entre
20 los monos el mejor provisto de cerebro[12] y uno de los más dóciles, lo cual aumentaba mis probabilidades.[13] Cada vez que lo veía avanzar en dos pies, con las manos a la espalda para conservar el equilibrio, y su aspecto de marinero borracho, la convicción de su humanidad detenida se vigorizaba en mí.

25   No hay a la verdad razón alguna para que el mono no articule absolutamente. Su lenguaje natural, es decir el conjunto de gritos con que se comunica a sus semejantes, es asaz variado; su laringe, por más distinta que resulte de la humana, nunca lo es

---

[4] **volver . . . lenguaje** to get an ape to talk again
[5] **vinculándolo . . . aventuras** drawing him closer and closer to me through our travels and common adventures
[6] **de . . . querido** if I had wanted to
[7] **Cónsul** *The reference to an animal becoming* Consul *is based on the action of the Roman Emperor, Caligula* (12–41), *who showed his contempt for the Republic by naming his horse, Incitatus, as Consul.*
[8] **Trabajado . . . fija** Inspired by my basic idea
[9] **notable** remarkable, unusual
[10] **bien que** although
[11] **en apariencia** apparently
[12] **el . . . cerebro** the best equipped as far as the brain is concerned
[13] **mis probabilidades** my chances of success

tanto [14] como la del loro, que habla, sin embargo; y en cuanto a su cerebro, fuera de que la comparación con el de este último animal desvanece toda duda, basta recordar que el del idiota es también rudimentario, a pesar de lo cual hay cretinos que pronuncian algunas palabras. Por lo que hace a la circunvolución de Broca,[15] depende, es claro, del desarrollo total del cerebro; fuera de que no está probado que ella sea *fatalmente* [16] el sitio de localización del lenguaje. Si es el caso de localización mejor establecido en anatomía, los hechos contradictorios son desde luego incontestables.

Felizmente los monos tienen, entre sus muchas malas condiciones,[17] el gusto por aprender, como lo demuestra su tendencia imitativa; la memoria feliz, la reflexión que llega hasta una profunda facultad de disimulo,[18] y la atención [19] comparativamente más desarrollada que en el niño. Es, pues, un sujeto pedagógico de los más favorables.

El mío era joven además, y es sabido que la juventud constituye la época más intelectual del mono. La dificultad estribaba solamente en el método que emplearía para comunicarle la palabra.

Conocía todas las infructuosas tentativas de mis antecesores; y está de más decir,[20] que ante la competencia de algunos de ellos y la nulidad de todos sus esfuerzos, mis propósitos fallaron [21] más de una vez cuando el tanto pensar sobre aquel tema fué llevándome a esta conclusión:

Lo primero consiste en desarrollar el aparato de fonación del mono.

Así es, en efecto, cómo se procede con los sordomudos antes de llevarlos a la articulación; y no bien hube reflexionado [22] sobre esto, cuando las analogías entre el sordomudo y el mono se agolparon en mi espíritu.

---

[14] **su . . . tanto** his larynx, although very different from a human being's, is not so different

[15] **Por . . . Broca** As far as Broca's area of the brain is concerned

[16] *fatalmente* beyond a doubt

[17] **entre . . . condiciones** in addition to their many bad characteristics

[18] **la . . . disimulo** the power to reflect that even reaches the point of clever pretending

[19] **la atención** an attention span

[20] **está . . . decir** it goes without saying

[21] **mis . . . fallaron** my firm intentions faltered

[22] **no . . . reflexionado** scarcely had I begun to think

Primero de todo, su extraordinaria movilidad mímica que compensa al lenguaje articulado, demostrando que no por dejar de hablar se deja de pensar, así haya [23] diminución de esta facultad por la paralización de aquélla. Después, otros caracteres
5 más peculiares por ser [24] más específicos: la diligencia en el trabajo, la fidelidad, el coraje, aumentados hasta la certidumbre por estas dos condiciones cuya comunidad es verdaderamente reveladora: la facilidad para los ejercicios de equilibrio y la resistencia al mareo.

10 Decidí, entonces, empezar mi obra con una verdadera gimnasia de los labios y de la lengua de mi mono, tratándolo en esto como a un sordomudo. En lo restante,[25] me favorecería el oído para establecer comunicaciones directas de palabra, sin necesidad de apelar al tacto. El lector verá que en esta parte prejuzgaba con
15 demasiado optimismo.

Felizmente, el chimpancé es de todos los grandes monos el que tiene labios más movibles; y en el caso particular, habiendo padecido Yzur de anginas, sabía abrir la boca para que se la examinaran.

20 La primera inspección confirmó en parte mis sospechas. La lengua permanecía en el fondo de su boca, como una masa inerte, sin otros movimientos que los de la deglución. La gimnasia produjo luego su efecto, pues a [26] los dos meses ya sabía sacar la lengua para burlar. Ésta fué la primera relación que conoció entre
25 el movimiento de su lengua y una idea; una relación perfectamente acorde con su naturaleza, por otra parte.

Los labios dieron más trabajo, pues hasta hubo que estirárselos con pinzas; pero apreciaba—quizá por mi expresión—la importancia de aquella tarea anómala y la acometía con viveza.
30 Mientras yo practicaba los movimientos labiales que debía imitar, permanecía sentado, rascándose la grupa con su brazo vuelto hacia atrás y guiñando en una concentración dubitativa, o alisándose las patillas con todo el aire de un hombre que armoniza sus ideas por medio de ademanes rítmicos. Al fin aprendió a mover
35 los labios.

[23] así haya even if there is
[24] por ser because they are
[25] en . . . restante after that
[26] a after

Pero el ejercicio del lenguaje es un arte difícil, como lo prueban los largos balbuceos del niño, que lo llevan, paralelamente con su desarrollo intelectual, a la adquisición del hábito. Está demostrado, en efecto, que el centro propio de las inervaciones vocales [27] se halla asociado con el de la palabra en forma tal, que el desa- 5 rrollo normal de ambos, depende de su ejercicio armónico; y esto ya lo había presentido en 1785 Heinicke, el inventor del método oral para la enseñanza de los sordomudos, como una consecuencia filosófica. Hablaba de una «concatenación dinámica de las ideas,» frase cuya profunda claridad honraría a más de un psicólogo 10 contemporáneo.

Yzur se encontraba, respecto al lenguaje, en la misma situación del niño que antes de hablar entiende ya muchas palabras; pero era mucho más apto para asociar los juicios que debía poseer sobre las cosas, por su mayor experiencia de la vida. 15

Estos juicios, que no debían ser sólo de impresión, sino también inquisitivos y disquisitivos,[28] a juzgar por el carácter diferencial que asumían, lo cual supone un raciocinio abstracto, le daban un grado superior de inteligencia muy favorable por cierto a mi propósito. 20

Si mis teorías parecen demasiado audaces, basta con reflexionar que el silogismo, o sea el argumento lógico fundamental, no es extraño a la mente de muchos animales. Como que [29] el silogismo es originariamente una comparación entre dos sensaciones. Si no, ¿por qué los animales que conocen al hombre huyen de él, y no 25 aquellos que nunca lo conocieron? . . .

Comencé, entonces, la educación fonética de Yzur.

Tratábase de enseñarle primero la palabra mecánica, para llevarlo progresivamente a la palabra sensata.

Poseyendo el mono la voz—es decir, llevando esto de ventaja al 30 sordomudo,[30] con más ciertas articulaciones rudimentarias— tratábase de enseñarle las modificaciones de aquélla, que constituyen los fonemas y su articulación, llamada por los maestros estática o dinámica, según que se refiera a las vocales o a las consonantes. 35

---

[27] las . . . vocales voice production
[28] inquisitivos . . . disquisitivos the result of intellectual curiosity and investigation
[29] Como que This is true because
[30] llevando . . . sordomudo having this advantage over the deaf mute

Dada la glotonería del mono, y siguiendo en esto un método empleado por Heinicke con los sordomudos, decidí asociar cada vocal con una golosina: *a* con papa; *e* con leche; *i* con vino; *o* con coco; *u* con azúcar—haciendo de modo que la vocal estuviese
5 contenida en el nombre de la golosina, ora con dominio único y repetido como en *papa, coco, leche,* ora reuniendo los dos acentos, tónico y prosódico, es decir como sonido fundamental: *vino, azúcar.*

Todo anduvo bien, mientras se trató de las vocales, o sea los
10 sonidos que se forma con la boca abierta. Yzur los aprendió en quince días. La *u* fué lo que más le costó [31] pronunciar.

Las consonantes diéronme un trabajo endemoniado; y a poco hube de comprender [32] que nunca llegaría a pronunciar aquéllas en cuya formación entran los dientes y las encías. Sus largos col-
15 millos lo estorbaban enteramente.

El vocabulario quedaba reducido, entonces, a las cinco vocales; la *b*, la *k*, la *m*, la *g*, la *f*, y la *c*, es decir todas aquellas consonantes en cuya formación no intervienen sino el paladar y la lengua.

Aun para esto no me bastó el oído. Hube de recurrir al tacto
20 como con un sordomudo, apoyando su mano en mi pecho y luego en el suyo para que sintiera las vibraciones del sonido.

Y pasaron tres años, sin conseguir que formara palabra alguna. Tendía a dar a las cosas, como nombre propio, el de la letra cuyo sonido predominaba en ellas. Esto era todo.

25 En el circo había aprendido a ladrar, como los perros sus compañeros de tareas; y cuando me veía desesperar ante las vanas tentativas para arrancarle la palabra, ladraba fuertemente como dándome todo lo que sabía. Pronunciaba aisladamente las vocales y consonantes, pero no podía asociarlas. Cuando más, acertaba
30 con una repetición vertiginosa de *pes* y de *emes*.

Por despacio que fuera, [33] se había operado un gran cambio en su carácter. Tenía menos movilidad en las facciones, la mirada más profunda, y adoptaba posturas meditabundas. Había adquirido, por ejemplo, la costumbre de contemplar las estrellas. Su
35 sensibilidad se desarrollaba igualmente; íbasele notando una gran facilidad de lágrimas.

[31] **fué . . . costó** was the hardest for him
[32] **a . . . comprender** I almost reached the point of admitting
[33] **Por . . . fuera** Despite the slowness of the learning process

Las lecciones continuaban con inquebrantable tesón, aunque sin mayor éxito. Aquello había llegado a convertirse en una obsesión dolorosa, y poco a poco sentíame inclinado a emplear la fuerza. Mi carácter iba agriándose con el fracaso, hasta asumir una sorda animosidad contra Yzur. Éste se intelectualizaba más, 5 en el fondo de su mutismo rebelde, y empezaba a convencerme de que nunca lo sacaría de allí, cuando supe de golpe que no hablaba porque no quería.

El cocinero, horrorizado, vino a decirme una noche que había sorprendido al mono «hablando verdaderas palabras.» Estaba, 10 según su narración, acurrucado junto a una higuera de la huerta; pero el terror le impedía recordar lo esencial de esto, es decir, las palabras. Sólo creía retener dos: *cama* y *pipa*. Casi le doy de puntapiés por su imbecilidad.

No necesito decir que pasé la noche poseído de una gran 15 emoción; y lo que en tres años no había cometido, el error que todo lo echó a perder, provino del enervamiento de aquel desvelo, tanto como de mi excesiva curiosidad.

En vez de dejar que el mono llegara naturalmente a la manifestación del lenguaje, llamélo al día siguiente y procuré im- 20 ponérsela por obediencia.

No conseguí sino las *pes* y las *emes* con que me tenía harto, las guiñadas hipócritas y—Dios me perdone—una cierta vislumbre de ironía en la azogada ubicuidad de sus muecas.

Me encolericé, y sin consideración alguna, le dí de azotes. Lo 25 único que logré fué su llanto y un silencio absoluto que excluía hasta los gemidos.

A los tres días cayó enfermo, en una especie de sombría demencia complicada con síntomas de meningitis. Sanguijuelas, afusiones frías, purgantes, revulsivos cutáneos, alcoholaturo de 30 brionia, bromuro—toda la terapéutica del espantoso mal le fué aplicada. Luché con desesperado brío, a impulsos de un remordimiento y de un temor. Aquél por creer a la bestia una víctima de mi crueldad; éste [34] por la suerte del secreto que quizá se llevaba a la tumba.
35
Mejoró al cabo de mucho tiempo, quedando, no obstante, tan débil, que no podía moverse de la cama. La proximidad de la muerte habíalo ennoblecido y humanizado. Sus ojos llenos de

[34] **Aquél** the former; **éste** the latter

gratitud, no se separaban de mí, siguiéndome por toda la habitación como dos bolas giratorias, aunque estuviese detrás de él;
su mano buscaba las mías en una intimidad de convalecencia. En
mi gran soledad, iba adquiriendo rápidamente la importancia
5 de una persona.

El demonio del análisis, que no es sino una forma del espíritu
de perversidad, impulsábame, sin embargo, a renovar mis experiencias. En realidad el mono había hablado. Aquello no podía
quedar así.

10 Comencé muy despacio, pidiéndole las letras que sabía pronunciar. ¡Nada! [35] Dejélo solo durante horas, espiándolo por un
agujerillo del tabique. ¡Nada! Habléle con oraciones breves,
procurando tocar su fidelidad o su glotonería. ¡Nada! Cuando
aquéllas eran patéticas, los ojos se le hinchaban de llanto. Cuando
15 le decía una frase habitual, como el «yo soy tu amo» con que
empezaba todas mis lecciones, o el «tú eres mi mono» con que
completaba mi anterior afirmación, para llevar a su espíritu la
certidumbre de una verdad total, él asentía cerrando los párpados; pero no producía un sonido, ni siquiera llegaba a mover los
20 labios.

Había vuelto a la gesticulación como único medio de com-
municarse conmigo; y este detalle, unido a sus analogías con los
sordomudos, redoblaba mis precauciones, pues nadie ignora la
gran predisposición de estos últimos a las enfermedades mentales.
25 Por momentos deseaba que se volviera loco, a ver si el delirio
rompía al fin su silencio.

Su convalecencia seguía estacionaria. La misma flacura, la
misma tristeza. Era evidente que estaba enfermo de inteligencia
y de dolor. Su unidad orgánica habíase roto al impulso de una
30 cerebración anormal, y día más, día menos, aquél era caso perdido. [36]

Mas, a pesar de la mansedumbre que el progreso de la enfermedad aumentaba en él, su silencio, aquel desesperante silencio
provocado por mi exasperación, no cedía. Desde un obscuro
35 fondo de tradición petrificada en instinto, la raza imponía su
milenario mutismo al animal, fortaleciéndose de voluntad atávica

---

[35] ¡Nada! Nothing happened
[36] aquél . . . perdido he would be a hopeless case

en las raíces mismas de su sér.[37] Los antiguos hombres de la selva,
que forzó al silencio, es decir al suicidio intelectual, quién sabe
qué bárbara injusticia,[38] mantenían su secreto formado por mis-
terios de bosque y abismos de prehistoria, en aquella decisión ya
inconsciente, pero formidable con la inmensidad de su tiempo. 5

Infortunios del antropoide retrasado en la evolución, cuya
delantera tomaba el humano [39] con un despotismo de sombría
barbarie, habían, sin duda, destronado a las grandes familias
cuadrumanas del dominio arbóreo de sus primitivos edenes, rale-
ando sus filas, cautivando sus hembras para organizar la esclavitud 10
desde el propio vientre materno, hasta infundir a su impotencia
de vencidas el acto de dignidad mortal que las llevaba a romper
con el enemigo el vínculo, superior también, pero infausto, de
la palabra, refugiándose como salvación suprema en la noche de
la animalidad. 15

Y qué horrores, qué estupendas sevicias no habrían cometido
los vencedores con la semibestia en trance de evolución, para
que ésta, después de haber gustado el encanto intelectual que es
el fruto paradisíaco de las biblias, se resignara a aquella claudicación de su estirpe en la degradante igualdad de los inferiores; [40] 20
a aquel retroceso que cristalizaba por siempre su inteligencia en
los gestos de un automatismo de acróbata; a aquella gran cobardía
de la vida que encorvaría eternamente, como en distintivo bestial,
sus espaldas de dominado, imprimiéndole ese melancólico azoramiento que permanece en el fondo de su caricatura.[41] 25

He aquí lo que, al borde mismo del éxito, había despertado mi
malhumor en el fondo del limbo atávico. A través del millón de

[37] **Desde . . . sér** From a dim past of tradition that had become instinct the species was forcing its millennial silence on the animal, whose
ancestral will was strengthened by the very nature of his being.

[38] **que . . . injusticia** who were forced to silence, that is to say, to intellectual suicide by who knows what barbaric injustice

[39] **Infortunios . . . humano** Misfortunes of an anthropoid delayed in his
development, surpassed by man and treated by him

[40] **Y . . . inferiores** And what horrors, what excesses of cruelty those con-
querors must have committed on this half-beast in the course of his evolu-
tion so that he, after having known intellectual pleasure, the forbidden fruit
of the Scriptures, should have resigned himself to that stifling of his lineage
in degrading equality with inferior beings

[41] **imprimiéndole . . . caricatura** impressing upon him that melancholy
furtiveness that forms a basic trait of his nature

años, la palabra, con su conjuro, removía la antigua alma simiana;
pero contra esa tentación que iba a violar las tinieblas de la
animalidad protectora, la memoria ancestral, difundida en la
especie bajo un instintivo horror, oponía también edad sobre edad
5 como una muralla.

Yzur entró en agonía sin perder el conocimiento. Una dulce
agonía a ojos cerrados, con respiración débil, pulso vago, quietud
absoluta, que sólo interrumpía para volver de cuando en cuando
hacia mí, con una desgarradora expresión de eternidad, su cara
10 de viejo mulato triste. Y la última tarde, la tarde de su muerte,
fué cuando ocurrió la cosa extraordinaria que me ha decidido
a emprender esta narración.

Habíame dormitado a su cabecera, vencido por el calor y la
quietud del crepúsculo que empezaba, cuando sentí de pronto
15 que me asían por la muñeca.

Desperté sobresaltado. El mono, con los ojos muy abiertos, se
moría definitivamente aquella vez, y su expresión era tan humana,
que me infundió horror; pero su mano, sus ojos, me atraían con
tanta elocuencia hacia él, que hube de inclinarme inmediato a
20 su rostro; y entonces, con su último suspiro, el último suspiro que
coronaba y desvanecía a la vez mi esperanza, brotaron—estoy
seguro—brotaron en un murmullo (¿cómo explicar el tono de
una voz que ha permanecido sin hablar diez mil siglos!) estas
palabras cuya humanidad reconciliaba las especies:

25   —AMO, AGUA. AMO, MI AMO . . .

PREGUNTAS

1. ¿Dónde compró el mono?
2. ¿Cuándo se le ocurrió tentar la experiencia?
3. ¿Cuál fué el postulado antropológico que motivó la experiencia?
4. ¿Qué era necesario para demostrar la verdad del postulado?
5. ¿Por dónde viajó el autor con su mono?
6. ¿Qué es lo que el autor del relato sabía con seguridad después de
   cinco años de meditaciones?
7. ¿Qué nombre tenía el mono?
8. ¿A qué se había reducido la educación del circo?
9. ¿Qué atributos especiales tiene el chimpancé?
10. ¿Qué convicción se vigorizaba en el autor al ver a su mono?
11. ¿Es diferente la laringe del mono de la humana?
12. ¿Por qué no es importante este hecho en la opinión del autor?

13. ¿Qué gusto tienen los monos? ¿Cómo sabemos esto?
14. ¿Cuál es la época más intelectual del mono?
15. ¿A qué conclusión llegó el autor del relato?
16. ¿Cómo decidió el autor empezar su obra?
17. ¿Por qué sabía Yzur abrir la boca?
18. ¿Qué confirmó la primera inspección de la boca del mono?
19. ¿Qué produjo la gimnasia en dos meses?
20. ¿Cómo aprendió el mono a mover los labios?
21. ¿En qué situación se encontraba Yzur?
22. ¿Qué comenzó entonces el autor?
23. ¿Con qué asoció el autor las vocales?
24. ¿Cuánto tiempo tomó Yzur en aprender las vocales?
25. ¿Por qué eran difíciles las consonantes formadas por los dientes y las encías?
26. ¿A qué hubo de recurrir el autor para enseñar las consonantes?
27. Después de tres años ¿qué nombre daba a las cosas?
28. Al ver desesperar a su dueño ¿qué hacía el mono?
29. ¿Cómo había cambiado su carácter?
30. ¿Cómo había cambiado el carácter del dueño?
31. ¿Qué supo el dueño de golpe y cómo lo supo?
32. ¿Qué procuró hacer entonces el autor con el mono?
33. ¿Qué hizo el autor cuando fracasó su nuevo procedimiento?
34. ¿Qué pasó al mono a los tres días?
35. ¿Qué había hecho la proximidad de la muerte?
36. ¿Qué impulsaba al autor a continuar sus experiencias?
37. ¿Producía sonidos el mono? ¿Cómo se comunicaba con su dueño?
38. ¿Qué se había roto al impulso de su actividad anormal?
39. ¿Dónde estaba el autor la tarde de la muerte del mono?
40. ¿Qué pasó mientras dormitaba?
41. ¿Cuáles fueron las palabras que pronunció el mono?

Horacio Quiroga

URUGUAY

HORACIO QUIROGA (1878–1937), unlike Leopoldo Lugones, was above all a writer of short stories.

It is possible to delineate in his career as a storyteller three stages: (1) years of technical apprenticeship seen in *El crimen del otro* (1904) and *Cuentos de amor, de locura y muerte* (1917); (2) period of flowering characterized by *Cuentos de la selva* (1918), *El salvaje* (1920), *Anaconda* (1921), *El desierto* (1924), *La gallina degollada y otros cuentos* (1925), and *Los desterrados* (1926); and (3) the decline or period of reduced efforts when Quiroga begins to withdraw from activity as seen in his last publication *Más allá* (1935), which contains a few stories from the first period cited above as well as his final efforts. A short time later he committed suicide.

The action of most of Quiroga's stories is set amid barbarous Nature. Sometimes his protagonists are animals, and, when they are men, they are often beset and defeated by natural forces. Nevertheless Quiroga was not a primitivist. He was a man of complex spirituality, refined, cultured, and essentially morbid. His great merit lies in the fact that he fused in his stories esthetic and naturalistic currents. With the passing of years his prose became more and more careless and his technique more and more realistic. However, he remained true to his desire to express refined, obscure, strange, and very personal impressions.

We know, from Quiroga's own statements, the literary influences he received. "Cree en un maestro—Poe, Maupassant, Kipling, Chejov—como en Dios mismo," he wrote in his *Decálogo del perfecto cuentista*.

The moods of his stories are varied, and the humorous note is not lacking, but a good anthology would tend to favor his cruel stories in which he tells of disease, death, failure, hallucinations, fear of the supernatural, and alcoholism. We know of no perfect story that he has written since, in general, he wrote too rapidly and was guilty of errors not only in style but also in narrative technique. Still, his total production reveals a storyteller of first rank in our literatures. Favorite anthology stories, because of their dynamic emotional appeal, are "La gallina degollada," "A la deriva," "El hijo," "El desierto," "El hombre muerto," and a dozen or so more.

"El hombre muerto" belongs to the collection, *Los desterrados*, which is, perhaps, the most balanced of all Quiroga's work. It is a psychological analysis of the astonishment that men feel when death surprises them in an unexpectedly trivial accident. Note the sobriety with which Quiroga barely indicates the fact of eventual death: "Mientras caía, el hombre tuvo la impresión sumamente lejana de no ver el machete de plano en el suelo." He describes not the details of the accident but the inner reactions of the man who has suffered it.

El hombre muerto

El hombre y su machete acababan de limpiar la quinta calle del bananal. Faltábanles aún dos calles; pero como en éstas abundaban las chircas y malvas silvestres, la tarea que tenían por delante era muy poca cosa. El hombre echó en consecuencia una

mirada satisfecha a los arbustos rozados, y cruzó el alambrado
para tenderse un rato en la gramilla.

Mas al bajar el alambre de púa y pasar el cuerpo, su pie
izquierdo resbaló sobre un trozo de corteza desprendida del
5 poste, a tiempo que el machete se le escapaba de la mano.[1]
Mientras caía, el hombre tuvo la impresión sumamente lejana de
no ver el machete de plano en el suelo.

Ya estaba tendido en la gramilla, acostado sobre el lado derecho, tal como él quería. La boca, que acababa de abrírsele en
10 toda su extensión, acababa también de cerrarse. Estaba como
hubiera deseado estar, las rodillas dobladas y la mano izquierda
sobre el pecho. Sólo que tras el antebrazo, e inmediatamente por
debajo del cinto, surgían de su camisa el puño y la mitad de la
hoja del machete; pero el resto no se veía.

15 El hombre intentó mover la cabeza, en vano. Echó una mirada
de reojo a la empuñadura del machete, húmeda aún del sudor de
su mano. Apreció mentalmente la extensión y la trayectoria del
machete dentro de su vientre, y adquirió, fría, matemática e in-
exorable, la seguridad de que acababa de llegar al término de
20 su existencia.

La muerte. En el transcurso de la vida se piensa muchas veces
en que un día, tras años, meses, semanas y días preparatorios,
llegaremos a nuestro turno al umbral de la muerte. Es la ley fatal,
aceptada y prevista; tanto, que solemos dejarnos llevar placentera-
25 mente por la imaginación a ese momento, supremo entre todos, en
que lanzamos el último suspiro.

Pero entre el instante actual y esa postrera espiración, ¡qué
de sueños, trastornos, esperanzas y dramas presumimos en nuestra vida! ¡Qué nos reserva aún esta existencia llena de vigor,
30 antes de su eliminación del escenario humano! Es éste el consuelo, el placer y la razón de nuestras divagaciones mortuorias:
¡Tan lejos está la muerte, y tan imprevisto lo que debemos vivir
aún!

¿Aún? . . . No han pasado dos segundos: el sol está exacta-
35 mente a la misma altura; las sombras no han avanzado un milí-
metro. Bruscamente, acaban de resolverse para el hombre
tendido las divagaciones a largo plazo: Se está muriendo.

Muerto. Puede considerarse muerto en su cómoda postura.

[1] el . . . mano the machete slipped from his hand

Pero el hombre abre los ojos y mira. ¿Qué tiempo ha pasado?
¿Qué cataclismo ha sobrevenido en el mundo? ¿Qué trastorno
de la naturaleza trasuda el horrible acontecimiento?

Va a morir. Fría, fatal e ineludiblemente, va a morir.

El hombre resiste—¡es tan imprevisto ese horror! Y piensa: Es 5
una pesadilla; esto es! ¿Qué ha cambiado? Nada. Y mira: ¿No es
acaso ese bananal su bananal? ¿No viene todas las mañanas a
limpiarlo? ¿Quién lo conoce como él? Ve perfectamente el bananal, muy raleado, y las anchas hojas desnudas al sol. Allí están,
muy cerca, deshilachadas por el viento. Pero ahora no se mueven 10
. . . Es la calma de mediodía; pronto deben ser las doce.

Por entre los bananos, allá arriba, el hombre ve desde el duro
suelo el techo rojo de su casa. A la izquierda, entrevé el monte
y la capuera de canelas. No alcanza a ver más, pero sabe muy
bien que a sus espaldas está el camino al puerto nuevo; y que en 15
la dirección de su cabeza, allá abajo, yace en el fondo del valle
el Paraná dormido como un lago. Todo, todo exactamente como
siempre; el sol de fuego, el aire vibrante y solitario, los bananos
inmóviles, el alambrado de postes muy gruesos y altos que pronto
tendrá que cambiar . . . 20

¡Muerto! ¿Pero es posible? ¿No es éste uno de los tantos días
en que ha salido al amanecer de su casa con el machete en la
mano? ¿No está allí mismo con el machete en la mano? ¿No está
allí mismo, a cuatro metros de él, su caballo, su malacara, oliendo
parsimoniosamente el alambre de púa? 25

¡Pero sí! Alguien silba . . . No puede ver, porque está de
espaldas al camino; mas siente resonar en el puentecito los pasos
del caballo . . . Es el muchacho que pasa todas las mañanas
hacia el puerto nuevo, a las once y media. Y siempre silbando . . .
Desde el poste descascarado que toca casi con las botas, hasta 30
el cerco vivo de monte que separa el bananal del camino, hay
quince metros largos. Lo sabe perfectamente bien, porque él
mismo, al levantar el alambrado, midió la distancia.

¿Qué pasa, entonces? ¿Es ése o no un natural mediodía de los
tantos en Misiones, en su monte, en su potrero, en el bananal ralo? 35
¡Sin duda! Gramilla corta, conos de hormigas, silencio, sol a
plomo . . .

Nada, nada ha cambiado. Sólo él es distinto. Desde hace dos
minutos su persona, su personalidad viviente, nada tiene ya que

ver ni con el potrero, que formó él mismo a azada, durante cinco
meses consecutivos; ni con el bananal, obra de sus solas manos. Ni
con su familia. Ha sido arrancado bruscamente, naturalmente,
por obra de una cáscara lustrosa y un machete en el vientre. Hace
5 dos minutos: Se muere.

El hombre, muy fatigado y tendido en la gramilla sobre el
costado derecho, se resiste siempre a admitir un fenómeno de esa
trascendencia, ante el aspecto normal y monótono de cuanto
mira. Sabe bien la hora: las once y media . . . El muchacho de
10 todos los días acaba de pasar el puente.

¡Pero no es posible que haya resbalado! . . . El mango de su
machete (pronto deberá cambiarlo por otro; tiene ya poco vuelo)
estaba perfectamente oprimido entre su mano izquierda y el
alambre de púa. Tras diez años de bosque, él sabe muy bien
15 cómo se maneja un machete de monte. Está solamente muy fatigado del trabajo de esa mañana, y descansa un rato como de
costumbre.

¿La prueba? . . . ¡Pero esa gramilla que entra ahora por la
comisura de su boca la plantó él mismo, en panes de tierra dis-
20 tantes un metro uno de otro! Y ése es su bananal; y ése es su malacara, resoplando cauteloso ante las púas del alambre! Lo ve
perfectamente; sabe que no se atreve a doblar la esquina del
alambrado, porque él está echado casi al pie del poste. Lo dis-
tingue muy bien; y ve los hilos oscuros de sudor que arrancan de
25 la cruz y del anca. El sol cae a plomo, y la calma es muy grande,
pues ni un fleco de los bananos se mueve. Todos los días, como
ése, ha visto las mismas cosas.

. . . Muy fatigado, pero descansa sólo. Deben de haber pasado
ya varios minutos . . . Y a las doce menos cuarto, desde allá
30 arriba, desde el chalet de techo rojo, se desprenderán hacia el
bananal su mujer y sus dos hijos, a buscarlo para almorzar. Oye
siempre, antes que las demás, la voz de su chico menor que
quiere soltarse de la mano de su madre: ¡Piapiá! ¡piapiá!

¿No es eso? . . . ¡Claro, oye! Ya es la hora. Oye efectivamente
35 la voz de su hijo . . .

¡Qué pesadilla! . . . ¡Pero es uno de los tantos días, trivial
como todos, claro está! Luz excesiva, sombras amarillentas, calor
silencioso de horno sobre la carne, que hace sudar al malacara
inmóvil ante el bananal prohibido.

40   . . . Muy cansado, mucho, pero nada más. ¡Cuántas veces, a

mediodía como ahora, ha cruzado volviendo a casa ese potrero, que era capuera cuando él llegó, y antes había sido monte virgen! Volvía entonces, muy fatigado también, con su machete pendiente de la mano izquierda, a lentos pasos.

Puede aun alejarse con la mente, si quiere; puede si quiere 5 abandonar un instante su cuerpo y ver desde el tajamar por él construído, el trivial paisaje de siempre: el pedregullo volcánico con gramas rígidas; el bananal y su arena roja; el alambrado empequeñecido en la pendiente, que se acoda hacia el camino. Y más lejos aún ver el potrero, obra sola de sus manos. Y al pie de 10 un poste descascarado, echado sobre el costado derecho y las piernas recogidas, exactamente como todos los días, puede verse a él mismo, como un pequeño bulto asoleado sobre la gramilla— descansando, porque está muy cansado . . .

Pero el caballo rayado de sudor, e inmóvil de cautela ante el 15 esquinado del alambrado, ve también al hombre en el suelo y no se atreve a costear el bananal, como desearía. Ante las voces que ya están próximas—¡Piapiá!—vuelve un largo, largo rato las orejas inmóviles al bulto: y tranquilizado al fin, se decide a pasar entre el poste y el hombre tendido—que ya ha descansado. 20

PREGUNTAS

1. ¿Qué acababa de hacer el hombre con su machete?
2. ¿Cuántas calles le faltaban?
3. ¿Con qué intención cruzó el alambrado?
4. ¿Qué sucedió al pasar el cuerpo?
5. ¿Qué impresión tuvo el hombre al caer?
6. ¿Cómo estaba el hombre en la gramilla?
7. ¿Qué surgían de su camisa y qué era lo que no se veía?
8. ¿Qué intentó hacer?
9. ¿Qué apreció al mirar la empuñadura del machete?
10. ¿Qué adquirió en ese momento?
11. ¿Qué es lo que se piensa en el transcurso de la vida?
12. ¿Qué hay siempre entre el momento actual y la muerte cuando pensamos en morir?
13. ¿Cómo resiste el hombre la muerte?
14. ¿Qué cosas ve el hombre que le convencen de que nada ha cambiado?
15. ¿Qué piensa hacer con los postes del alambrado?
16. ¿Por qué cree el hombre que es un día igual a tantos otros que ha vivido en el pasado?
17. ¿Qué piensa cuando siente los pasos del caballo en el puentecito?

18. ¿Cómo es distinto él si nada ha cambiado?
19. ¿Ante qué se resiste siempre a admitir la muerte?
20. ¿Cómo tenía el mango del machete cuando pasó el cuerpo?
21. ¿Qué sabe el hombre tras diez años de bosque?
22. ¿Qué pruebas hay de que sólo está descansando un rato como de costumbre?
23. ¿Quiénes pronto vendrán a buscarlo?
24. ¿Qué oye en ese momento?
25. ¿Qué es lo que puede ver cuando se aleja mentalmente?
26. ¿A qué no se atreve el caballo?
27. ¿Por qué se decide a pasar entre el poste y el hombre tendido?

Pedro Henríquez Ureña

DOMINICAN REPUBLIC

It may surprise some that we should have selected from the Dominican Republic a story by Pedro Henríquez Ureña (1884–1946), who was not a short-story writer. Other Dominicans in recent decades have been more prolific as short-story writers in the period from Fabio Fiallo (1866–1942) to Juan Bosch (1909–   ). However, Pedro Henríquez Ureña was one of the dominant figures of the cultural life of Spanish America and as such merits a place in our anthology even though he wrote only three short stories. He began as a critic and, in the field of criticism, he did his most distinctive work. His sense of artistic form is present in all that he wrote, even in his rigorously technical essays. His prose is masterly in its precision and structure. He was a humanist familiar with and inspired by all literatures, and, in his curiosity for all things human, he did not reject science. His writings, though important, scarcely reflect the value of his great talent. He gave his best to his friends and students in intimate conversation and in the classroom. Wherever he lived (Dominican Republic, United States, Mexico, Argentina) he created atmosphere, intellectual circles, and disciples.

"El peso falso" appeared in *La Nación* of Buenos Aires in 1936. The style is rich in impressionistic devices, that is to say, the author, instead of describing things objectively as they are, tries to describe Isabelitica's impressions of reality. This identification of the author with his child protagonist gives the story a delightful mood of tenderness and innocence. The vision of the landscape has that poetic freshness that is characteristic of imaginative children: "¡Qué tonto Martincito, el primo, creyendo que la nieve unas veces sería de fresa y otras veces sería de limón!" The theme of the social differences between the rich and the poor—so common in Spanish America— subtlely pervades all the pages of the story. The irony of the situation, the unexpected value as a toy that a counterfeit coin acquires in a child's eyes, is treated smoothly and with discretion.

This type of story had been written earlier by José Martí (Cuba, 1853–1895) in *La edad de oro* (1889). In reality it is not children's literature but literature about children. Children prefer marvellous deeds, but to present a child's capacity to thrill at the marvellous is a more delicate type of entertainment that only adults can enjoy in all its shadings. Children's literature—fairy tales, adventure and animal stories—has not had the great flowering in Spanish America that it has enjoyed in the United States for reasons too lengthy to be stated here. There are, however, a few good books for children by Horacio Quiroga, Adolfo Montiel Ballesteros, Ermilo Abreu Gómez, Eliseo Montaine, and others. More numerous are books about children, frequently about the sad existence of poor children, like those written by Álvaro Yunque; and still others, like those of Eduardo Barrios and Teresa de la Parra, are concerned with psychological analysis.

El peso falso

¿Por qué llora la Isabelitica?

Estaba en la puerta de su casa de la sierra, con su muñeca del Día de los Reyes Magos. Su casa de la sierra, en el pueblo donde su papá tiene la mina, es la que le gusta más entre todas sus casas. La de la capital es muy grande, y tiene muchos criados, y tres automóviles; pero la mamá se pierde en ella, y a veces sale a la calle sin avisar, y cuando Isabelita la busca y no la encuentra, cae enferma, y la mamá tiene que pasarse la noche junto 5 a su cama. ¡Y luego tantas salas donde la dejan entrar! La casa del lago es muy bonita, y hay botes; pero está muy sola, hay muy pocos vecinos y no se halla nada que hacer sino pasear en bote o montar en burro. Y la casa del mar, muy chiquita: es alegre [1] bañarse en el mar y salir en el yate del papá; pero el puerto ¡qué 10 feo, con tantas aves negras! No, ninguna casa como la casa de la sierra. Allí pasan la Navidad y el Año Nuevo, y esperan a los Reyes Magos.

Ahora los Reyes le trajeron esta muñeca preciosa: del mismo tamaño que Isabelita, pero no morena, sino rubia, con los ojos 15 azules; y acostándola cierra los ojos, y si la inclinan hacia adelante llora, y si le aprietan el estómago dice ¡naturalmente! *papá*, y si le aprietan el corazón dice ¡naturalmente! *mamá*, y si le dan cuerda echa a andar; eso sí,[2] hay que enderezarla bien, para que al andar no se caiga. 20

Es muy divertido estar en la puerta de la casa, porque se ven muchas cosas. Se ve la niebla fina que flota y sube y baja entre los pinos de la montaña. Se ve la nieve de las alturas, cambiando de color con el sol y con las nubes. ¡Qué tonto Martincito, el primo, creyendo que la nieve unas veces sería de fresa y otras 25 veces sería de limón! Pero Isabelita sabe cómo es la nieve, porque ha subido a la montaña: a veces, cuando su papá y sus dos hermanos grandes salen de caza, las llevan, a ella y a sus dos hermanas mayores, Natalia y Sofía, hasta una parte del camino. Y van con perros muy delgados, que dan aullidos muy 30 largos. ¡Y el día que Isabelita soltó los perros, y se fueron solos a la montaña, y ella les corría detrás, queriendo detenerlos! Todo el pueblo la llamaba: ¡Isabelita! Los perros no le hacían caso: tuvieron que ir a traerlos los monteros del papá, tocando sus cuernos de caza, y de lejos no se distinguía cuándo tocaban ellos 35 el cuerno y cuándo los perros ladraban.

Por delante de la casa se ve pasar mucha gente, y toda con cosas curiosas. Ahí va ese hombre con ese animal que tiene largas

---

[1] **es alegre** it's fun
[2] **eso sí** of course, to be sure, however

las patas de atrás y cortas las de delante, y lleva cinco animalitos en la bolsa del vientre. ¡Qué cosa más rara! Da un poco de miedo. Pero los animalitos son muy graciosos.

—¿No me regala uno de sus animalitos?

5 —No puedo, porque se moriría. ¿No ves que todavía están mamando?

Aquí viene Magdalena, la hija del carnicero. Es muy burlona. Pero ahora está muy sorprendida de ver la muñeca. Isabelitica se la muestra, y la hace hablar, y la hace andar. Y cuenta que a
10 Natalia, su hermana rubia, le trajeron los Magos una muñeca de pelo castaño y ojos grises, con traje verde, y a Sofía, su hermana de pelo castaño, una muñeca de pelo y ojos negros, con traje rojo.

—¿Todo cambiado?—ríe Magdalena.

—Sí, así tiene más gracia—le contesta Isabelitica. Pero le queda
15 la inquietud de que a ella, secretamente, le gusta la muñeca de ojos grises más que la suya de ojos azules.

Magdalena mira y toca el traje azul celeste de la muñeca rubia, y el sombrerito, y las mediecitas, y los zapatitos. Y de pronto sale huyendo con uno de los zapatitos.

20 Isabelitica quiere ir detrás de Magdalena; pero entre [3] que Magdalena salió huyendo muy de prisa y que no es fácil correr con una muñeca tan grande, al fin se queda en la puerta, pensando en ir a contarle a la mamá aquella maldad, para que hablen a la carnicería y devuelvan el zapatito. Pero ahí viene una mujer con
25 unas guitarritas pintadas de muchos colores. ¡Qué lindas! Isabelitica quiere una, naturalmente; la mujer le dice que todas las tiene comprometidas, que las lleva a casa del ingeniero inglés, porque en la tarde las niñas inglesas tienen baile de muñecas, y ésas son las guitarras para los músicos de la orquesta, que son
30 muñecos con trajes típicos. Isabelitica va a la fiesta de las niñas inglesas. Pero quiere guitarritas para sí, y la mujer se las promete para mañana.

Hay que hablarle al papá, porque con este trajín del Día de Reyes, y con la novedad de la muñeca, no se ha acordado de
35 pedir dinero. ¡Y en estos días hay tantas cosas que comprar! En eso,[4] ahí viene por la calle una niña que Isabelitica no conoce, una niña campesina, que viene jugando con un peso, tirándolo

[3] **entre** due to the fact
[4] **en eso** at that moment

sobre el empedrado y recogiéndolo cuando rueda. A veces se mete entre dos piedras, da trabajo sacarlo, pero al fin lo saca, divertidísima.

—¡Qué lindo tu peso!

—Sí, es muy lindo. A cada rato parece que se me va a perder, pero siempre lo encuentro.

—¿No me lo das?

—¡Ay, no!

—Mira: te doy este zapatito de mi muñeca.

—¡Ay, qué muñeca!

Y aquí de mirar y tocar y examinar la muñeca, y de averiguar cómo anda, y cómo habla, y cómo llora, y cómo duerme.

—¿Pero qué hago yo con un zapatito?

—Te doy las mediecitas también.

Y para adentro: la muñeca trajo doble de todo.

—¿Pero para qué las quiero?

—Te doy el traje.

—Pero ese traje cuesta caro. Y mi peso es falso. ¿No oyes cómo suena?

—¡Pero yo lo quiero!

—¿Pero qué hago yo con el traje, si yo no tengo muñecas de ese tamaño?

—Te doy la muñeca por el peso.

Brillaron los ojos de la campesinita. Débilmente dijo:

—Pero el peso es falso . . .

—No importa: yo lo quiero.

La campesinita desaparece con la muñeca, a todo correr,[5] volviendo la cabeza de cuando en cuando. Isabelitica se queda jugando con el peso.

A los pocos minutos suspira por la muñeca. Al fin, entra en la casa llorando.

¿Por qué llora la Isabelitica?

—¡Qué niña ésta! ¡A quién se le ocurre! ¡Corran a ver si descubren a la chica del peso falso! ¿Cómo era? ¿Para dónde iba?

Isabelitica está enferma de llorar. No puede ir a la fiesta de las amiguitas inglesas; Natalia y Sofía se irán solas, porque la mamá se queda en casa, inventando maneras de calmar a la pequeña. Al fin, la fatiga y las promesas vencen el llanto de Isabelitica: se

[5] a . . . correr as fast as possible

telegrafiará, pidiendo otra muñeca igual, si no parece la del trueque. Y hay que telegrafiar, en efecto, porque los criados vienen diciendo que anduvieron por todas partes y pudieron saber que por el camino de Chinaulingo pasó una niña campesina con una muñeca grande, pero en Chinaulingo nadie da razón de ella y nadie ha visto la muñeca.

PREGUNTAS

1. ¿Dónde está la Isabelitica cuando comienza el cuento?
2. ¿Por qué no le gusta la casa de la capital?
3. ¿Por qué no le gusta la casa del lago? ¿la casa del mar?
4. ¿Qué le trajeron este año los Reyes Magos?
5. ¿Cómo es la muñeca?
6. ¿Por qué es muy divertido estar en la puerta de la casa?
7. ¿Tiéne hermanos Isabelitica?
8. ¿Cómo se llaman sus dos hermanas?
9. ¿Por qué no da el hombre uno de los animalitos a Isabelitica?
10. ¿Son iguales las muñecas de las tres hermanas?
11. ¿Está contenta Isabelitica con su muñeca?
12. ¿Con qué sale huyendo Magdalena?
13. ¿Qué tiene una mujer que pasa?
14. ¿Por qué no puede dar una de las guitarritas a Isabelitica?
15. ¿Para cuándo se las promete la mujer?
16. ¿De qué no se ha acordado Isabelitica?
17. ¿Qué tiene la niña que pasa por la calle?
18. ¿Conoce Isabelitica a esta niña?
19. ¿Qué ofrece al principio por el peso?
20. ¿Por qué no importa regalar las medias, los zapatos, etc. de la muñeca?
21. Cuando la niña explica que el peso es falso ¿qué dice Isabelitica?
22. ¿Qué ofrece Isabelitica por fin a la niña?
23. ¿Cómo desaparece la campesinita?
24. ¿Qué pasa después de pocos minutos?
25. ¿Por qué llora la Isabelitica?
26. ¿Por qué está enferma?
27. ¿Qué promesa vence el llanto?
28. ¿Por dónde dicen que pasó una niña con una muñeca grande?

Fernán Silva Valdés

URUGUAY

IN THIS century Uruguay has produced excellent short-story writers. We have already commented on Horacio Quiroga, who also is identified with Argentine literature. Among the strictly Uruguayan storytellers the best known was Javier de Viana (1868–1927), a regionalist. In later generations others were outstanding: first, Adolfo Montiel Ballesteros (1888–   ) and Alberto Lasplaces (1887–   ); later, Juan José Morosoli (1899–   ), Francisco Espínola (1901–   ) and Enrique Amorim (1900–   ), and most recently the nativists, Luis Castelli and Julio C. Da Rosa, together with those of greater esthetic ambition, Marinés Silva de Maggi, Mario Arregui, Mario Benedetti, and others.

In this brief outline of Uruguayan short-story writers Fernán Silva Valdés (1887–   ) occupies a marginal position. He is more a poet than a short-story writer. The same deep Creole feeling that we note in his verses appears in his plays and in his short stories. The distinctive note of Silva Valdés' stories—*Cuentos y leyendas del Río de la Plata* (1941) and *Cuentos del Uruguay* (1945) —lies in the folklore elements he elaborates. Instead of describing realistically the life of the Uruguayan countryside, he prefers to evoke the myths of rural folk. In his own words, "se sale del ya conocido camino naturalista para penetrar en las zonas del misterio y la agüería, que no han sido aún tratadas en nuestro cuento sino muy de soslayo."

"El payé"—*payé* in Guaraní means a good-luck charm
or amulet and also the witch doctor who provides it—is
typical of his style. He imagines a scene in eighteenth-
century colonial times when the gaucho was emerging as
a new type. The presentation of the early gaucho, who
was to prove so important in the life of the Río de la
Plata area, gives the story a certain historical charm.
However, the historical part is not the only source of
poetic emotion in this story. There is also the pervasive
presence of folk superstition.

El «*payé*»

—La primer [1] pareja adentro—ordenó el bastonero con voz
engolada y mandona. A esta orden, la rueda de hombres y
mujeres ataviados de fiesta abrió un portillo para cerrarse en
cuanto la pareja criolla se colocó en el centro del corral de palo
5 humano.[2] Y vino la relación:

> —«Desde que la vi la amé:
> ¿Qué dice usté?»

A lo que contestó ella, sobre el pucho, como cosa que se sabe
de memoria, ya que tanto pregunta como respuesta, son del
dominio popular:

> —«Desde que lo vi, lo quise.
> ¿Y usté, qué dice?»

El coro de mirones comentó entre aplausos.
10 —Parece que se entienden, ¿eh?
—Les costó mucho el aprenderlos . . .
Los aplausos fueron cortados en seco por la presencia de un
forastero. Era un hombre joven y arrogante, *cortado* como para

---

[1] **primer** primera in Standard Spanish
[2] **corral . . . humano** human corral. *The onlookers are motionless like
wood and they form a human fence to the circle or* corral *that surrounds the
dancing couple.*

conquistar chinas con dueño. Vestía al modo del país, pero conservando aún el pantalón ajustado del español, prendido con dos o tres botones abajo de la rodilla, ciñendo el calzoncillo cribado, que iba a caer airoso sobre la bota de potro ornada de grandes espuelas nazarenas de cincelada plata. Completaba esta indumen- 5 taria, propia del gaucho del siglo XVIII, la chaqueta de solapas sobre camisa blanca, cuello y corbata. Después, gran cinto y facón a la izquierda, a manera de espadín, sombrero *panza burro* y rebenque con virolas lucientes.

El hombre aparecido así, de improviso, en la puerta, se adelantó 10 hacia el interior del rancho sacándose el sombrero, se acomodó luego el poncho sobre el hombro derecho, carraspeó varonilmente, y pidió permiso al bastonero *pa dentrar* [3] al baile.

Se llamaba Pasión Benítez, y era español de nacimiento, y gaucho, pero gauchazo, de crianza. 15

Todo el mundo le dió el frente, con los ojos agrandados y la cara contraída.

La pareja que acababa de decir la relación, formada por Perico Pérez, criollo de aquel pago, y su novia Cielo Suárez, mujer agraciada, se miraron. Ella había contenido, a medias, un movi- 20 miento de sorpresa, degollando un grito.

Perico la interrogó:

—¿Lo conocés?

—Yo no—contestó ella mintiendo.

¡Vaya si lo conocía! [4] Era el *enamorao sin suerte* que le venía 25 arrastrando el ala hacía algún tiempo, para el cual, es cierto, ella hasta el momento, sólo tuvo desdenes.

Pero su novio, que había estado *p'adentro* [5] con un ganado y recién volvía, ignoraba esto.

Bien. El hombre fué atendido como a persona de calidad, de 30 acuerdo con su cuidada indumentaria, y concluído que fué el *pericón,* los guitarreros tocaron un *gato* y el forastero, antes que Perico sacara a su pareja, se adelantó a ella convidándola a bailarlo. Ella se puso colorada y miró a su novio. Perico dijo: 35

—Esta flor tiene ojal, don . . .

---

[3] **pa dentrar** para entrar
[4] **¡Vaya . . . conocía!** She certainly did know him!
[5] **p'adentro** para adentro in the interior of the province

—Pero eso no le hace, aparcero. No se la voy a manchar bailando un gato—respondió él mientras le tendía la mano.

Ella, obedeciendo como dominada por la atracción del forastero, aceptó la demanda sin esperar consentimiento alguno, y salió al medio de la sala.

—Que lo bailen solos—dijo el bastonero.

—«Solo nací, solo muero»—contestó el recién venido, y mientras los guitarreros rasgueaban la introducción del baile, él pidió licencia para dejarse las espuelas, a las que les acortó las cadenillas de la *alzaprima* para no trillar el piso con las rodajas.

El mozo estaba radiante, pues veía que le había «quebrado la cola» a su mala suerte.

Ya se había encontrado con la moza en ausencia de Perico, prendándose de ella, pero sin suerte, puesto que la muchacha quería a su novio, aun cuando coqueteara con el forastero, cosa que bien merecía la pena, dada la arrogante presencia y la simpatía del mozo.

La última vez que se vieron, ella *le sacó el cuerpo* francamente ya, pues la estaba comprometiendo demasiado.

En vista de ello, el español criollo, que se sentía enamorado ciegamente de la morocha, había ido a consultar a un brujo curandero, el cual daba amuletos para la suerte, sobre todo para el juego y el amor, amuletos que se llamaban *payés*.

El brujo era mestizo de indio, y dadas las prácticas a las cuales se dedicaba, pasaba por tener relaciones secretas con el demonio, cosa que lo hacía respetado y temido, aun cuando no faltaba quien lo tomara por loco.

Cuando Pasión Benítez lo fué a ver, lo encontró en un rincón del rancho tomando mate en cuclillas, frente a un fueguito miserable, pero que parecía despedir el humo en volutas caprichosas.

—Ave María . . . —gritó el enamorado.

—Sin pecar—contestó el brujo, sin caer en la cuenta que este saludo, aludiendo a la Virgen María, estaba disparatadamente en contradicción con las prácticas diablescas que él realizaba.

El mozo entró.

—Te esperaba—dijo el indio.

—¿A mí?—respondió sorprendido el visitante.

—A vos, que andás revirado contra el amor de una china lindaza que se llama *Cielo*.

A Pasión Benítez le corrió un chucho por el espinazo y se entregó. Bueno: para eso iba, para creer en el poder del brujo y sacar el mejor partido, consiguiendo algún amuleto invencible que le diera la posesión de Cielito.

—Te lo doy, que no faya—le había dicho al entregarle el *payé;* [5] añadiendo mientras recibía la paga: —Te lo doy *compuesto* con una pluma de ala de caburéi. Está tranquilo, que no hay cristiana [6] que se te resista.

Y por lo visto, la cosa era cierta. La criolla era otra, ahora. Bailaba como entregada, como obedeciendo a un designio fatal. [10] En el zapateo le clavó los ojos, primero con cierta dureza, en seguida con dulzura. El asombro de la concurrencia se iba resolviendo en escándalo en el pensamiento de cada cual.

—Pero ¡qué sinvergüenza!—comentaban ya las viejas, desde los rincones.

[15]

—Pero ¡qué suertudo!—decían algunos gauchos viejos.

—No hay como ser forastero y tener *gordo* el tirador—comentaban los mozos.

Mas aún faltaba lo mejor. El *gato* que bailaban, era *con relaciones,* y cuando cesó la música para que el hombre cumpliera [20] la parte ritual de la danza, le dijo a su compañera estos versos:

> «Te lo leo en la mirada,
> Me estás diciendo que sí
> Aunque te quedes callada.»

Ella se puso roja y no supo qué responder. Sintió un fuego en los talones que le fué subiendo hasta la nuca, resolviéndose en un frío cosquilloso bajo el nacimiento de las trenzas. Por toda respuesta, miró al gallardo mozo con dulzura de venadita en-[25]tregada. Aquel silencio, en realidad ordenado desde los versos de la *relación,* era la respuesta más elocuente que se podía dar. Silencio que valía más que un «te quiero.» Silencio que sonó en los oídos de todos como un beso dado al rival.

Entonces, Perico, saliendo de su estupor, dió un paso enérgico [30] hacia la pareja, y haciendo callar a los músicos con un gesto de la mano y sin mirarlos, con la vista prendida en el rival, dijo altanero:

—Señores, pido la bolada para desempeñar a esta moza.

---

[6] **Está . . . cristiana** Be confident, for there is no girl

Todos se volvieron hacia él. Un soplo de tragedia abanicó las sienes de las mujeres y apretó los labios de las bocas varonas del gauchaje. El forastero dió un paso atrás, como abriendo cancha para accionar en oportunidad, mientras Perico, la mano
5 izquierda en la cintura, el brazo derecho en acción, y el rostro encendido en la llama del coraje, *desempeñó* a su novia ingrata, contestando a la atrevida relación del recién venido, de esta suerte:

«Aunque me la dejes muda,
Y aunque me la dejes tuerta:
¡Vas a quedar tironeando . . .
Como perro en vaca muerta!»

Una gran carcajada llenó el rancho de la fiesta. Y mientras una
10 bandada de manos aleteaba el aplauso que Perico se merecía,[7] el hombre puesto en ridículo por la gracia cortante de la respuesta, atropellaba facón en mano al novio de Cielo Suárez, la más bella mujer del paraje, dándole a Perico un hachazo en la frente, que no le dejó disfrutar del momentáneo triunfo ob-
15 tenido con su contestación.

Las mujeres huyeron como arreando la tropilla de sus gritos.[8] Los hombres abrieron cancha; el bastonero, inflado de autoridad, se interpuso entre los peleadores que ya—el ponchito de verano envuelto en el antebrazo izquierdo y el facón en la diestra—se
20 buscaban por debajo de los brazos en cruz del viejo director del baile, el cual optó por hacerse a un lado.

Entre tanto, Cielito Suárez, la mujer que tenía la culpa, contemplaba la escena con una imparcialidad tal, que parecía «no ir nada en la parada.»
25 Es que en la psicología de ella, en ese momento, se operaba algo misterioso. El *payé* del forastero le había *cambiado* de tal manera el corazón, que lo que al principio fué indiferencia de espectadora ajena al drama, en seguida se tornó en parcialidad decidida, en favor del amor nuevo que ella sentía ahora ocuparle
30 el corazón. El español gaucho era un *faconero* con toda la barba, y había arrinconado a Perico Pérez, que se defendía valiente-

---

[7] **Y . . . merecía** And while a sprinkling of well-deserved applause for Perico was heard

[8] **Las . . . gritos** The women fled as though their cries were being herded like cattle.

mente, detrás de una silla. Ella seguía la lucha con ansiedad, tomando franco partido [9] a favor del forastero. Los facones cortaban poncho cada vez que el brazo, puesto en escudo, paraba un tajo que hubiera sido mortal de llegar [10] a su destino.

Perico reaccionando, a pesar de la sangre que le chorreaba [5] por la frente, volvió al medio de la cancha, *marcando* bajo el labio inferior, a su enemigo, de un revés. Pero éste, como si necesitara el rigor para estimularlo más, entró con fiereza en la guardia de Perico, hundiéndole el acero en el pecho, «hasta la *ese*.» [10]

Cielo Suárez, la dulce y buena criolla que todos conocían, con una frialdad inesperada, se colgó del cuello del vencedor, dándole un beso, en tanto que su novio la miraba desde el suelo con ojos de asombro, llegados ya a las porteras de la muerte.

Ante el horror de las mujeres y la sorpresa de los hombres, la [15] pareja salió afuera abrazada. El *payé* del brujo seguía tallando bien en el carteo de los corazones.[11]

Todos rodearon al herido que intentaba levantarse aún empuñando el facón para rescatar a su amada. De pronto se serenó, sus ojos cambiaron de rumbo. Una vieja le puso una almohada [20] bajo la nuca, y clavando la mirada en las pajas del techo, se quedó muerto.

Pero en ese instante sucedió nuevamente algo inesperado: Cielo apareció en la puerta, desmelenada. Las ropas arrugadas denunciaban la lucha. El lazo de la trenza se le había zafado desparra- [25] mándole el pelo copioso por la espalda. Al morir su novio, el *payé* había perdido su fuerza misteriosa, ya que, si tenía *a favor de quien obrar*, no tenía *contra quien*,[12] faltándole así un punto de apoyo y perdiendo en consecuencia, su maléfico poder.

De acuerdo con esta situación psicológica, la criolla había [30] vuelto *a ser ella misma*, amando al hombre que en realidad amaba; por eso, dando un grito desesperado, se echó sobre el cuerpo de su amor, mojándole el rostro con sus labios y con sus ojos.

[9] **tomando . . . partido** taking sides openly
[10] **de llegar** if it had reached
[11] **El . . . corazones** The witch-doctor's amulet was still proving lucky in the game of hearts.
[12] **si . . . quien** although it still had someone to work for, it no longer had anyone to work against

Entre tanto, afuera, en la noche oscura, un jinete huía a gran galope, apretando dentro del puño una piedrita negra adornada con plumas, como asustado de sí mismo.

PREGUNTAS

1. ¿Qué pasó a la orden del bastonero?
2. ¿Qué dijo el hombre de la pareja en la relación?
3. ¿Qué respondió la mujer?
4. ¿Por qué fueron cortados los aplausos?
5. ¿Cómo era el forastero?
6. ¿Qué arma llevaba?
7. ¿Qué pidió el hombre?
8. ¿Cómo se llamaba?
9. ¿Quiénes eran los de la pareja?
10. ¿Cómo reaccionó Cielo Suárez al ver al forastero?
11. ¿Qué le preguntó su novio, Perico Pérez?
12. ¿Conoce ella al forastero?
13. ¿Qué ignoraba su novio?
14. ¿Qué hizo el forastero al empezar el gato?
15. ¿Qué le dijo Perico?
16. ¿Aceptó Cielo la invitación a bailar?
17. ¿Por qué creía Pasión Benítez que había terminado su mala suerte?
18. ¿A quién había consultado el español criollo?
19. ¿Qué quería Pasión del brujo?
20. ¿Qué amuleto le dió el brujo?
21. ¿Qué poder tenía el que poseía el amuleto?
22. ¿En qué se resolvía el asombro de los presentes en el baile?
23. ¿Qué decían las viejas y qué decían algunos gauchos viejos?
24. ¿Cómo explicaban los mozos el atractivo que tenía Pasión?
25. ¿Qué dijo Pasión a su compañera en la relación?
26. ¿Por qué era tan elocuente el silencio de Cielo?
27. ¿Qué hizo Perico?
28. ¿Cómo contestó Perico al forastero?
29. ¿Quién atacó primero?
30. ¿Qué tenían los dos en el antebrazo izquierdo y en la mano diestra?
31. ¿Qué había hecho el payé del forastero?
32. ¿Qué clase de faconero era el español?
33. ¿Qué hizo Cielo al vencedor?
34. ¿Cómo salió la pareja?
35. ¿Qué pasó poco después de la muerte de Perico?
36. ¿Qué denunciaban la lucha?
37. ¿Por qué y cuándo había perdido el payé su fuerza?
38. ¿Qué hizo Cielo al llegar al lado de su novio?
39. ¿Cómo huía el jinete en la noche oscura?

Guillermo Estrella

ARGENTINA

THE HISTORY of the short story is intimately related to the development of journalism. Some of the best story writers came out of the editorial rooms of large Spanish-American newspapers. Such was the case of Guillermo Estrella (1891–1946), an editorial writer on the staff of *La Nación* of Buenos Aires. Roberto Payró, another journalist and a great Argentine short-story writer, once called attention to how much Guillermo Estrella's stories owed to their author's rich professional experience. The talented journalist, with his intimate contacts among people of all types and his continual shifting from one social plane to another, is well equipped to amuse us with "slices of life." Estrella published only two books but he left many scattered stories which, when published in collected form, will increase the significance that he now has in literary history. *Los egoístas y otros cuentos* (1923) won first prize—with the affirmative votes of Roberto Payró, Horacio Quiroga, and Arturo Cancela, no less—in the literary contest of the publisher, Editorial Babel. From *El dueño del incendio* (1929), the second of his published collections, comes the story we have chosen. The reader should note the influence of the journalistic profession on the story. In the first place the protagonist is a typographer who writes for a revolutionary review and hopes that the newspapers will feature his "scoop" in reporting the fire. Moreover certain aspects of the story itself illustrate characteristics of journalistic Bohemianism. As an author, Guillermo Estrella is characterized by a wide array of moods: irony, sorrow, satire, pious emotion, bitterness, romantic sentimentalism, etc. One of his most celebrated moods is humor. His humor, however, is so Argentinean that perhaps it will not be appreciated outside of his own country. It is well known that the comic sense is so nationalistic that *The New Yorker,* enthusiastically appreciated by Americans, is much less humorous for an Englishman than *Punch* and vice versa. The humor of Estrella has what the Argentineans call *cachada,* the catching or surprising of an individual in a predicament when the serious side of his make-up seems ridiculous. In our story Juan Andrés, the author of a utopia where private property has been abolished, defends nevertheless his rights as the owner of—a fire!

El dueño del incendio

Poco antes de medianoche salió Juan Andrés de la imprenta en que trabajaba para dirigirse a su casa. Llegó a ella, sin embargo, a las doce del día siguiente, porque a las dos cuadras notó que salía humo de una papelería.

5   Juan Andrés era tipógrafo y entusiasta colaborador de una revista revolucionaria. Precisamente esa noche había salido del taller barajando en la cabeza los conceptos fundamentales de un cuento filosófico. La acción transcurría en el año 3003 en una ciudad utópica denominada Desideria y consistiría especialmente
10 en la lucha y victoria del Angel del Progreso contra el odiado espectro de la Propiedad. Ya estaba a punto de redondear la filípica que el Progreso dirigiría a la Propiedad antes de entrar en combate cuando acertó a pasar frente a «La Servicial,» papelería y cartonería.

Tenues hilos de humo que salían por debajo de la cortina metálica y un pronunciado olor de barniz quemado lo convencieron de todo: ¡allí había un incendio!

Al pronto aquello no lo impresionó mayormente. Hasta sintió haberlo encontrado tan en la infancia,[1] pues quitaba heroísmo a 5 su posición. En aquellos momentos la cosa sólo daba para un retratito a media columna con leyenda en cuerpo cinco.

Con todo recordó que en estos casos los diarios dicen casi invariablemente: «Anoche en circunstancias en que el agente Fulano de Tal se hallaba de facción en la esquina Tal fué avisado 10 por el señor Zutano, quien le comunicó que había estallado un incendio en la casa número tantos. Dados los silbatos correspondientes y avisado que fué el cuartel de bomberos,[2] un destacamento se trasladó al lugar del siniestro, etc.»

Por tanto, Juan Andrés conferenció con el agente de facción 15 en el cafetín más próximo y ambos se dirigieron al lugar en que estaba produciéndose la hoguera.

Ya los tenues hilos se habían unido en una sola y delgada lámina que subía precipitadamente a lo largo de la cortina, y era posible sentir a la distancia el rigor del hierro recalentado. 20

El vigilante estudió detenidamente el caso:

—Y es, no más.[3]

—Ya se lo he dicho.

—Aquí hay que llamar.

—En la botica tendrán teléfono. 25

Y el agente:

—Vigile usted, mientras aviso.

Y de tal modo, Juan Andrés Rualde, quedó depositario de un incendio, en una solitaria calle negra del amanecer.

Tras la llamada telefónica, el vigilante volvió tranquilamente 30 al lugar del fuego. Para él, había pasado la gravedad del caso, en cuanto descargó su responsabilidad.

Entretanto, el «voraz elemento» había crecido alegremente, en medio de la inconfesable esperanza de su tutor. Su retrato aumentaba proporcionalmente a las llamas, en esos momentos 35 estaría lindando con la columna y media.

---

[1] tan . . . infancia so early
[2] avisado . . . bomberos the fire department having been called
[3] Y . . . más That's what it is all right.

—Ahí vienen—dijo el vigilante llegando—. ¿Qué tal?

—Cada vez más bravo—replicó Rualde y se sorprendió a sí mismo restregándose las manos.

En efecto; ya no era una delgada capa de humo. Se trataba de un chorro continuo y tres curiosos, que habían podido percatarse por sí mismos, que allí estaba quemándose una casa.

Rualde sentía ya mucho orgullo por su incendio:

—Oiga, aquí—gritaba al vigilante, fingiendo no ver a los mirones—. Note este ruído.

—No oigo.

—Resulta clarito sin embargo. Es como un trueno sordo. Vea, le cedo mi sitio. ¿Oyó ahora?

En cuanto el agente abandonó el lugar cedido, un curioso se adelantó a ocuparlo.

Juan Andrés sintió en el fondo del alma una extraña inquietud.

—Este . . . —le dijo con sorna—. Con su permiso ¿no?

—Yo . . . quería ver—se disculpó el otro.

—Sí, pero el sitio es mío, ¿no le parece?

—Sí, ya sé.

—Bueno, oiga entonces—concedióle.⁴

Y lo dejó oír hasta que comenzó a llegar gente precediendo a los bomberos, circunstancia que lo obligó a empujar al tipo sin mirarlo para esperar en el sitio de honor a los salamandras de la ciudad. No hubo necesidad de esperarlos mucho. Desembocaron en la calle como un torrente y su estrépito dramático aumentó la importancia de Juan Andrés.

Sonrió al vigilante—humilde compañero en sus horas de iniciación—y un momento después estaba rodeado de brillos de bronce, de chispas, de rostros curtidos, de jadeos de máquinas y de órdenes terminantes.

Ésa era su obra. Su retrato había asumido el tamaño de un afiche de teatro.

Un oficial saltó del primer carromato y, sin mayor trámite, abordó al vigilante:

—¿No se ha mandado abrir esta cortina?

—Todavía no, dende que vine.

—Primero quisimos localizar el foco del incendio—exclamó

---

⁴ **concedióle** he conceded

Juan Andrés con las palabras exactas; [5] quería hacer agradable la permanencia de aquel joven simpático por la honradez de propósitos que inspiraba su prepotencia.

—Sí, bueno—replicó el otro para demostrar que no se irritaba fácilmente—, eso será luego. Ahora hay que abrir. A ver . . . un [5] hacha . . . con el lado plano . . . hunda eso . . .

El bombero descargó el primer porrazo, pero la cortina no cedió. Examinó entonces la cerradura y notó la causa. Había errado por cuestión de milímetros el golpe dirigido al centro de la yale. Quiso insistir con más energía, pero el hacha no acabó [10] de caer.[6] El bombero habíase percatado que temía inmiscuir el cráneo de Juan Andrés, en todo el asunto. Y se detuvo.

—¡Sálgase de ahí!—le recomendó.

Juan Andrés retrocedió de mala gana; lo suficiente para dar un margen práctico al envión del hacha.

[15]

Pero el otro insistió:

—¡Le he dicho que se salga de ahí, pedazo de imbécil!

Juan Andrés viró en torno suyo, la sospecha burlonamente alarmada.

—Pero este hombre está «colo.» [7] ¿Han visto? Quiere que me [20] salga de ahí . . . Tan luego a mí [8] . . . Se cree que es el dueño. Está «colo.»

Sin embargo, un violento empujón del loco le obligó a ceder la cancha necesaria; y con tres hachazos matemáticos saltó hecha pedazos la yale de la cortina. Una bocanada de humo se desahogó [25] en el aire de la calle: escape de humo negro en apelotonado vellón giratorio que se doblaba gozosamente sobre sí mismo.

Instintivamente la gente se echó hacia atrás en tropel, aplastando con los tacos las punteras de los botines ajenos.

La técnica de los incendios comenzó a desarrollarse en su rui- [30] dosa teatralidad.

Gritos, órdenes, chasquidos de mangueras y finalmente el ariete del chorro, vibrando en la punta del caño de bronce.

---

[5] con . . . exactas with the exact words used in newspapers
[6] no . . . caer did not fall
[7] "colo" crazy, *a sample of syllable inversion in the normal Spanish* loco. *It is typical of street slang or* arrabalero *heard in the poorer districts of Buenos Aires.*
[8] Tan . . . mí Me of all people

La policía comenzó a meter la gente en vereda; organizaba la plácida anarquía de los comienzos. Cerró el paso allí; mandó parar los tranvías; llamó en las casas vecinas.

—¡Más atrás, señores! ¡más atrás se ha dicho! [9]

5 En medio de aquel pandemonium de órdenes, Juan Andrés hacía esfuerzos inauditos para persistir como el hombre que descubrió el incendio. Con una constancia infinita, llena de astucia y empecinamiento minucioso, el hombre defendía palmo a palmo el derecho al pedacito de tierra que le permitía ver el incendio
10 desde más cerca que todos los demás. Cuando retrocedía, hacíalo conservando siempre su buen medio cuerpo a la multitud.[10] Un paso de los otros equivalía a uno suyo, pero hubiese considerado un deshonor aumentarlo a dos, anulando su privilegio por miedo al chino del escuadrón. Así, su posición procurábale buenas satis-
15 facciones que lo consolaban de no estar en las propias narices del incendio por agencia de aquel bombero que le había desalojado violentamente de su lugar en las puertas mismas de «La Servicial.»

Anunciaba los hechos a la multitud y se sentía atentamente
20 escuchado.

—Ahí traen otra manguera. Toda el agua cae sobre la misma pared. No llega el agua. ¡Epa! . . . no resfale, amigo.

Era el vigía, el heraldo, el prócer de la muchedumbre. Cuando algunos policías pasaban delante suyo, olvidábase sin embargo
25 de su auditorio para dedicar una sonrisa a los representantes de la autoridad. Quería conservar sin sobresaltos lo que tuvo por derecho de ocupación primero, y por untuosa perseverancia después.

Tenía completamente olvidado, como se ve, el odioso espectro
30 de la Propiedad.

Las llamas seguían rabiosamente retorcidas en los rincones de papelería.[11] Cada vez se complicaban más las maniobras. «Atrás señores, atrás se ha dicho.» Y todos obedecían incluso Juan Andrés que constituía la vanguardia ilustre de los mirones.

35 Uno o dos pisotones que recibió de un oficialito no fueron

[9] ¡Más . . . dicho Back up, ladies and gentlemen! Back up, that's the order!

[10] hacíalo . . . multitud he did it keeping always one step behind the crowd

[11] en . . . papelería at the corners of stacked paper

nada. Pero le sulfuró luego que este mismo hombre pretendiera incorporarlo al gentío anónimo por puro abuso de autoridad.

¡Con tanto dar órdenes había llegado a creerse el amo de todos aquel mequetrefe que hubiera sido incapaz de poner dos letras en un componedor!

Los comienzos del diálogo ya fueron un presagio de tempestad.

—Vd. no puede estar aquí.

—¿Que yo no puedo estar aquí?—inquirió lentamente. La sangre empezaba a bullirle en vivaz comezón de rabia.

—Sí. Usted no puede estar aquí y es mejor que se retire, si no quiere que lo saque a patadas.

Juan Andrés notó un evidente propósito de despojo[12] en aquellas palabras y la ira se encendió súbitamente en él.

—Usted no es nadie para decirme eso . . . usted es un oficialito como cualquiera y este lugar es mío, porque yo fuí el primero que vi el incendio, y usted no estaría aquí, dando órdenes, si no hubiera sido por mí.

El otro no se sintió mayormente impresionado con aquellas palabras. Hizo ademán de asestar un puñetazo, y como Juan Andrés se entretuviera en detenerlo, un vigilante lo tomó por los hombros y, después de un puntapié anatómicamente adecuado, lo trasladó a la cuarta o quinta fila de espectadores. Pero la desgracia no lo doblegó. Comenzó por desahogarse, entablando entre sus vecinos la encuesta de la ira.[13] —¿Pero ha visto usted qué atropello?[14] ¿Ha visto usted?

Y poco después como advirtiera que el mismo oficial estaba a punto de tener otro altercado con un curioso, se totalizó en él una idea que lo puso al rojo blanco.

—Vean como atropella a otro. ¿No ven? ¡Miserables! ¡Sicarios del despojo! ¡Ladrones!

Ni que hablar que lo llevaron preso.[15] Fué encerrado en un calabozo, y varias veces oyó hablar de «dar una marrusa» hasta que supo, finalmente, en cabeza propia,[16] el significado de la expresión.

[12] **de despojo** to use force
[13] **entablando . . . ira** directing irate questions to people around him
[14] **¿Pero . . . atropello?** Did you see how he shoved me around?
[15] **Ni . . . preso** Of course, they arrested him
[16] **en . . . propia** by sad experience

Cuando volvió en sí, al día siguiente, halló el comisario frente a su persona.

—Se desacató llamando ladrones a los de la policía—dijo un oficial acusador.

5   El jefe lo miró:

—¿Y por qué somos ladrones, vamos a ver? ¿Qué le hemos robado?

Juan Andrés echó una mirada en torno suyo. Solo encontró una sonrisa burlona en los labios del oficial y un reflejo socarrón en 10 los ojos del comisario. Y eso terminó por enfriarle los deseos de gritar a los cuatro vientos las cosas absurdas que bullían en su cerebro:

¡Pero no lo saben miserables perros de presa! ¡Me han robado un incendio!

15   Fué puesto en libertad y al mes salía un artículo de Juan Andrés en la revista revolucionaria. Pero no hablaba de la Propiedad y el Progreso. Se titulaba «Los Pulpos de la Sociedad» y era un libelo contra la policía.

PREGUNTAS

1. ¿Cuándo salió Juan Andrés de la imprenta?
2. ¿Adónde se dirigía?
3. ¿Cuándo llegó a su casa?
4. ¿Qué era Juan Andrés?
5. ¿En qué pensaba al salir de la imprenta esa noche?
6. ¿Qué salía por debajo de la cortina metálica?
7. ¿Con quién conferenció Juan Andrés después de descubrir el incendio?
8. ¿Qué le dijo el agente que hiciera Rualde mientras llamaba por teléfono?
9. ¿A qué aumentaba proporcionalmente el retrato?
10. ¿Por qué vinieron tres curiosos?
11. ¿Por qué sentía mucho orgullo Rualde?
12. ¿Por qué empujó Rualde al curioso?
13. ¿Cuál fué la pregunta del oficial hecha al vigilante?
14. ¿Por qué no habían mandado abrir la cortina según Juan Andrés?
15. ¿Qué pidió el oficial para abrir la cortina?
16. ¿Por qué mandó el bombero que Juan Andrés se saliera de ahí?
17. ¿Cómo retrocedió Juan Andrés?
18. ¿Por qué está «colo» el hombre según Juan Andrés?
19. ¿Qué le obligó a ceder la cancha necesaria?

20. ¿Qué esfuerzos hacía Juan Andrés en aquel pandemonium?
21. ¿Por qué se sentía consolado de no estar en las propias narices del incendio?
22. ¿Qué le sulfuró luego a Juan Andrés?
23. ¿Por qué insistió en el derecho de ocupar su sitio?
24. ¿Qué gritó Juan Andrés después del puntapié que lo trasladó a la quinta fila de los espectadores?
25. ¿Por qué lo llevaron preso?
26. ¿Qué preguntó el jefe?
27. ¿Qué fué lo que le habían robado?
28. ¿Qué artículo escribió Juan Andrés un mes después de ser puesto en libertad?

Francisco Monterde

MEXICO

THE MEXICAN Revolution of 1910 had such an impact on the intellectual life of the country that almost all the writers turned to the popular masses in an effort to understand them and, at times, to help them in their struggles. Thus, a rich production of stories appeared definable as revolutionary, *costumbrista,* picaresque, and folkloric. Among the intellectuals who sought to understand the peculiarities of Mexican life there were some who were historical in their approach. They turned their eyes to the colonial period in order to appreciate the historic origins of their nation. They were known as "los colonialistas." Prominent among them was Francisco Monterde (1894–   ). This writer's scholarly tendencies inclined him toward criticism, and even his very personal imaginative literature tended toward history in its approach. He is a poet, a playwright, a novelist, and a short-story writer. The stories contained in *El temor de Hernán Cortés* (1943) reveal a serious study of history, a desire to review the past critically, and a fresh, active imagination. The best story perhaps, in that collection is "El forastero." Since its worth depends on the surprise ending in the last line and since the appreciation of that surprise requires familiarity with details of Mexican history, we did not choose it for this anthology. "Una moneda de oro" does not reveal the historical interest of Francisco Monterde, but it does show other valuable aspects of his

58

art: his ability to maintain suspense, the subtlety of his psychological observation, his concise prose, his sobriety in describing Mexican poverty, and the tenderness he feels for his characters.

Una moneda de oro

Aquella Navidad fué alegre para un pobre: Andrés, que no tenía trabajo desde el otoño.

Atravesaba el parque, al anochecer, cuando vió, en el suelo, una moneda que reflejaba la luz fría de la luna. De pronto, creyó que era una moneda de plata; al cogerla, sorprendido por el peso, cambió de opinión: «Es una medalla, desprendida de alguna cadena,» pensó. Hacía mucho tiempo que no tenía en sus manos una moneda de oro, y por eso había olvidado cómo eran. Hasta que, al salir del parque pudo examinarla en la claridad, se convenció de que, realmente, era una moneda de oro.

Palpándola, Andrés comprendía por qué los avaros amontonan tesoros, para acariciarlos en la soledad. ¡Era tan agradable su contacto!

Con la moneda entre los dedos, metió la mano derecha en el bolsillo del pantalón. No se decidía a soltar en él la moneda, por temor a perderla, como el que la dejó en el parque, el que la había poseído antes que él. De seguro no era un pobre, pensó: los pobres rara vez tienen monedas de oro. Sería rico y aquella moneda pasaría inadvertida para él, que tendría otras muchas monedas iguales. Y Andrés reflexionó, como un personaje de relato ejemplar, que si supiera quién la había perdido, rico o pobre, le devolvería la moneda, aunque no lo gratificara.

Cuando soltó la moneda, después de cerciorarse de que el bolsillo no tenía agujeros, estaba tibia, como si tuviera vida propia.

Mientras Andrés caminaba apresurado, rumbo a su casa, la moneda de oro saltaba alegremente en el bolsillo; pero como no tenía compañeros que la hicieran sonar al tocarla, su alegría era silenciosa.

Una duda asaltó a Andrés: ¿No sería una moneda falsa? Se detuvo en la esquina, y volvió a examinarla, al pie de un farol.

Vió sus letras, bien grabadas; la hizo sonar. La apariencia y el timbre—claro, fino—casi le devolvieron la tranquilidad. Para tranquilizarse por completo, estuvo a punto de entrar en una tienda, comprar algo y pagar con la moneda de oro. Si la acepta-
5 ban, indudablemente era buena, si no . . . ; pero era mejor mostrarla a alguien que le dijera la verdad. Andrés prefirió llevar la moneda a su casa.

El camino le pareció menos largo que otras noches, en que volvía derrotado en la lucha por encontrar empleo, porque ahora
10 pensaba en la sorpresa que causaría a su mujer, cuando le ense-
ñara la moneda de oro.

Su casa—dos piezas humildes—estaba oscura y vacía, cuando él llegó. Su mujer había salido, con la niña, a entregar la ropa que cosía diariamente.
15 Encendió una luz y se sentó a esperarlas, junto a la mesa sin pintura. Con una esquina del mantel a cuadros rojos frotó la moneda, y cuando oyó cercanas las voces de su mujer y de su hija, la escondió debajo del mantel.

La niña entró por delante, corriendo; él la tomó en brazos, la
20 besó en la frente, y la sentó sobre sus piernas. La mujer llegó después; su cara tenía una expresión triste:

—¿Conseguiste algo? . . . Yo no pude comprar el pan, porque no me pagaron la costura que llevé a entregar . . .

En vez de contestar, Andrés, sonriente, levantó la punta del
25 mantel.

La mujer vió con asombro la moneda, y la tomó en sus manos. Andrés temió que fuera a decir: «Es falsa,» pero ella sólo dijo:

—¿Quién te la dió?

—Nadie. La encontré.
30 Y refirió la historia del hallazgo. Para explicarlo mejor, colocó la moneda en el piso y retrocedió unos pasos.

—Yo venía así, caminando . . .

La niña se apresuró a coger la moneda, la puso sobre la palma de la mano izquierda, extendida; la arrojó al aire; y la hizo rodar
35 por el suelo. Andrés se la arrebató, entonces, temeroso.

—¡Cuidado, no vaya a irse por una rendija o por un agujero! . . .

Guardó la moneda en uno los bolsillos del chaleco y se sentó junto a la mesa.

—¿Qué compramos con ella?

—Hay que pagar . . . ¡Debemos tanto! . . . —suspiró la mujer.

—Es verdad; pero recuerda que hoy es Nochebuena. Tenemos que celebrarla. ¿No te parece?

La mujer se oponía a ello. Deberían pagar, antes . . . Andrés, malhumorado, se quitó el saco y el chaleco y los colgó en el respaldo de la silla.

—Está bien—dijo:—pasaremos la Nochebuena sin cenar, a pesar de que tenemos una moneda de oro.

Conciliadora la mujer, repuso:

—Podrías ir a comprar algo; guardaremos lo demás.

Andrés aceptó. Volvió a ponerse el chaleco, el saco, y salió de su casa.

En la calle tropezó con Pedro, su vecino.

—¿Adónde vas? . . . ¿Quieres venir a tomar algo conmigo?

Andrés aceptó. Después de beber y charlar un buen rato, se despidió de Pedro y siguió hacia la tienda. ¿Compraría sólo alimentos para esa noche o también dulces y algún juguete para la niña?

Comenzó por pedir los alimentos. Cuando el paquete estuvo listo, Andrés buscó la moneda, primero en el pantalón, después en el chaleco; pero la moneda de oro no estaba en ninguno de sus bolsillos. Acongojado, la buscó en todos, nuevamente—en el pantalón, en el chaleco, en el saco—sin encontrarla. Cuando se convenció de que ya no la tenía, se disculpó con el dependiente y salió de la tienda.

En pocos minutos recorrió, angustiado, las calles que lo separaban de su casa. Al entrar, vió a la niña dormida, con la cabeza entre los brazos, sobre la mesa, y a su mujer, sentada junto a ella, cosiendo. No se atrevía a decir la verdad. Al fin, murmuró:

—La moneda . . .

—¿Qué?

— . . . Se me perdió.

—¡Cómo!

La niña, sobresaltada, abrió los ojos, bajó los brazos, y entonces se oyó, bajo la mesa, el fino retintín de la moneda de oro.

Andrés y su mujer riendo, como locos, se inclinaron a recoger la moneda, que la niña había escamoteado mientras el chaleco
5 estaba colgado en la silla.

PREGUNTAS

1. ¿Desde cuándo no tenía trabajo Andrés?
2. ¿Qué vió en el suelo al atravesar el parque?
3. ¿Cuándo se convenció de que había encontrado una moneda de oro?
4. ¿Por qué comprendía Andrés a los avaros?
5. ¿Cómo llevaba la moneda en el bolsillo?
6. ¿Qué clase de persona era Andrés y qué reflexionó?
7. ¿Cómo estaba la moneda cuando la soltó?
8. ¿Por qué era silenciosa la alegría de la moneda?
9. ¿Qué duda asaltó a Andrés?
10. ¿Qué hizo para tranquilizarse?
11. ¿Qué prefirió Andrés por fin?
12. ¿Cómo le pareció el camino esa noche?
13. ¿En qué pensaba Andrés mientras iba a su casa?
14. ¿Cuántas piezas tenía la casa?
15. ¿Por qué había salido su mujer?
16. ¿Qué hizo Andrés mientras esperaba la llegada de su mujer y su hija?
17. ¿Por qué no pudo comprar el pan la mujer?
18. ¿Qué hizo Andrés para explicar mejor el hallazgo de la moneda?
19. ¿Qué hizo la niña?
20. ¿Dónde guardó el padre la moneda?
21. ¿Por qué no quería Andrés usar todo el dinero para pagar las deudas?
22. ¿Qué decidieron hacer con la moneda?
23. ¿Para qué salió Andrés?
24. ¿Con quién tropezó Andrés y adónde fueron?
25. ¿Qué pidió Andrés en la tienda?
26. ¿Qué hizo cuando estuvo listo el paquete?
27. ¿Por qué estaba acongojado Andrés?
28. ¿Qué cosa tenía que confesar Andrés a su mujer?
29. ¿Por qué abrió la niña los ojos?
30. ¿Qué se oyó cuando la niña bajó los brazos?
31. ¿Cómo y cuándo había tomado la niña la moneda?

Héctor Velarde

PERU

IN THE Spanish American short story of recent decades the least common type has been the humorous story. One of the few good Spanish American humorists, Enrique Méndez Calzada (Argentina, 1898–1940) observed in a long study on the subject that in Spanish American countries there exists a belief that literature should always be serious: "Se cree, por aquí, generalmente, que el escritor tiene que ser un hombre adusto, grave, hierático, de ademanes cuidadosamente medidos; se le desconoce el derecho a la risa y aun a la sonrisa."

A happy exception is Héctor Velarde (1898–   ), and his humor is also exceptional among the relatively few Spanish American humorists. It derives from subtle irony rather than the broad, farcical joke. This irony is that of a skeptical, cultured spirit. Since Velarde's humor is of intellectual origin, it is present not only in short stories but also in essays. Moreover, in many of his works it is hard to distinguish the narrative elements from the essay. *Quiero ser filósofo, Kikif, El diablo y la técnica, El circo de Pitágoras, Lima en picada,* and *La cortina de lata* are a few of his better-known titles.

His literary productions are more those of a *costumbrista* than of a short-story writer, although his sketches have action and characters of the short-story type. His humor does not have moral intent, for what is outstanding about his stories is not the moral but the imaginative wit with which Velarde treats his themes. He is intelligent, ingenious, and cultured. His finest pages remind the reader of *Gog* by Giovanni Papini because of their hypotheses and theories. His prose is simple, rapid, lively, and conversational in tone but not common. He prefers to satirize the urban middle classes. In "Father's Day" there is a clever interplay of social classes that serves as a backdrop: the poor class of social parasites, deformed beggars and sharp scoundrels of varying color and race who crowd the streets of Lima in search of the gullible; the tourists represented here by an English Protestant minister who knows no Spanish and cannot comprehend the peculiarities of the society he is meeting for the first time; and, finally, the Lima middle class, to which the author belongs, amused at the contrast between the sordid condition of the lower classes and the absolute blindness of the tourist.

Father's Day

Ayer fuí a recibir a Harry Potter, sobrino del viejo Potter, ese inglés tan rico que se murió en el Mercado Central de Lima de un ataque de náuseas, ¿te acuerdas que hablaron los periódicos, que renunció el Municipio? . . .

5   —No, no me acuerdo.

—Bueno, no importa, yo lo conocí mucho.[1] Era un deber ir por su sobrino, Harry, al Callao y darle su paseo por Lima.

Harry no me conocía sino de nombre. Me encontré con un pastor protestante, seriote, simpático, de anteojos, que no hablaba 10 sino inglés. Todo fué a fuerza de un diccionario Liliput inglés-español, español-inglés que llevé en el bolsillo del chaleco.

Descubrí que Harry era muy metódico. Me dijo: Tengo mucho interés en conocer su bella ciudad; mi barco sale mañana tem-

---

[1] yo . . . mucho I knew him well

prano para Valparaíso; son las dos de la tarde; aquí tiene Ud. mi lista.

Leí:

Primero, ir al banco. Segundo, comprar fruta. Tercero, entrar al Gran Hotel Bolívar donde se aloja una amiga mía, Miss Coolingham. Cuarto, cortarme el pelo. Quinto, visitar el cementerio de la capital donde está mi tío. Sexto, ver un poco la metrópoli. Séptimo, ingresar a un templo para agradecerle a Dios la buena travesía que he hecho desde Liverpool. Octavo, comer en algún restaurant modesto. Noveno, regresar a bordo.

Muy bien, le dije a Potter, y lo introduje en mi Chevrolet. Como una bala me lo traje a Lima evitando que se fijara mucho en el camino.

—¿Y eso? [2] —me preguntó al pasar.

—Son pequeños muros incaicos—le contesté. Se trataba de las tapias de los potreros.

De golpe lo puse frente al National City Bank. Potter no pudo terminar la palabra «beautiful» al contemplar el edificio, porque un zambo suertero le metió un «huacho» por las narices.

—¡El 13, señor!

Potter tomó el «huacho», hizo con él una bolita y lo arrojó a la calle.

Mientras el suertero buscaba la bolita haciendo alusiones poco cultas sobre la familia de Potter, Potter no podía ingresar al Banco porque no lo dejaba pasar una mujer desgreñada con un bebé narcotizado en los brazos.

—Señor, señorcito, [3] este numerito . . .

Potter se quedó mirando algún rato el «huacho» que le ofrecía la mujer y luego entró al Banco como un bólido.

Cuando Potter examinaba y firmaba concienzudamente un montón de giros y cheques, principió a sentir unos jaloncitos en el saco, volteó la cara y se encontró con una cholita escuálida, casi desnuda, que le dijo con voz lastimosísima:

—Cómpreme, pues, señorcito, le vendo este «huachito», deme un centavito, mi mamacita . . .

Potter tuvo un gesto de impaciencia cuando vió que entre sus giros y cheques la cholita le habia soltado una serie de «huachos.»

[2] ¿Y eso? And what is that?
[3] señorcito please, mister

—«¿What's this?»—me preguntó alarmado.

Yo saqué el Liliput. Busqué la palabra suerte.

—«Chance»—dije.

—Ah, exclamó, «good luck»—le hizo un cariño a la cholita,[4]
le devolvió cuidadosamente sus «huachos» y le regaló una estampita que sacó de su Biblia.

Cuando Potter salió del Banco, el zambo suertero, la mujer desgreñada y un hombre medio cojo se aventaron contra él, gritándole:

—¡Aquí está, señor! ¡Veinte mil soles! ¡So gringo! ¡Para hoy![5] ¡No me desprecie patroncito! ¡Déme un realito!

Casi corriendo nos fuimos al auto. Potter me enseñó su lista. Le expliqué que mejor era ir de una vez al cementerio y tomamos por Maravillas.

Antes de llegar a la puerta del cementerio, una turba de chicos andrajosos con trapos en la mano y cargando escaleras pretendió a toda carrera apoderarse del Chevrolet. Subidos en los estribos, colgados de las manijas, arriesgando sus vidas, exclamaban metiendo sus cabezas por las ventanillas.

—¡Se la[6] limpio, señor? ¡Yo se la limpié ayer! ¡Yo se lo[7] limpio! ¡Yo soy el que Ud. conoce! ¡Oiga doctor! ¡Yo fuí primero! ¡Le saco el tapón! ¡Déme las flores! ¡Yo, señor . . . !

Potter, saludando con cierta superioridad benévola, me miró sonriente y señalándome la puerta del cementerio, me preguntó:

—«¿Circus?»

Potter se imaginaba que allí se había organizado una función popular de circo y que a él lo habían tomado por el payaso . . .

Cuando salió del auto una nube de polvo envolvió a Potter que se debatía entre escaleras, trapos, bancos y coronitas. Tuve que intervenir enérgicamente, pero no pude evitar que los muchachos lo siguieran de lejos hasta el nicho de su tío. Mientras Potter rezaba los muchachos le llamaban la atención tímidamente con unos «pisst» discretos, mostrándole trapitos para la lápida y escaleritas para que se trepara.

Al regresar vimos que otros muchachos frotaban enérgicamente

---

[4] le . . . cholita he patted the Indian girl's cheek affectionately
[5] ¡Para hoy! For today's drawing!
[6] la it, *meaning the lápida or engraved stone on the burial niche.*
[7] lo it, *meaning the auto.*

el Chevrolet y pretendían, por todos los medios, abrir las puertas del auto para que nos instaláramos.

—¡Yo se lo limpié, señor! ¡Yo soy el del trapo verde! ¡A mí, señor, a mí! . . .

Uno de ellos, en un exceso de amabilidad, le cerró la puerta a 5 Potter chancándole un dedo.

Potter, después de verse detenidamente el dedo, me dijo:

—«The nail.»

Saqué el Liliput. Quería decir: la uña.

Para poder arrancar tiré una peseta a gran distancia. Se produjo 10 un violento conglomerado de muchachos y de tierra y nos alejamos apresuradamente.

A la altura de Santa Ana [8] me dí cuenta que me habían robado el tapón.

Parámos en la Plaza de Armas. 15

Ahí se acercó un mudo con gorra, colorado y gordo. Lanzó tres silbidos, emitió una serie de sonidos guturales y le hizo a Potter gestos alusivos sobre la reciente construcción de los portales.

Potter le dijo seriamente:

—«Sorry, I am English.» 20

Vimos la lista y le propuse a Potter que fuéramos a una peluquería que estaba cerca. Potter me explicó que el peluquero de a bordo se había quedado en Panamá con una bailarina malaya.

Mientras cruzábamos por el portal, unos chicos sucios persiguieron a Potter gritándole: 25

—¡Cinco bolitas por un real! ¡Papel armenia! [9] ¡Un globo, señor! ¡Llévese este pericote de cuerda para su hijito! . . .

Potter murmuraba:

—«How interesting, how interesting . . .»

No bien entramos a la peluquería, un peluquero japonés anun- 30 ció como en fonda:

—¡Afeitada, cortada, lavada y lustrada!

—Sólo pelo—le dije yo.

Sentaron a Potter envuelto en una sábana, le dieron una revista argentina, le frotó los zapatos un negrito descamisado que entre 35

[8] **A . . . Santa Ana** When I got to Santa Ana street
[9] **¡Papel armenia!** incense papers, Fr. *papier d'Arménie. Strips of tissue paper which, when burned, give off odors like incense. They are sold in packets by street vendors in Lima.*

silbido y silbido le ofrecía un «huacho» y lo raparon como a un
sacerdote budista.

Potter salió de la peluquería algo desconcertado.

—¿Y ahora?—le pregunté.

5   Potter sacó la lista.

—«Church»—me dijo.

Lo acompañé a la iglesia de Santo Domingo.

Ahí había algo inusitado: una ceremonia seguramente. A
Potter se le fué encima [10] una cantidad de mendigos de todas las
10 razas, edades y sexos, se tropezó con un hombre sin piernas que
estaba en el suelo y dos niñas adornadas con listones que se encontraban en la puerta le sacudieron unas latitas de conserva
llenas de centavos, dos niñas más le pusieron en la solapa unas
rosetitas amarillas . . .

15   —«¿And this?»—interrogó Potter.

—Es el día del padre, «Father's Day»—le dije por contestarle
algo.

Cuando Potter estaba en plena oración, dos cholitas con los
pies desnudos, una muy viva y la otra ciega, le dieron golpecitos
20 en la espalda tendiéndole las manos. Potter se cambió de banca.
Se sentó junto a una vieja arropada en forma inverosímil. La
vieja olía. Potter se cambió a otra banca debajo de la cual salió
un perrito que se había quedado dormido.

Cuando salimos Potter se rascaba entre todos los mendigos,
25 alarmado, con la expresión de un hombre que ha creído contraer
una enfermedad extraña.

Tomé mi Liliput, busqué pulga, y le dije: —«fleas, fleas,
fleas» . . .

—Oh—exclamó Potter,—«thank you very much.»

30   —¿Qué otra cosa?—le pregunté.

Sacó su lista.

—«Fruit»—me dijo, y lo llevé donde Giaccoletti.

Al carro tuvimos que dejarlo junto al Metro donde fué recibido
con júbilo.

35   —¡Se lo limpio, señor! ¡Yo se lo limpié esta mañana! ¡Yo, ingeniero! ¡Yo soy el de anoche! . . .

Potter admiraba la alegría e insistencia de estos niños.

Frente a Giaccoletti se le acercó un hombre grandazo, de pelo

[10] **A . . . encima** scrambled all over Potter

blanco y zapatillas blancas, le hizo un saludo ceremonioso y le ofreció un «huacho.» Al mismo tiempo dos indiecitas le jalaban el pantalón pidiéndole un mediecito. Tomé a Potter del brazo y lo conduje al interior del establecimiento donde se atracaba, de pie, una cantidad de gente. Cuando escogíamos la fruta y Potter se saboreaba una empanadita de picadillo se le enredó entre las piernas un zambito en camiseta y con caracha que le pidió un pastelito.

Potter sacó el pañuelo y se sonó.

—Mejor vámonos—le dije—. Le falta a Ud., según su lista, visitar a Miss Coolingham en el Bolívar.

—No—me respondió Potter. —«Dinner.»

¡Qué temprano comen estos gringos!—pensé yo, y lo llevé donde Raimondi.

Ahí, recostados en los quicios de la puerta y sentados en el sardinel de la calle se encontraban algunos pobres con sus hijos que se abalanzaron sobre Potter. Unos con «huachitos», otros con cacerolitas abolladas, otros mostrando defectos de nacimiento . . .

Potter sintió que las pulgas de la iglesia emprendían una nueva ofensiva y entró, rascándose y pelado a la japonesa, al restaurant que estaba de bote en bote.

Nos acomodamos como pudimos[11] y pedimos sopa. Mientras Potter tomaba su sopa, una mulatita silenciosa le arrimó un «huachito» junto al plato. Potter permaneció inalterable. La mulatita le acercó más y más el «huachito» con la esperanza de que Potter se lo comiera.

¡Qué correctos son estos ingleses, pensaba yo, el «huachito» se lo meten hasta en la sopa, y ellos, nada! . . .

Después de un roastbeef con peras al jugo nos retiramos seguidos por la mulatita silenciosa y acosados por los pobres de afuera que se habían multiplicado en número y en actividad. Yo me sentía algo avergonzado, pero Potter sonreía como si se tratara de una costumbre original en un día de fiesta popular.

En la lista de Potter no faltaba sino visitar a Miss Coolingham. Nos fuimos al Bolívar. Junto a la farmacia, un hombre sin cuello y con tongo le preguntó a Potter si le podía regalar un par de zapatos viejos. Potter subió y yo me quedé en el hall del Hotel hablándole en inglés a una señora de Piura.

---

[11] **Nos . . . pudimos** We got seated as best we could

Al poco rato bajó Potter y me dijo:

—Miss Coolingham tiene cinco «huachitos» y desea que le manden el periódico de la tarde . . .

Cumplimos con Miss Coolingham y salimos por la puerta del costado. Era de noche. Nos esperaban tres mujeres cubiertas con mantos negros, misteriosas, desagradables, con aires de tragedia aprendida, que se acercaron como sombras, sacaron sus manos ávidas e indefinidas por entre muchos trapos y le murmuraron a Potter al oído:

—Tengo catorce hijitos con hambre . . . Mi marido murió anoche en el hospital y no tengo cómo enterrarlo . . .

—Yo tengo una hijita, grandecita, muy agraciada . . .

Potter y yo apuramos el paso. Tomamos rápidamente el Chevrolet y salimos como buscapique rumbo al Callao.

Durante el trayecto, Potter me dijo:

—¡Qué interesante día, este día del padre, qué bonita costumbre tienen Uds., eso de abrir en esta fecha todos los asilos, hospitales, orfelinatos y escuelas correccionales del país para que los pobrecitos anden sueltos y hagan lo que les dé la gana, es una idea verdaderamente generosa! . . .

—Sí, pues—murmuré yo.

Al llegar al Terminal Marítimo, una docena de palomillas vinieron corriendo a darnos un encuentro magnífico.

—¡Se lo limpio, señor! ¡Yo! ¡A mí! . . .

Potter sacó del bolsillo un puñado de monedas y las arrojó por el aire con ademán triunfante y exclamando:

—¡Father's Day! ¡Father's Day! ¡Goodby!

Antes de subir a su buque y de despedirse de mí, Potter me preguntó confidencialmente:

—¿What's «huachito»?

—Bonos de Dios—le contesté.

Entonces me abrazó y me dijo:

—Feliz la tierra de Ud. donde hay tantos accionistas del cielo . . .

Y Potter, rapado a la japonesa y con pulgas, se hundió en el vientre de su buque.

PREGUNTAS

1. ¿A quién fué a recibir el autor?
2. ¿Por qué era un deber acompañar a Potter en su visita?
3. ¿Qué era Potter y cómo era?
4. ¿Qué cosas quería hacer Potter en su visita a Lima?
5. ¿Qué pasó al llegar al National City Bank?
6. ¿Qué hizo Potter con el «huacho»?
7. ¿Qué querían la mujer desgreñada y la cholita escuálida?
8. ¿Qué empleó el autor para explicarle a Potter el significado de «huacho»?
9. ¿Cómo interpretó Potter la palabra «suerte»?
10. ¿Adónde fueron después de su visita al banco?
11. ¿Qué les pasó antes de llegar a la puerta del cementerio?
12. ¿Qué creía Potter que pasaba al ver a la turba de muchachos?
13. ¿Qué hacían los muchachos mientras rezaba Potter?
14. ¿Qué estaban haciendo otros muchachos al Chevrolet?
15. ¿Qué hizo el autor para poder arrancar?
16. ¿Por qué necesitaba Potter cortarse el pelo?
17. ¿Qué cosas querían venderle los chicos que estaban en el portal de la peluquería?
18. ¿Cómo le cortaron el pelo?
19. ¿A qué iglesia fueron y qué pasaba ahí?
20. ¿Qué hicieron las dos niñas frente a la iglesia?
21. ¿Cómo explicó todo esto el autor a Potter?
22. ¿Por qué tuvo Potter que cambiarse de banca dos veces?
23. ¿Por qué se rascaba Potter después de su visita a la iglesia?
24. Al dejar el carro junto al Metro ¿cómo y por quiénes fué recibido Potter?
25. ¿Qué pasó mientras Potter escogía la fruta?
26. ¿Quiénes se abalanzaron sobre Potter al entrar al restaurant?
27. ¿Qué pasó durante la comida?
28. ¿Por qué piensa el autor que los ingleses son muy correctos?
29. ¿Qué impresión tuvo Potter del día pasado en Lima?
30. ¿Cómo explicó el autor el significado de «huachito»?
31. ¿Por qué dijo Potter que era feliz la tierra del autor?

Salarrué

EL SALVADOR

SALARRUÉ IS the pseudonym of Salvador Salazar Arrué (1899–   ), outstanding both as a writer and as a painter, for in both he has given us a very original interpretation of Central American reality. He paints Indians and he writes about Indians. He paints landscapes and he writes about landscapes. Neither his pictures nor his stories are content to be realistic. What is of greatest value in Salarrué is precisely the energy with which he projects himself on the real world and deforms it. His style could be called "expressionistic." It is well known that expressionism was a European movement, especially German, that began in about 1910 and, in a few short years, spread to all the plastic arts as well as to literature and to the stage. The expressionists, instead of limiting themselves to receiving the impact of external reality on their sensory organs, which is what the impressionists had done, returned blow for blow and deformed Nature. The impressionists "caught" something and the expressionists "created" something. Salarrué's paintings present legends, allegories and motifs of the lost civilization of the Maya or of the popular human types of his native El Salvador. His ornamental detail is fanciful, violent in colors, of symbolical intent and tremendous dramatic force. The same imaginative qualities seen in his paintings may be found in his writings, *O-Yur-Kaudal, Eso y más*, and *Cuentos de barro*. In the last-named collection

Salarrué presents Salvadorean Indians, patient farmers, sad, superstitious and exploited. However, Salarrué composes his stories so cleanly and so sharply that he leaves aside all that could be called politics or sociology. He observes reality without being a realist, and he envelopes it in a magic halo or mist. He is like a sleepwalker who observes with open eyes yet does not really see the world about him. Each "cuenterete," as he calls his short stories, portrays Indians in a peculiar situation in which their words, limited and very dialectal, suggest what is going on inside. The literary refinement with which Salarrué fuses reality and fantasy ennobles a narrative which too often in the hands of other writers is ugly and base.

From *Cuentos de barro* we have chosen "La estrellemar." Note in reading this story how, in spite of frequent dialectal and regional words, the literary expression is not popular but rich in daring and novel figures of speech. Thanks to this metaphorical wealth and power things appear transfigured, and even inanimate objects behave as though they were human. The decorative plasticity of the descriptions reveals the double vocation of our author, a painter and a writer. Note, finally, another expressionistic characteristic: the irony of the good-luck charm or amulet.

La estrellemar

Genaro Prieto y Luciano Garciya [1] estaban sentados en un troncón triste, *cadávere* de árbol, medio aterrado en la playa, blanco en lo gris de la arena, y con ramas que eran brazos como de hombres que se meten camisas.[2] Empezaba el sol del estero a dorar las puntas de los manglares. Era *parada diagua;* por eso, 5

[1] Garciya, *that is,* García in standard Spanish
[2] como . . . camisas like those of men putting on shirts over their heads

en golfo de azul tranquilo, el estero *taba* como dormido, rodeado de negros manglares, en cuyas cumbres el sol ponía a secar sus trapos *dioro*.

Laisla, en medio, *bía fondiado* con sus peñascales *ñevados* de
5 palomas *mareñas;* y era *mesmamente* la cabeza de un gigante bañándose y quitándose el jabón. Empujando, ya sin *juerzas, la inmensidá*, pasó una garza: [3] blanca, blanca, como luna bajera; triste, triste, como *ricuerdo*, y *silencia* como nube. El viento se sienta y se despereza desnudo; y el agua da un *tastazo* en la orilla,
10 llegando, como quien escribe,[4] a mojar el pie achatado de Genaro. Al mismo tiempo una malla de plata ondea, luminosa y veloz, sobre la linfa del estero.

—¡Mire qué flus de chimbera, mano!

—Ya la vide, vos, siés la mera cosecha.[5]

15 Volvió a relampaguear la plata de aquella mancha de *chimberas*, poniendo en el agua teclados de luz.[6]

—¡Qué cachimbazo, mano! Vaya a trerse la tarraya.

Luciano se puso en pie, obediente; dejó, de un golpe, clavado, el machete en una rama y se alejó, pintando arena, hacia el
20 manglar. En un *descampado* estaba el rancho de palma. De una ramada de *varas de tarro*, extendida sobre el cielo como una telaraña, pendía, *oriándose*, la *tarraya*, con su *chimbolero* de plomos cayendo a modo de rosario.

Con el agua hasta el *encaje*, Genaro, abiertos los brazos y
25 mordida *lorla* del vuelo,[7] iba al *vadeyo*, al *vadeyo*, presto el ojo y el *óido* atento. Luciano le seguía de cerca, con la *cebadera de pitematate*.

—Sian juído estas babosas. Ya mey rendido de la brazada, con esta plomazón.

30 —Démela, mano; cambeye, a ver si yo tengo mejor dicha.

—¡Apartate, baboso, apartate!

En el propio instante en que el sol asomaba su *fogazón* sobre

---

[3] Empujando . . . garza Moving its tired wings a heron passed through the boundless space

[4] como . . . escribe as one writes, *that is,* with wavelike movements

[5] siés . . . cosecha Boy, that's a real harvest!

[6] poniendo . . . luz spreading shimmering lights through the water

[7] mordida . . . vuelo holding the edge of the net in his teeth

el manglar de *laisla*, la culebra de brillo [8] de la *chimbera* cruzó entre dos aguas,[9] curveante y repentina. La malla, veloz, se abrió en el aire a modo de flor volante y traslúcida, graciosa y trágica, voraz y anfibia y, haciendo *chiflar* los plomos, se hundió en la linfa con la seguridad del felino que cae sobre la presa. [5] Todo quedó en suspenso. Había ojos en cada onda esperando, esperando, mientras se recogía la *tarraya*. En la punta venía la colmena de espejuelos de la *chimbera*. Era como un sol de plata, brillando al sol de oro: bolsa de azogue, corazón de estero.[10] Las *chimberas caiban* en la *matata*, como gotas de acero derretido, [10] chisporroteantes y enredadizas.

De pronto, Genaro se quedó en suspenso.[11] Entre las últimas *chimberas* venía una estrellemar de seis puntas. La cogió con los dedos y le empezó a dar vueltas.

—¡Una estreyemar de seis puntas, baboso: ya jodí! [15]

—¿Por qué, vos?

—No tiagás el bruto; [12] ¿no sabés ques un ambuleto? ¿Quel que lo carga no lentra el corvo?

—¡Agüen, entonces lo vamos a partir mitá y mitá, mano!

—¡No seya pendejo, mano!, ¿no ve que yo luei incontrado? Si [20] lo partimos, ya nues de seis puntas ¿entiende?

—Entonces, juguémola; a los dos nos toca en suerte,[13] dende el momento en que los dos nos hemos metido a pescar juntos.

—¡Coma güevo! Y déjese de babosadas, si no quiere pasar a más [14] . . . [25]

Discutiendo habían llegado a la playa. Genaro Prieto se había guardado la estrella en la bolsa del pantalón. Luciano García, con voz más calmada, insistía en que ambos tenían iguales derechos sobre el hallazgo.

—Aquí tengo el chivo, Genaro, juguémola . . . [30]

—¡No me terqueye!

—Juguémola.

---

[8] la . . . brillo the snakelike shimmer
[9] entre . . . aguas through the water
[10] corazón . . . estero the throbbing heart of the inlet
[11] en suspenso motionless
[12] No . . . bruto, *that is,* No te hagás el bruto Don't be stupid
[13] a . . . suerte we both have a right to it
[14] si . . . más if you don't want to make something of it

—¡No la juego, y quiay?[15]

Luciano Garciya, en un momento de ceguera, se arrojó sobre el corvo, que había dejado clavado en la rama haciendo cruz.[16] Genaro echó mano al *cuchiyo* que llevaba en el cinto, mas no tuvo tiempo de desnudarlo: el *corvo* del amigo le había cortado de un golpe la vida.

El matador estuvo allí, fijo, mientras duró la transición de la cólera al temor. Luego se echó sobre el cuerpo ensangrentado y, cogiendo el *ambuleto,* huyó entre los manglares.

En el *tranquil* de la mañana una garza pasó, empujando, ya sin *juerzas,* la *inmensidá.*

PREGUNTAS

1. ¿Dónde estaban sentados Genaro y Luciano?
2. ¿Cómo estaba el estero?
3. ¿Qué ondea sobre la linfa del estero?
4. ¿Qué dice Genaro que haga Luciano?
5. Al levantarse ¿dónde deja Luciano el machete?
6. ¿Quién entró primero al agua?
7. Al recoger la *tarraya* ¿qué vió Genaro entre las últimas chimberas?
8. ¿Qué importancia tiene una estrellemar de seis puntas?
9. ¿Qué quiere Luciano que haga Genaro con la estrellemar?
10. ¿Por qué no se puede partir según Genaro?
11. ¿Dónde se había guardado la estrella Genaro Prieto?
12. ¿En qué insistía Luciano García?
13. ¿Con qué quiere jugarla Luciano?
14. ¿Qué hace Luciano en un momento de ceguera?
15. ¿Qué hizo Luciano después de sentir temor?
16. ¿Qué hizo con el *ambuleto?*

[15] ¡**No . . . quiay?** I won't shoot you for it and what are you going to do about it?

[16] **haciendo cruz** with its point projecting

Jorge Luis Borges

ARGENTINA

JORGE LUIS BORGES (1899–   ) is perhaps the most original short-story writer in twentieth-century Spanish American literature. He is the only one whose translated works have astounded the most demanding intellectual circles of Europe because of the subtlety of his intelligence and his fantasy. For the first time Europe has found Spanish American writings of such sophistication that they do not even suggest the primitivism, barbarism, and naturalism generally attributed to our literature. Borges, who lived in Switzerland and in Spain during World War I, is a man of wide literary and philosophical culture and extremely well read in several languages. He returned in 1921 to Buenos Aires where, in that cosmopolitan city, he became the leader of the new vanguardist tendencies. His valuable poetry sings of the intimate beauty that he has discovered in Argentine life in homes, patios, and in the streets of Buenos Aires, in the nation's historic past, and in his long walks in the outskirts of the capital. If we analyze these poems we note that even when the themes are humbly Creole in nature they are constructed on intellectual and metaphysical frames. These frames or outlines are the same as those that have inspired Borges' excellent essays and, above all, his fine short stories. In Borges, metaphysics and lyricism are one and the same; that is to say, his stories give poetic visions of metaphysical ideas. He has collected his short stories in several volumes: *Historia universal de la infamia* (1935), *Ficciones* (1944), *El Aleph* (1949), and the anthology of new stories *La muerte y la brújula* (1951). Anyone so inclined could define the group of storytellers to which Borges belongs. The ideas, situations, denouements, art of deceiving the reader—all these have a very familiar aspect suggesting G. K. Chesterton, Franz Kafka, and a dozen other modern authors. Borges, in that constellation of European writers, is a star of first magnitude. His passion for puzzles poetizes for us problems of criticism, logic, metaphysics, and the theory of knowledge. He is a writer's writer, a delight to sophisticated minorities, and his works will never enter the best-seller category. The aristocratic character of his work, seen in his splendid prose, strangely enough is found in one of the most widely popular literary types, the detective story. "La muerte y la brújula" is not, by far, Borges' best story, but it does represent very well his taste for the playful puzzle-solving of a "whodunit." In this our author follows the illustrious line of analytical detectives of the English school (Arthur Conan Doyle, G. K. Chesterton, Dorothy Sayers) and not the fast-moving, hard-boiled detectives of the American school (Dashiell Hammet, Raymond Chandler, Mickey Spillane). At all events, Borges follows the type of short story set by an American, Edgar Allan Poe, in 1841, but scarcely continued in its country of origin.

La muerte y la brújula

De los muchos problemas que ejercitaron la temeraria perspicacia de Lönnrot, ninguno tan extraño—tan rigurosamente extraño, diremos—como la periódica serie de hechos de sangre

que culminaron en la quinta de Triste-le-Roy, entre el interminable olor de los eucaliptos. Es verdad que Erik Lönnrot no logró
impedir el último crimen, pero es indiscutible que lo previó.
Tampoco adivinó la identidad del infausto asesino de Yarmolinsky, pero sí [1] la secreta morfología de la malvada serie y la par- 5
ticipación de Red Scharlach, cuyo segundo apodo es Scharlach el
Dandy. Ese criminal (como tantos) había jurado por su honor
la muerte de Lönnrot, pero éste nunca se dejó intimidar. Lönnrot
se creía un puro razonador, un Auguste Dupin, pero algo de
aventurero había en él y hasta de tahur.   10

El primer crimen ocurrió en el Hôtel du Nord—ese alto prisma
que domina el estuario cuyas aguas tienen el color del desierto.
A esa torre (que muy notoriamente reúne la aborrecida blancura
de un sanatorio, la numerada divisibilidad de una cárcel y la
apariencia general de una casa mala) arribó el día tres de di- 15
ciembre el delegado de Podólsk al Tercer Congreso Talmúdico,
doctor Marcelo Yarmolinsky, hombre de barba gris y ojos grises.
Nunca sabremos si el Hôtel du Nord le agradó: lo aceptó con la
antigua resignación que le había permitido tolerar tres años de
guerra en los Cárpatos y tres mil años de opresión y de pogroms. 20
Le dieron un dormitorio en el piso R, frente a la *suite* que no sin
esplendor ocupaba el Tetrarca de Galilea. Yarmolinsky cenó,
postergó para el día siguiente el examen de la desconocida ciudad,
ordenó en un *placard* sus muchos libros y sus muy pocas prendas,
y antes de media noche apagó la luz. (Así lo declaró el *chauffeur* 25
del Tetrarca, que dormía en la pieza contigua). El cuatro,[2] a
las 11 y 3 minutos a. m., lo llamó por teléfono un redactor de la
Yidische Zaitung; el doctor Yarmolinsky no respondió; lo hallaron
en su pieza, ya levemente oscura la cara, casi desnudo bajo una
gran capa anacrónica. Yacía no lejos de la puerta que daba al 30
corredor; una puñalada profunda le había partido el pecho. Un
par de horas después, en el mismo cuarto, entre periodistas,
fotógrafos y gendarmes, el comisario Treviranus y Lönnrot de-
batían con serenidad el problema.

—No hay que buscarle tres pies al gato [3]—decía Treviranus, 35
blandiendo un imperioso cigarro—. Todos sabemos que el Te-

---

[1] **pero sí** but he did divine
[2] **El cuatro** On the fourth of December
[3] **No . . . gato** There is no use looking for difficulties

trarca de Galilea posee los mejores zafiros del mundo. Alguien, para robarlos, habrá penetrado aquí por error. Yarmolinsky se ha levantado; el ladrón ha tenido que matarlo. ¿Qué le parece?

—Posible, pero no interesante—respondió Lönnrot—. Usted
5 replicará que la realidad no tiene la menor obligación de ser interesante. Yo le replicaré que la realidad puede prescindir de esa obligación, pero no las hipótesis. En la que usted ha improvisado, interviene copiosamente el azar. He aquí[4] un rabino muerto; yo preferiría una explicación puramente rabínica, no los
10 imaginarios percances de un imaginario ladrón.

Treviranus repuso con mal humor:

—No me interesan las explicaciones rabínicas; me interesa la captura del hombre que apuñaló a este desconocido.

—No tan desconocido—corrigió Lönnrot—. Aquí están sus
15 obras completas—. Indicó en el *placard* una fila de altos volúmenes: una *Vindicación de la cábala;* un *Examen de la filosofía de Robert Fludd;* una traducción literal del *Sepher Yezirah;* una *Biografía del Baal Shem;* una *Historia de la secta de los Hasidim;* una monografía (en alemán) sobre el Tetragrámaton; otra, sobre
20 la nomenclatura divina del Pentateuco. El comisario los miró con temor, casi con repulsión. Luego, se echó a reír.

—Soy un pobre cristiano—repuso—. Llévese todos esos mamotretos, si quiere; no tengo tiempo que perder en supersticiones judías.

25 —Quizá este crimen pertenece a la historia de las supersticiones judías—murmuró Lönnrot.

—Como el cristianismo—se atrevió a completar el redactor de la *Yidische Zaitung.* Era miope, ateo y muy tímido.

Nadie le contestó. Uno de los agentes había encontrado en la
30 pequeña máquina de escribir una hoja de papel con esta sentencia inconclusa:

La primera letra del Nombre ha sido articulada

Lönnrot se abstuvo de sonreír. Bruscamente bibliófilo o hebraísta,[5] ordenó que le hicieran un paquete con los libros del muerto y los llevó a su departamento. Indiferente a la investiga-
35 ción policial, se dedicó a estudiarlos. Un libro en octavo mayor le

---

[4] **He aquí** Here lies
[5] **Bruscamente . . . hebraísta** Suddenly become a bibliophile or a Hebraist

reveló las enseñanzas de Israel Baal Shem Tobh, fundador de la secta de los Piadosos; otro, las virtudes y terrores del Tetragrámaton, que es el inefable Nombre de Dios; otro, la tesis de que Dios tiene un nombre secreto, en el cual está compendiado (como la esfera de cristal que los persas atribuyen a Alejandro de Mace- 5 donia) su noveno atributo, la eternidad—es decir, el conocimiento inmediato de todas las cosas que serán, que son y que han sido [6] en el universo. La tradición enumera noventa y nueve nombres de Dios; los hebraístas atribuyen ese imperfecto número al mágico temor de las cifras pares; los Hasidim razonan que ese hiato 10 señala un centésimo nombre—el Nombre Absoluto.

De esa erudición lo distrajo, a los pocos días, la aparición del redactor de la *Yidische Zaitung*. Éste quería hablar del asesinato; Lönnrot prefirió hablar de los diversos nombres de Dios; el periodista declaró en tres columnas que el investigador Erik 15 Lönnrot se había dedicado a estudiar los nombres de Dios para dar con el nombre del asesino. Lönnrot, habituado a las simplificaciones del periodismo, no se indignó. Uno de esos tenderos que han descubierto que cualquier hombre se resigna a comprar cualquier libro,[7] publicó una edición popular de la *Historia de la* 20 *secta de los Hasidim*.

El segundo crimen ocurrió la noche del tres de enero, en el más desamparado y vacío de los huecos suburbios occidentales de la capital. Hacia el amanecer, uno de los gendarmes que vigilan a caballo esas soledades vió en el umbral de una antigua pinturería 25 un hombre emponchado, yacente. El duro rostro estaba como enmascarado de sangre; una puñalada profunda le había rajado el pecho. En la pared, sobre los rombos amarillos y rojos, había unas palabras en tiza. El gendarme las deletreó . . . Esa tarde, Treviranus y Lönnrot se dirigieron a la remota escena del crimen. 30 A izquierda y a derecha del automóvil, la ciudad se desintegraba; crecía el firmamento y ya importaban poco las casas y mucho un horno de ladrillos o un álamo. Llegaron a su pobre destino: un callejón final de tapias rosadas que parecían reflejar de algún modo la desaforada puesta de sol. El muerto ya había sido identi- 35 ficado. Era Daniel Simón Azevedo, hombre de alguna fama en los antiguos arrabales del Norte, que había ascendido de carrero a

[6] **serán . . . sido** will exist, exist and have existed
[7] **cualquier . . . libro** most any man is apt to buy any old book

ectoral, para degenerar después en ladrón y hasta en
El singular estilo de su muerte les pareció adecuado:
a el último representante de una generación de bandi-
dos que sabía el manejo del puñal, pero no del revólver). Las
5 palabras de tiza eran las siguientes:

La segunda letra del Nombre ha sido articulada

El tercer crimen ocurrió la noche del tres de febrero. Poco antes
de la una, el teléfono resonó en la oficina del comisario Treviranus.
Con ávido sigilo, habló un hombre de voz gutural; dijo que se
llamaba Ginzberg (o Ginsburg) y que estaba dispuesto a comu-
10 nicar, por una remuneración razonable, los hechos de [8] los dos
sacrificios de Azevedo y de Yarmolinsky. Una discordia de silbidos
y de cornetas ahogó la voz del delator. Después, la comunicación
se cortó. Sin rechazar aún la posibilidad de una broma (al fin,
estaban en carnaval) Treviranus indagó que le habían hablado
15 desde *Liverpool House*, taberna de la Rue de Toulon—esa calle
salobre en la que conviven el cosmorama y la lechería, el burdel
y los vendedores de biblias. Treviranus habló con el patrón.
Éste (Black Finnegan, antiguo criminal irlandés, abrumado y
casi anulado por la decencia) le dijo que la última persona que
20 había empleado el teléfono de la casa era un inquilino, un tal
Gryphius, que acababa de salir con unos amigos. Treviranus fué
en seguida a *Liverpool House*. El patrón le comunicó lo siguiente:
Hace ocho días, Gryphius había tomado una pieza en los altos
del bar. Era un hombre de rasgos afilados, de nebulosa barba
25 gris, trajeado pobremente de negro; Finnegan (que destinaba esa
habitación a un empleo que Treviranus adivinó) le pidió un
alquiler sin duda excesivo; Gryphius inmediatamente pagó la
suma estipulada. No salía casi nunca; cenaba y almorzaba en
su cuarto; apenas si le conocían la cara en el bar. Esa noche,
30 bajó a telefonear al despacho de Finnegan. Un cupé cerrado se
detuvo ante la taberna. El cochero no se movió del pescante;
algunos parroquianos recordaron que tenía máscara de oso. Del
cupé bajaron dos arlequines; eran de reducida estatura y nadie
pudo no observar que estaban muy borrachos. Entre balidos de
35 cornetas, irrumpieron en el escritorio de Finnegan; abrazaron a
Gryphius, que pareció reconocerlos, pero que les respondió con

[8] **los . . . de** the facts behind

frialdad; cambiaron unas palabras en yiddish—él en voz baja, gutural, ellos con voces falsas, agudas—y subieron a la pieza del fondo. Al cuarto de hora bajaron los tres, muy felices; Gryphius, tambaleante, parecía tan borracho como los otros. Iba, alto y vertiginoso, en el medio, entre los arlequines enmascarados. (Una 5 de las mujeres del bar recordó los losanges amarillos, rojos y verdes.) Dos veces tropezó; dos veces lo sujetaron los arlequines. Rumbo a la dársena inmediata, de agua rectangular, los tres subieron al cupé y desaparecieron. Ya en el estribo del cupé, el último arlequín garabateó una figura obscena y una sentencia 10 en una de las pizarras de la recova.

Treviranus vió la sentencia. Era casi previsible: decía:

La última de las letras del Nombre ha sido articulada

Examinó, después, la piecita de Gryphius-Ginzberg. Había en el suelo una brusca estrella de sangre; en los rincones, restos de cigarrillos de marca húngara; en un armario, un libro en latín— 15 el *Philologus hebraeo-graecus* (1739) de Leusden—con varias notas manuscritas. Treviranus lo miró con indignación e hizo buscar a Lönnrot. Éste, sin sacarse el sombrero, se puso a leer, mientras el comisario interrogaba a los contradictorios testigos del secuestro posible. A las cuatro salieron. En la torcida Rue de 20 Toulon, cuando pisaban las serpentinas muertas del alba, Treviranus dijo:

—¿Y si la historia de esta noche fuera un simulacro?

Erik Lönnrot sonrió y le leyó con toda gravedad un pasaje (que estaba subrayado) de la disertación trigésima tercera del *Philolo-* 25 *gus: Dies Judaeorum incipit a solis occasu usque ad solis occasum diei sequentis.* Esto quiere decir -agregó-, *El día hebreo empieza al anochecer y dura hasta el siguiente anochecer.*

El otro ensayó una ironía.

—¿Ese dato es el más valioso que usted ha recogido esta noche? 30

—No. Más valiosa es una palabra que dijo Ginzberg.

Los diarios de la tarde no descuidaron esas desapariciones periódicas. *La Cruz de la Espada* las contrastó con la admirable disciplina y el orden del último Congreso Eremítico; Ernst Palast, en *El Mártir*, reprobó «las demoras intolerables de un pogrom 35 clandestino y frugal, que ha necesitado tres meses para liquidar tres judíos;» la *Yidische Zaitung* rechazó la hipótesis horrorosa

de un complot antisemita, «aunque muchos espíritus penetrantes no admiten otra solución del triple misterio»; el más ilustre de los pistoleros del Sur, Dandy Red Scharlach, juró que en su distrito nunca se producirían crímenes de ésos y acusó de culpable
5 negligencia al comisario Franz Treviranus.

Éste recibió, la noche del primero de marzo, un imponente sobre sellado. Lo abrió: el sobre contenía una carta firmada *Baruj Spinoza* y un minucioso plano de la ciudad arrancado notoriamente de un Baedeker. La carta profetizaba que el tres de marzo
10 no habría un cuarto crimen, pues la pinturería del Oeste, la taberna de la Rue de Toulon y el Hôtel du Nord eran «los vértices perfectos de un triángulo equilátero y místico»; el plano demostraba en tinta roja la regularidad de ese triángulo. Treviranus leyó con resignación ese argumento *more geometrico* y
15 mandó la carta y el plano a casa de Lönnrot, indiscutible merecedor de tales locuras.

Erik Lönnrot las estudió. Los tres lugares, en efecto, eran equidistantes. Simetría en el tiempo (3 de diciembre, 3 de enero, 3 de febrero); simetría en el espacio, también . . . Sintió, de
20 pronto, que estaba por descifrar el misterio. Un compás y una brújula completaron esa brusca intuición. Sonrió, pronunció la palabra *Tetragrámaton* (de adquisición reciente) y llamó por teléfono al comisario. Le dijo:

—Gracias por ese triángulo equilátero que usted me mandó.
25 Me ha permitido resolver el problema. Mañana viernes los criminales estarán en la cárcel; podemos estar muy tranquilos.[9]

—Entonces ¿no planean un cuarto crimen?

—Precisamente porque planean un cuarto crimen, podemos estar muy tranquilos—. Lönnrot colgó el tubo. Una hora después,
30 viajaba en un tren de los Ferrocarriles Australes, rumbo a la quinta abandonada de Triste-le-Roy. Al sur de la ciudad de mi cuento fluye un ciego riachuelo de aguas barrosas, infamado de curtiembres y de basuras. Del otro lado hay un suburbio fabril donde, al amparo de un caudillo barcelonés, medran los pistoleros.
35 Lönnrot sonrió al pensar que el más afamado—Red Scharlach— hubiera dado cualquier cosa por conocer esa clandestina visita. Azevedo fué compañero de Scharlach; Lönnrot consideró la remota posibilidad de que la cuarta víctima fuera Scharlach.

[9] **podemos . . . tranquilos** we can rest assured

Después, la desechó . . . Virtualmente, había descifrado el problema; las meras circunstancias, la realidad (nombres, arrestos,
caras, trámites judiciales y carcelarios), apenas le interesaban
ahora. Quería pasear, quería descansar de tres meses de seden-
taria investigación. Reflexionó que la explicación de los crímenes 5
estaba en un triángulo anónimo y en una polvorienta palabra
griega. El misterio casi le pareció cristalino; se abochornó de
haberle dedicado cien días.

El tren paró en una silenciosa estación de cargas. Lönnrot bajó.
Era una de esas tardes desiertas que parecen amaneceres. El aire 10
de la turbia llanura era húmedo y frío. Lönnrot echó a andar por
el campo. Vió perros, vió un furgón en una vía muerta, vió el
horizonte, vió un caballo plateado que bebía el agua crapulosa
de un charco. Oscurecía cuando vió el mirador rectangular de la
quinta de Triste-le-Roy, casi tan alto como los negros eucaliptos 15
que lo rodeaban. Pensó que apenas un amanecer y un ocaso (un
viejo resplandor en el oriente y otro en el occidente) lo separaban
de la hora anhelada por los buscadores del Nombre.

Una herrumbada verja definía el perímetro irregular de la
quinta. El portón principal estaba cerrado. Lönnrot, sin mucha 20
esperanza de entrar, dió toda la vuelta. De nuevo ante el portón
infranqueable, metió la mano entre los barrotes, casi maquinalmente, y dió con el pasador. El chirrido del hierro lo sorprendió.
Con una pasividad laboriosa, el portón entero cedió.

Lönnrot avanzó entre los eucaliptos, pisando confundidas gene- 25
raciones de rotas hojas rígidas. Vista de cerca, la casa de la quinta
de Triste-le-Roy abundaba en inútiles simetrías y en repeticiones
maniáticas: a una Diana glacial en un nicho lóbrego correspondía
en un segundo nicho otra Diana; un balcón se reflejaba en otro
balcón; dobles escalinatas se abrían en doble balaustrada. Un 30
Hermes de dos caras proyectaba una sombra monstruosa. Lönnrot
rodeó la casa como había rodeado la quinta. Todo lo examinó;
bajo el nivel de la terraza vió una estrecha persiana.

La empujó: unos pocos escalones de mármol descendían a un
sótano. Lönnrot, que ya intuía las preferencias del arquitecto, 35
adivinó que en el opuesto muro del sótano había otros escalones.
Los encontró, subió, alzó las manos y abrió la trampa de salida.

Un resplandor lo guió a una ventana. La abrió: una luna amarilla y circular definía en el triste jardín dos fuentes cegadas.

Lönnrot exploró la casa. Por antecomedores y galerías salió a patios iguales y repetidas veces al mismo patio. Subió por escaleras polvorientas a antecámaras circulares; infinitamente se multiplicó en espejos opuestos; se cansó de abrir o entreabrir
5 ventanas que le revelaban, afuera, el mismo desolado jardín desde varias alturas y varios ángulos; adentro, muebles con fundas amarillas y arañas embaladas en tarlatán. Un dormitorio lo detuvo; en ese dormitorio, una sola flor en una copa de porcelana; al primer roce los pétalos antiguos se deshicieron. En el
10 segundo piso, en el último, la casa le pareció infinita y creciente. *La casa no es tan grande*, pensó. *La agrandan la penumbra, la simetría, los espejos, los muchos años, mi desconocimiento, la soledad.*

Por una escalera espiral llegó al mirador. La luna de esa tarde
15 atravesaba los losanges de las ventanas; eran amarillos, rojos y verdes. Lo detuvo un recuerdo asombrado y vertiginoso.

Dos hombres de pequeña estatura, feroces y fornidos, se arrojaron sobre él y lo desarmaron; otro, muy alto, lo saludó con gravedad y le dijo:

20 —Usted es muy amable. Nos ha ahorrado una noche y un día.

Era Red Scharlach. Los hombres maniataron a Lönnrot. Éste, al fin, encontró su voz.

—Scharlach ¿usted busca el Nombre Secreto?

Scharlach seguía de pie, indiferente. No había participado en
25 la breve lucha, apenas si alargó la mano para recibir el revólver de Lönnrot. Habló; Lönnrot oyó en su voz una fatigada victoria, un odio del tamaño del universo, una tristeza no menor que aquel odio.

—No—dijo Scharlach. —Busco algo más efímero y deleznable,
30 busco a Erik Lönnrot. Hace tres años, en un garito de la Rue de Toulon, usted mismo arrestó e hizo encarcelar a mi hermano. En un cupé, mis hombres me sacaron del tiroteo con una bala policial en el vientre. Nueve días y nueve noches agonicé en esta desolada quinta simétrica; me arrasaba la fiebre, el odioso Jano
35 bifronte que mira los ocasos y las auroras daba horror a mi ensueño y a mi vigilia. Llegué a abominar de mi cuerpo, llegué a sentir que dos ojos, dos manos, dos pulmones, son tan monstruosos como dos caras. Un irlandés trató de convertirme a la fe

de Jesús; me repetía la sentencia de los *goím:* Todos los caminos llevan a Roma. De noche, mi delirio se alimentaba de esa metáfora: yo sentía que el mundo es un laberinto, del cual era imposible huir, pues todos los caminos, aunque fingieran ir al norte o al sur, iban realmente a Roma, que era también la cárcel cuadrangular donde agonizaba mi hermano y la quinta de Triste-le-Roy. En esas noches yo juré por el dios que ve con dos caras y por todos los dioses de la fiebre y de los espejos tejer un laberinto en torno del hombre que había encarcelado a mi hermano. Lo he tejido y es firme: los materiales son un heresiólogo muerto, una brújula, una secta del siglo XVIII, una palabra griega, un puñal, los rombos de una pinturería.

El primer término de la serie me fué dado por el azar. Yo había tramado con algunos colegas—entre ellos, Daniel Azevedo—el robo de los zafiros del Tetrarca. Azevedo nos traicionó: se emborrachó con el dinero que le habíamos adelantado y acometió la empresa el día antes. En el enorme hotel se perdió; hacia las dos de la mañana irrumpió en el dormitorio de Yarmolinsky. Éste, acosado por el insomnio se había puesto a escribir. Verosímilmente, redactaba unas notas o un artículo sobre el nombre de Dios; había escrito ya las palabras *La primera letra del Nombre ha sido articulada.* Azevedo le intimó silencio; Yarmolinsky alargó la mano hacia el timbre que despertaría todas las fuerzas del hotel; Azevedo le dió una sola puñalada en el pecho. Fué casi un movimiento reflejo; medio siglo de violencia le había enseñado que lo más fácil y seguro es matar . . . A los diez días yo supe por la *Yidische Zaitung* que usted buscaba en los escritos de Yarmolinsky la clave de la muerte de Yarmolinsky. Leí la *Historia de la secta de los Hasidim;* supe que el miedo reverente de pronunciar el Nombre de Dios había originado la doctrina de que el Nombre es todopoderoso y recóndito. Supe que algunos Hasidim, en busca de ese Nombre secreto, habían llegado a cometer sacrificios humanos . . . Comprendí que usted conjeturaba que los Hasidim habían sacrificado al rabino; me dediqué a justificar esa conjetura.

Marcelo Yarmolinsky murió la noche del tres de diciembre; para el segundo «sacrificio» elegí la del tres de enero. Murió en el Norte; para el segundo «sacrificio» nos convenía un lugar del

Oeste. Daniel Azevedo fué la víctima necesaria. Merecía la muerte: era un impulsivo, un traidor; su captura podía aniquilar todo el plan. Uno de los nuestros lo apuñaló; para vincular su cadáver al anterior, yo escribí encima de los rombos de la pin-
5 turería *La segunda letra del Nombre ha sido articulada.*

El tercer «crimen» se produjo el tres de febrero. Fué, como Treviranus adivinó, un mero simulacro. Gryphius-Ginzberg-Ginsburg soy yo; una semana interminable sobrellevé (suple-mentado por una tenue barba postiza) en ese perverso cubículo
10 de la Rue de Toulon, hasta que los amigos me secuestraron. Desde el estribo del cupé, uno de ellos escribió en un pilar *La última de las letras del Nombre ha sido articulada.* Esa escritura divulgó que la serie de crímenes era *triple.* Así lo entendió el público; yo, sin embargo, intercalé repetidos indicios para que usted, el
15 razonador Erik Lönnrot, comprendiera que es *cuádruple.* Un prodigio en el Norte, otros en el Este y en el Oeste, reclaman un cuarto prodigio en el Sur; el Tetragrámaton—el Nombre de Dios, JHVH—consta de *cuatro* letras; los arlequines y la muestra del pinturero sugieren cuatro términos. Yo subrayé cierto pasaje
20 en el manual de Leusden: ese pasaje manifiesta que los hebreos computaban el día de ocaso a ocaso; ese pasaje da a entender que las muertes ocurrieron el *cuatro* de cada mes. Yo mandé el triángulo equilátero a Treviranus. Yo presentí que usted agrega-ría el punto que falta. El punto que determina un rombo perfecto,
25 el punto que prefija el lugar donde una exacta muerte lo espera. Todo lo he premeditado, Erik Lönnrot, para atraerlo a usted a las soledades de Triste-le-Roy.

Lönnrot evitó los ojos de Scharlach. Miró los árboles y el cielo subdivididos en rombos turbiamente amarillos, verdes y rojos.
30 Sintió un poco de frío y una tristeza impersonal, casi anónima. Ya era de noche; desde el polvoriento jardín subió el grito inútil de un pájaro. Lönnrot consideró por última vez el problema de las muertes simétricas y periódicas.

—En su laberinto sobran tres líneas—dijo por fin—. Yo sé de
35 un laberinto griego que es una línea única, recta. En esa línea se han perdido tantos filósofos que bien puede perderse un mero *detective.* Scharlach, cuando en otro avatar usted me dé caza, finja (o cometa) un crimen en A, luego un segundo crimen en B, a 8 kilómetros de A, luego un tercer crimen en C, a 4 kilómetros

de A y de B, a mitad de camino entre los dos. Aguárdeme después en D, a 2 kilómetros de A y de C, de nuevo a mitad de camino. Máteme en D, como ahora va a matarme en Triste-le-Roy.

—Para la otra vez que lo mate—replicó Scharlach, —le prometo ese laberinto, que consta de una sola línea recta y que es invisible, 5 incesante.

Retrocedió unos pasos. Después, muy cuidadosamente, hizo fuego.

PREGUNTAS

1. ¿Dónde culminaron los hechos de sangre?
2. ¿Qué previó Erik Lönnrot?
3. ¿Cuál es el segundo apodo de Red Scharlach?
4. ¿Qué se creía Lönnrot?
5. ¿Dónde ocurrió el primer crimen y quién fué asesinadc?
6. Según el comisario Treviranus ¿cuál fué el motivo del asesino?
7. ¿Por qué rechazó Lönnrot esta explicación?
8. ¿Qué clase de explicación prefería Lönnrot?
9. ¿Qué había encontrado un agente?
10. ¿Qué hizo Lönnrot con los libros del rabino muerto?
11. ¿Qué declaró el redactor en su periódico?
12. ¿Dónde y cuándo ocurrió el segundo crimen?
13. ¿Quién fué la víctima y qué fama tenía?
14. ¿Cuáles eran las palabras en tiza?
15. ¿Cuándo ocurrió el tercer crimen?
16. ¿De quién fué la llamada telefónica?
17. ¿Por qué no rechazó Treviranus la posibilidad de una broma?
18. ¿Adónde fué el comisario y con quién habló?
19. ¿Quién había hecho la llamada según Black Finnegan?
20. ¿Con quiénes salió Gryphius?
21. ¿Cuál fué la sentencia que vió Treviranus en la pizarra?
22. ¿Qué encontró el comisario en la piecita de Gryphius-Ginzberg?
23. ¿Cuándo comienza el día hebreo?
24. ¿Qué comentario hizo Red Scharlach y a quién acusó de negligencia?
25. ¿Qué recibió Treviranus la noche del primero de marzo?
26. ¿Qué contenía el sobre?
27. ¿Por qué se lo mandó todo a Lönnrot?
28. ¿Qué simetrías notó Lönnrot en los crímenes?
29. ¿Qué instrumentos empleó Lönnrot para completar la intuición?
30. ¿Por qué dijo Lönnrot que podían estar muy tranquilos?
31. ¿Adónde fué una hora después?
32. ¿En qué estaba la explicación de los crímenes?

33. ¿Dónde bajó del tren y adónde fué después?
34. ¿Cómo entró a la quinta?
35. Al ver los losanges amarillos, rojos y verdes ¿qué recuerdo lo detuvo?
36. ¿Quiénes se arrojaron sobre él?
37. ¿Quién lo saludó?
38. ¿A quién busca Scharlach? ¿Por qué?
39. ¿Cuáles de los crímenes había planeado Scharlach?
40. ¿Qué relación había entre el Tetragrámaton y los crímenes?
41. ¿Qué clase de laberinto promete Scharlach para la próxima vez?

Enrique Amorim

URUGUAY

THE NOVELS OF Enrique Amorim (1900–   ) are about the city as well as the open country, but his most successful writings were his series of rural novels: *El paisano Aguilar* (1934), *El caballo y su sombra* (1941), *La luna se hizo con agua* (1944). However, when he observes the countryside his perspective is somewhat that of a city-dweller. This fact of being an urbanite as well as a rustic serves, precisely, as the theme of his novel, *El paisano Aguilar,* whose protagonist lives in conflict between these two contrary halves of his nature. Amorim has also written political and crime novels.

Recently this author has published his collected short stories under the title *Después del temporal* (1953) and, in this collection, he has proved that his narrative talent, which is outstanding in the complex make-up of a novel, is equally notable in the more elemental structure of a short story. Still, Amorim constructs his novels better than he does his short stories and, in the latter, the influence of the novel form is obvious. This, however, is not true of "La doradilla," a tale that seems to be the work of a writer who has never written anything but short stories. Amorim, by the way, agrees with us in considering this story his best for inclusion in an anthology.

Frequently the authors of stories like "La doradilla" will endow animals with human reactions in order to produce an easy emotion in the reader. Thus we have stories about horses and dogs whose sentimentalism is so pleasing to children. They are false interpretations of the animal world. However in "La doradilla" we find not a human sentiment but a powerful, though blind and erring, animal instinct. What moves us is not that the mare behaves like a woman but that we appreciate the animal's maternal instinct because humans may experience it with the identical blind and erring force. The last sentence of the story moves us in the same way as does Tía Tula in Unamuno's novel when, despite her virginity, she feels the instincts of a mother and seeks to nurse her starving nephew at her breast.

La doradilla

A Jorge Luis Borges

Mi yegua doradilla levantó la cabeza por arriba del cerco de cinacina, las orejas erguidas, fino el morro. Aquel flequillo de cerda que le caía sobre la frente, nunca me pareció tan arrogante como en la mañana de primavera que ahora rememoro.

5   A pesar de lo que sucedió después, sigue llenándome de orgullo la salvaje belleza de mi doradilla.

—Ese lujo es sólo para las hembras—me dijo el esquilador—. Se las ve más lindas.

Se refería al flequillo que acababa de peinar con los dedos. 10 Recuerdo perfectamente que el animal dió vuelta la cabeza y me miró.

Yo no había cumplido doce años, de manera que poco me enteraban de las faenas y los cambios. Mi única participación seria en la vida de la estancia consistió en la elección de aquel 15 ejemplar equino de singular hermosura.

En las primeras vacaciones exigí que me arreasen a la doradilla.

—No podrás montarla todavía—me communicaron—. Es cabortera y puede darte un golpe.

Para conformarme, el capataz la hizo atar al palenque. Si no podía jinetearla, que por lo menos mis ojos se llenaran con su belleza.

A mí me pareció que la doradilla me reconocía, e hizo alardes de su esplendor agitando las crines, moviéndose briosa. 5

El capataz me explicó:

—Anoche largamos el padrillo a la manada. ¿Comprende?

¡Ah, sí, claro, me dije, es una razón para estirar el pescuezo por arriba de las cinacinas! Pero me guardé el comentario. Esperaba que la ensillaran y me permitiesen dar una pequeña 10 vuelta, ir hasta el vecino tajamar, por lo menos.

Desgraciadamente no pudo ser. Mi padre observó su estado y ordenó que no la montase. Al cincharla, la yegua hinchó la panza. Era un síntoma inequívoco de posibles inconvenientes. 15

—Conmigo no se portará mal—argumenté—. Como peso tan poco . . .

—No, es peligrosa. Mejor que no salgas—dijo mi padre con tono persuasivo.

—Estoy seguro de que no pasará nada. Mire cómo se deja 20 acariciar—argumenté en una exitosa demostración.

No bien yo me acercaba a prodigarle caricias y palmoteos, bajaba la cabeza y sosegaba la cola.

Al capataz y a mi padre les llamó la atención el efecto que le producía a la yegua arisca mi confiada proximidad. Se miraron 25 desconcertados. El capataz meneó la cabeza.

—¡No, no! ¡Desensíllenla! No estamos para sustos—dijo mi padre.

—Pero . . . —articulé yo.

—¡Nada! Asunto terminado—respondió alejándose. 30

Le quitaron mi apero que nunca lució tan airoso sobre otro lomo de caballo. Se lo colocaron a un matungo que me pareció dormido, con la cabeza gacha y el rabo inmóvil, incapaz de espantar una mosca.

Salí al campo. No recuerdo un paseo más desafortunado. En 35 esa época nada me infundía tanta pesadumbre como un animal enfermo o triste. Me entró un desánimo inolvidable que los pájaros, cantando en el largo crepúsculo, exageraban a mi pasar. La tristeza me llevó hasta el tambo. El lamento de los terneros acabó por abatirme sin remedio. Creo que bajé del caballo llorando. Fueron las vacaciones más lamentables de mi vida.

Al año siguiente, no bien llegué a la estancia pregunté por la doradilla.

5 —Está fallada—me contestaron.

—¡Ah, ah! . . . —respondí, dándome por enterado [1]—. ¿Con qué fallada, eh?

Mi informante, un peoncito tres años mayor que yo, pronunció la frase alardeando tal suficiencia de sabiduría campesina que 10 me impidió confesarle mi ignorancia. A una persona de más edad le hubiese declarado mi desconocimiento del término. Pero de un muchacho como yo, era imprudente recoger información.

Dejé pasar unas horas, e interrogué al capataz:

—¿Fallada, la doradilla?

15 —Parece machorra—me respondió secamente—. Ha engordado mucho.

Machorra, pensé, estéril, como mi tía Cristina. Vientre seco, boca fría, cabellos opacos. Desde aquel momento ya podía ocuparme de la doradilla, hablar de mi yegua con cualquiera, inter-20 venir en su destino, quizás decidir su suerte.

Ensillé un caballo cualquiera. Salvo redomones o potros, todos me resultaban apropiados. Tal vez a mi padre le hubiese gustado verme jinetear uno de sus parejeros, aun a riesgo de aguantar un corcovo. Mi cuerpo necesitaba ese contacto con la fuerza bruta. 25 Pero yo lo eludía por voluntad propia y de puro resentido.[2]

Salí al campo, solo. Quería contemplar a la doradilla en su doble condición de yegua y de machorra.

Fuí a su encuentro con malsana curiosidad. Si había engordado no disfrutaría de la vigorosa estampa que era el lujo de mis ojos 30 de propietario. Más de un año sin verla, e iba a contemplarla en campo abierto, sin testigos. La imaginé arrogante, con el flequillo crecido, la cola hasta los garrones, el ojo vivísimo. Temía hallarla con las crines cortas y el rabo esquilado, porque seguramente querían desquitarse con su cerda, ya que no servía como animal 35 de cría.

---

[1] dándome . . . enterado pretending that I understood
[2] de . . . resentido just because I was hurt

Al descender la cuesta la caballada paró la oreja, levantando a un tiempo la cabeza. Me miraban como a un intruso.

No me costó dar con la doradilla. Creo que a la primera mirada tropecé con ella. Pero no estaba sola como lo suponía. A unos metros de sus patas, un espléndido potrillo temblaba, presa de extraño terror. Según mis cálculos, acababa de nacer. Sus miembros inseguros parecían azotados por un vendaval. Al posar los débiles vasos en el suelo, los remos titubeantes daban la sensación de una extrema nerviosidad. Cuando me acerqué, la doradilla relinchó maternalmente, interponiéndose entre nosotros y el recién nacido, como si pretendiese ocultarlo de mi vista.

Mi alegría no tenía límites. Yo resultaba el afortunado mortal cuyos ojos podían vanagloriarse de ser los primeros que habían visto el potrillo de la doradilla.

—¡Linda yegua! ¡Doradilla querida!

¡Qué fresca resultó la brisa y qué olorosa! ¡Qué orgullo el de mi yegua con el flequillo sobre la frente, abundante, con exuberancia de madre que acaba de echar al mundo un potrillo hermoso como un gamo! La cañada era de su absoluta pertenencia. Dominaba la tierra y el cielo con sólo levantar la cabeza.

Permanecí extasiado, creo que un cuarto de hora. Menos, quizás, porque de súbito debí intervenir para evitar que una yegua alazana la molestase, acercándose más de lo que prudentemente debe aproximarse un animal a otro en semejantes circunstancias.

Se defendió a mordiscos, a patadas. Sonó una y otra vez el vientre de la intrusa como un bombo sacudido en el corazón del valle. El espectáculo resultaba grandioso. Bárbaro y grandioso a un tiempo.

Comprendí que era mejor alejarse; que aquella escena bestial la provocaba mi presencia al profanar la intimidad de una madre indómita, salvaje y exclusivista.

Doblé la rienda y rumbié hacia las casas, contento de poder comunicar la primicia. Apenas si me atreví a dar vuelta la cara, al iniciar el galope. Vi al frágil potrillo hundir su morro avariento en las ubres de la madre. El rabo enhiesto como un plumerito, ventilaba sus pocas cerdas tan sedientas de aire como su boca de leche.

No recuerdo otra sensación más cabal de felicidad. El canto de los pájaros celebraba mi hallazgo.

Mi yegua no nos defraudaba. Y ya que no me permitieron jinetearla, el destino me favorecía otorgándome el privilegio de ver su potrillo antes que nadie.

—Me parece que se equivocaron feo—dije con suficiencia digna de mejor causa—. La doradilla ha tenido cría.

El peoncito y el capataz se miraron con signos de entendimiento.

—Sí—continué, mientras desensillaba mi caballo—. Un lindo ruanito que será para mí.

Se acercó mi padre.

—La doradilla parió anoche—le comuniqué con un dejo de hombría que ocultaba también un serio reproche por la afrenta que se le había inferido a mi yegua.

—No, estás equivocado. Ese potrillo no es suyo—respondió mi padre sin darle importancia al caso—. Es de una alazana. Ayer nos pareció que se le había «pegado» a la doradilla.

Mi padre siempre pluralizaba al conversar con la gente a sus órdenes. Al oírle hablar así, sus palabras me resultaban sagradas.

—De manera que . . . —exclamé al escuchar la noticia—¿de manera que no es hijo de la doradilla?

La peonada no le dió mayor importancia al accidente. Ni mi padre, tan observador de los animales. Supusieron que el ruanito se equivocaba de madre vaya uno a saber por qué misterioso designio.[3] Pero el hecho para mí tenía suma gravedad. Tal vez porque yo acababa de ser testigo de la brutal embestida de la doradilla contra la mansa madre que reclamaba sus derechos.

No dormí tranquilo. En la mesa se habló de todo menos de la manada. En el fogón, donde mi padre confraternizaba con su gente en breves sobremesas, tampoco mencionaron a mi yegua.

El día siguiente amaneció lloviendo. Se suspendieron las tareas. La vida de la estancia quedó reducida a un conversar pausado en torno al fogón. Me cansé y dije que pensaba salir a dar una vuelta por la cañada y mi padre me respondió que era una tontería de pueblero salir a mojarse porque sí.[4]

---

[3] **vaya . . . designio** nobody knew just why
[4] **porque sí** just because I felt like it

Mi instinto pudo subsanar el mal que la garúa agrandó.[5]

La doradilla, bajo la lluvia, venció a la alazana definitivamente.
A mordiscos, a coces más duros que los de una madre recién
parida, impuso su bestial contextura de machorra enloquecida.
Dentro del perímetro donde el potrillo podía accionar, se veían 5
huellas, espantosas huellas de los cascos de la machorra que
impedía que la madre se acercase, hasta que consiguió alejarla
del lugar.

Cuando divisé el valle la alazana pastaba indiferente a cien
metros de un círculo de suelo alterado. En el barro yacía el 10
potrillo ruano vigilado por mi yegua.

Aún respiraba cuando me acerqué. La doradilla le lamió los
cuartos en mi presencia; le sopló en el pequeño morro su aliento
vivificador; dejaba posar su belfo húmedo en el vacío del moribundo verificando sus últimas aspiraciones. Vi los ojos del potrillo 15
fijos en la nada. Las pupilas eran como dos cuentas de azabache
en el verde de la cañada. Delicado manjar para la voracidad de
los chimangos, me dije.

Nunca podré olvidar aquellos ojos de niño hambriento, la soledad que cundió en mi alma y el impulso de indignación que 20
contuvo la espléndida belleza de mi yegua. No me atreví a ulti-
marla.

Tampoco olvidaré una espantosa realidad: a la doradilla le
sangraban las ubres.

PREGUNTAS

1. ¿Cómo era la belleza de la doradilla?
2. ¿Qué le caía sobre la frente y qué dijo el esquilador sobre este
   lujo?
3. ¿Cuántos años tenía el autor del cuento cuando seleccionó la
   doradilla?
4. ¿Por qué no le permitieron jinetearla?
5. ¿Qué hizo hacer el capataz para conformar al dueño de la yegua?
6. ¿Quién ordenó que no la montase?
7. ¿Por qué estaba seguro el joven que no pasaría nada?
8. ¿Qué efecto produjo en la yegua la proximidad de su dueño?
9. ¿Con qué clase de animal tuvo que contentarse en su paseo?

[5] **Mi . . . agrandó** My hunch that something would happen led me to go
out in spite of the weather made worse by a continuing drizzle.

10. Al año siguiente ¿qué le dijeron de la doradilla?
11. ¿Por qué salió al campo?
12. ¿Estaba sola la yegua?
13. ¿Por qué podían vanagloriarse los ojos del dueño?
14. ¿Por qué debió intervenir?
15. Al regresar ¿qué vió?
16. ¿En qué se habían equivocado los de la estancia?
17. ¿Para quién será el potrillo según el autor?
18. ¿De quién es el potrillo de veras?
19. ¿Qué había pasado?
20. ¿Cómo había resultado la lucha entre la doradilla y la alazana?
21. ¿Dónde estaba ésta cuando el autor llegó al valle?
22. ¿Dónde estaba el potrillo?
23. ¿En qué condiciones estaba?
24. ¿Qué contuvo el impulso de indignación?
25. ¿Qué realidad no olvidará el autor?

Lydia Cabrera

CUBA

THE NEGRO population of the Antilles is very large, and the literature of Cuba has always reflected this fact. However, interest in Negro folklore and the desire to make it a source for esthetic pleasure is comparatively recent. More striking is the fact that the mode of Negro themes was imposed from abroad. The Afrological research of Leo Frobenius; the French negrophiles among the painters of the "Fauves," Expressionist and dadaist schools and also in ballet and literary circles; the example of Negro art in the United States—all these stimulated much enthusiasm in Cuba and Puerto Rico for their own Negro and mulatto traditions. In poetry Nicolás Guillén, Palés Matos, Ramón Guirao, Emilio Ballagas, and others are well known for their distinctive lyric qualities. The short story too has benefited from the rich and colorful Afro-Antillean folklore. The important ethnographic studies of Fernando Ortiz have their reflection in the tales of Rómulo Lachatañere (1910–   ), which present the legends of world origins from the Yoruba Negroes (*O mío Yemayá*), and in the stories of Ramón Guirao and Lydia Cabrera.

Lydia Cabrera (1900–   ) lived many years in Paris, and while there, impressed by the interest of French writers in African tales, she decided to collect the Negro stories and legends of her native Cuba. She published them first in a French version and, after returning to Cuba, she continued them in Spanish. Her *Cuentos negros de Cuba* (1940) and *Por qué* (1948) reveal amusingly and in a convincing manner the magic conception of the world that African slaves brought to America's shores. Lydia Cabrera, daughter of a distinguished Cuban family, must have heard these stories from her Negro nurses, and these childhood souvenirs, together with the serious study undertaken later, led to the two volumes of stories possessing both a literary and an ethnographical value. In Europe the attention to Negro themes was a passing artistic fashion. It was caused in part by a desire to reach the sources of creative imagination, and Europeans believed that these sources were closer to the surface in primitive peoples. But in Cuba, even though this inspiration came from Europe, the result was that this type of literature aided Cubans to acquire a more complete consciousness of their own national character.

Por qué las nariguetas
de los negros
están hechas de fayanca

Lukankansa, diablo alfarero, hizo las narices con arcilla bruja.
El fué quien las ideó y las puso en boga [1] llenando así, agradablemente, el espacio que, a su juicio, no debía dejarse vacío y tan liso, de oreja a oreja, de ojos a boca.

5   La fisonomía humana mejoró mucho, sin duda; gustaron con pasión las narices, y Lukankansa no daba abasto [2] modelándolas y plantándolas en los rostros presumidos. Cada hombre y cada mujer blanca lució una, más o menos larga, recta, curva, respin-

[1] El . . . boga He was the one who invented them and made them stylish
[2] no . . . abasto could not meet the demand

gada, a gusto del consumidor, todas finamente modeladas, que
pagaban a muy buen precio; porque los blancos fueron ricos
desde un principio, habiendo sabido su antecesor escoger a
tiempo lo mejor y lo más lucrativo.

Los negros en cambio, que no tenían fusiles sino arcos y flechas, 5
eran pobres: no podían permitirse el lujo como los blancos de
comprarle una nariz a Lukankansa. Se contentaban con ad-
mirarlas ingenuamente sin atreverse siquiera a desearlas: lo mismo
que el fusil, la pólvora, y la decantada blancura, éstas, con las
cuentas translúcidas de sus ojos, eran un privilegio más que 10
disfrutaban los descendientes afortunados de Manú-Puto.

Fueron dos jimaguas los primeros negros que adquirieron
narices. Dos jimaguas que debieron venir al mundo con el
deliberado propósito de poseer una nariz en medio de la cara
como cualquier mundele. 15

Nacieron, crecieron y fueron a pedírselas a Lukankansa.

Y fué un día en que éste estaba tan atareado como de costumbre.

Dentro y fuera, en torno a su taller, esperaba la multitud de
clientes que afluía de todas partes del mundo. Venían a recibir la 20
nariz que habían ordenado de antemano o a encargarla.

Rayando el alba, se entregaba a su labor el Naricero y daba los
últimos toques a los pedidos que debía entregar más avanzada
la mañana.[3] Cuando todas estaban terminadas a conciencia, hacía
pasar al cliente, y con pasmosa maestría, de un movimiento de 25
mano rápido y delicado, le dejaba fijada la nariz, tan firme y
segura que podía garantizar que ésta permanecería en su puesto
inamovible y allí duraría exactamente lo que la vida de su dueño;
con la ventaja nada desdeñable—justificándose así de sobra [4] los
altos honorarios de Lukankansa—que el dueño la trasmitiría 30
indefectiblemente—aunque con imprevistas variaciones—a toda
su prole venidera. Luego, para la buena conservación de la nariz
que acababa de adquirirse, Lukankansa aconsejaba enfáticamente
una conducta de moderación y templanza. En este punto cobraba
sus honorarios; nunca cometía la indelicadeza de hacerlo por 35
adelantado. Pasaba otro cliente, lo sentaba en un pilón y con igual
dominio y celeridad, repetía la misma operación, renovaba el

[3] más . . . mañana later in the morning
[4] justificándose . . . sobra more than justifying in this way

mismo consejo centenares de veces, hasta que implantada la última nariz por aquel día, se sentaba a su vez en el pilón para atender nuevos pedidos.

Por entre los blancos, abriéndose paso con los codos, se colaron
5 los jimaguas negros.

¡Cómo! ¿negros en su taller? Dos negrillos mostrencos, atrevidos.

—¡Queremos narices!

—¡Qué osadía!

10 Era la primera vez que un negro, y por duplicado,[5] le hacía un pedido a Lukankansa.

—¡Largo de aquí!—dijo el Naricero indignado.

—No nos iremos si no nos das una nariz . . .

—¡Cuando miles de mundeles me apremian y me pagan las
15 suyas contantes y sonantes! ¿Dónde está el oro que vale mi trabajo?

—Señor Lukankansa, pónganos la nariz de balde.

—¡De balde, Señor Lukankansa!

—Otro día discutiremos esto—dijo Lukankansa asiéndolos del
20 brazo bruscamente para ponerlos en la puerta. Pero los jimaguas estaban fijos en el suelo, fijos como las famosas narices después de colocadas. Tiró de ellos fuertemente; empujó con ímpetu mayor, ¡Uf!, con todas sus fuerzas, y no logró desprenderlos ni moverlos de su sitio. Insistió y en inútil forcejeo perdió mucho
25 tiempo. Demasiado para quien aún tenía que proveer de nariz a media humanidad.

Así, la multitud que esperaba afuera gritaba su impaciencia en todos los tonos.

—¡Hasta cuándo,[6] Señor Lukankansa!

30 —¡Despache, Señor Lukankansa!

—¡Por favor, Señor Lukankansa!

—Está bien—dijo, dándose por vencido, agotado del esfuerzo, —¡pues ahí se pudran!— y haciendo caso omiso de los jimaguas, se dispuso a recibir la clientela. Apenas pedía excusas a uno por su
35 tardanza y a otro le medía el rostro atentamente, cuando los jimaguas cantaron:

[5] y . . . duplicado and two of them at that
[6] ¡Hasta cuándo How long are we going to have to wait?

—Don Fáino, Fáino: ¡Chí! ¡Chí!—

y soplando fuego por los ojos, —¡Chí! ¡Chí! Don Fáino, Fáino —llenaron el taller de chispas y candelas.

Naricero y comprador huyeron encandilados, ocasionando un pánico en el gentío que se desbandó a los gritos de ¡fuego! y Lukankansa no pudo anotar un solo encargo aquella tarde. 5

Sin embargo a la mañana siguiente, con los millares de compradores del día anterior, acudieron otros tantos; y volvieron también los jimaguas.

—Señor Lukankansa, las narices.

—Señor Lukankansa, si no nos las hace pronto no nos iremos 10 nunca, y otra vez le cantaremos:

Don Fáino, Fáino . . .

—¡Eso no!—saltó Lukankansa —¡que yo les haré unas narices a la carrera!—y tomando un poco de barro, apresuradamente y como quiera,[7] en dos pellas, abrió dos agujeros, y de un torniscón, se las plantó en la cara a los jimaguas.

—Ya está. 15

—¡Gracias, Señor Lukankansa!

Ahora los dos negrillos, que se paseaban ufanos con sus toscas narices por todas las naciones de hombres de piel oscura, les decían a éstos:

—¿Es posible que anden todavía desnarigados? ¡Qué dejadez, 20 qué abandono! Si también Lukankansa hace narices para los negros. Claro está que, como los negros no le pagamos, no se esmera mucho con nosotros . . . pero de todos modos, esto que nos puso no deja de ser una nariz! Y los jimaguas estornudaban, 25 se sonaban, para no dejar lugar a dudas.

Aconsejados por ellos todos los negros fueron de dos en dos a pedirle a Lukankansa narices de balde.

En cuanto éste los veía asomar, se ponía un dedo en la boca advirtiéndoles nerviosamente que guardasen silencio, y cuidaba 30 de no hacerles esperar demasiado; sobre todo si la negra pareja insinuaba distraída . . .

¡Don Fáino, Fáino, Fai! . . .

[7] apresuradamente . . . quiera hurriedly and in any old fashion

en menos de un abrir y cerrar de ojos, haciéndoles pasar por delante de algún blanco copetudo, dispuesto a pagar largamente una nariz de a palmo, les incrustaba gratis de un porrazo, el montoncito de barro que nunca se dió la pena de perfilar.[8]

PREGUNTAS

1. ¿Quién es Lukankansa y con qué hizo él las narices?
2. ¿Qué espacio llenó con ellas?
3. ¿Quiénes lucieron narices y cómo las adquirieron?
4. ¿Quiénes eran los descendientes de Manú-Puto y qué privilegios disfrutaban?
5. ¿Qué hacía Lukankansa cuando fueron los jimaguas a pedirle narices?
6. ¿Quiénes fueron los primeros negros que adquirieron narices?
7. ¿Cómo trabajaba el naricero en su taller?
8. Según la garantía ¿cuánto duraría la nariz?
9. ¿Qué otra ventaja había?
10. ¿Cuándo cobraba sus honorarios?
11. Mientras estaba sentado en el pilón atendiendo nuevos pedidos ¿quiénes entraron al taller?
12. ¿Qué querían los jimaguas y cómo respondió el naricero?
13. ¿Cómo querían los negros que les pusiera Lukankansa la nariz?
14. ¿Por qué por fin decidió hacer caso omiso de los jimaguas?
15. ¿Qué comenzaron a hacer en protesta los negros?
16. ¿Cómo reaccionó la clientela y cuántos encargos pudo anotar Lukankansa?
17. ¿Quiénes acudieron a la mañana siguiente?
18. ¿Qué volvieron a pedir los negros y qué amenaza hicieron?
19. Por fin ¿qué prometió hacer el naricero?
20. ¿Qué clase de narices les puso Lukankansa y cómo las hizo?
21. ¿Cómo se paseaban los dos negrillos entre su gente y qué decían a los que no tenían narices?
22. ¿Qué hicieron los jimaguas para no dejar lugar a dudas respecto a sus nuevas narices?
23. ¿Cómo recibía Lukankansa a los negros?

[8] nunca . . . perfilar he never took the trouble to shape properly

Adel López Gómez

COLOMBIA

AMONG THE Colombians of his generation, Adel López Gómez (1901–   ) is the only one who has been outstanding as a writer of short stories. Others, like Osorio Lizarazo, Arias Trujillo, Uribe Piedrahita, Zalamea Borda, and Arias Suárez, have been better known as novelists. Some of the more important titles by López Gómez are *Por los caminos de la tierra* (1928), *El hombre, la mujer, y la noche* (1938), *El niño que vivió su vida* (1941), *Cuentos del lugar y de la manigua* (1942) and *La noche de Satanás* (1945). In this vast collection of stories the author has described almost all aspects of Colombian life in the city, the small town, and the countryside. When he writes of the city he prefers to give us scenes of the morbid decadence of the petty bourgeois. His better stories are those that take place in small towns or in the country. He does not exaggerate regionalism, even though his characters speak their typical dialects. He is a realist not a naturalist. In other words, he describes the reality he sees instead of choosing the most sordid and repulsive side of that reality. As a psychologist he probes deeply human passions, and he customarily treats those over which a moral sense has no control. He is something of a pessimist in his interest in unfortunate happenings, but this pessimism is tempered by a very sentimental mood. "Mi ambición máxima," López Gómez once wrote, "sería

la de merecer algún día la frase desdeñosa: es un escritor para mujeres." This must be understood in context. What our author means is that he writes for emotional, dreamy readers. The themes of his stories are
varied—unpleasant, macabre, sentimentally sweet, sa-
tirical. The gallery of his characters is also varied; it is
made up of cowards, valiant men, stupid as well as intelligent heroes. They are not types cut from a single
pattern, but individuals with inner shadings. The plots
of his stories are not important, and some stories have
no plot at all. In these cases López Gómez prefers to
have us identify ourselves with the state of mind of his
characters and not follow the unforeseen course of a
developing plot. Very few stories by this author have
a surprise ending of the type made famous by the
American, O. Henry. In "El testigo inesperado," one
might say that the device employed is that of a story
without an ending or a story in which the reader sup-
plies his own ending.

El testigo inesperado

Los cinco miembros del tribunal de hecho, fueron a colocarse
en su estrado, un poco menos eminente que el ocupado por el
juez de la causa, y erigido a su izquierda. Ésta fué la señal para
empezar la audiencia.

5   Frente al escritorio de la secretaría, el reo, sentado en su banco,
en medio de dos guardias armados, exteriorizó por un momento su
viva inquietud: el secretario acababa de instalarse delante del
voluminoso expediente, e inició la lectura de las piezas más
importantes.

10   Toda aquella montaña de papelotes pareció ir cayendo física-
mente sobre los hombros y la cabeza del reo. Un alud de testimonios jurados le fué cercando, abrumador. De entre la multitud

invisible de testigos, se iba alzando la sombra del muerto, marti-
rizada e inocente, aureolada de preclaras virtudes. Los menos
expresivos decían de un hombre apacible y tranquilo, siempre
metido entre sus matas, que alguna vez se tomaba sus tragos [1]
pero regresaba temprano a su discreto retiro.[2]

La actuación del fiscal puso aun más graves las cosas [3] para
Narciso Saldarriaga. El vehementísimo funcionario trajo a cuento
otros mil detalles y acumuló nuevos apóstrofes, formuló nuevos
cargos contra la persona del reo.

Y una vez más se refirió a Clementino Colorado, el muerto. Era
como si aquella sombra, venida desde la noche remota de la
tragedia, no tuviese la menor dificultad en aparecer cada vez más
pura e inocente. Tan pura y tan inocente como fuera necesario
para la definitiva condenación de Narciso.

Cuando el agente del ministerio público terminó su oración,
quedó en el ambiente un silencio de mal augurio: era indudable
que la primera etapa de la vista iba resultando adversa a los in-
tereses del acusado.

Y sin embargo éste parecía un buen muchacho. Al levantarse
para contestar las preguntas de ritual, hizo con poquísima fortuna
un esfuerzo para parecer sereno. Y a consecuencia del esfuerzo
se mostró más confuso.

Su declaración resultó, como a lo largo de todo el proceso, llena
de lagunas y poco convincente. El muerto era un hombre muy
peligroso y había que matarlo si uno no quería morir a sus manos
. . . Y un sujeto muy malo que debía morir. Nada sobre los mo-
tivos, nada sobre los móviles, nada sobre la enemistad anterior.

—Pero ¿usted había sido amigo de Colorado?

—Sí, señor . . . antes de eso éramos amigos. Yo le había
servido . . . En mi casa lo habíamos tratado como si fuera un
hermano . . .

—Y ¿por qué disgustaron?

—Vainas que pasan entre hombres, dotor. Ese tipo era muy
traicionero. Lo que pasa es que en el pueblo no lo conocían bien.
Como él no era de allí . . .

—Estamos—había dicho para concluir el fiscal—, frente a un

---

[1] que . . . tragos who took a drink every now and then
[2] a . . . retiro to his modest home
[3] puso . . . cosas made things even worse

caso típico de homicidio simplemente voluntario, cometido en la persona de Clementino Colorado. Todo concurre en contra del procesado, a excepción de su buena conducta anterior. Esta es la honrada convicción del ministerio público y por eso pido a los
5 señores jueces de hecho [4] que contesten sí a las cinco cuestiones de responsabilidad que han sido formuladas.

Entonces el juez de la causa cumplió una formalidad:

—¿El acusado tiene algo que decir en su descargo?

—No, señor, nada . . . ya lo dije todo.

10 —¿Hay en las barras alguna persona que quiera declarar algo?

Se formó en la gradería un confuso murmullo de curiosidad, y apareció el inesperado testigo. Le vieron abrirse campo por en medio de los espectadores, y el conserje de la audiencia lo introdujo a la sala.

15 Era un campesino de edad madura, vestido de ruana y calzado de alpargatas. El pelo negro, lacio y abundoso le caía sobre una frente pálida de calentano. Bajo las cejas compactas, negreaban un par de ojos tímidos y azorados [5] que no sabían en qué sitio posarse. Pero lo excepcional de su pobre facha, era aquella enorme
20 ruana negra que caía en pliegues holgados sobre su cuerpo: era la ruana lenta y grave, la ruana siempre grande y ligeramente sobrecogedora de los mutilados.

El juez le preguntó su nombre y le tomó el juramento legal.

Luego le hicieron la pregunta de fondo:

25 —¿Qué sabe usted de este asunto?

El testigo dijo con brusquedad:

—Lo que tengo que mentar, señor dotor, es del difunto Clementino Colorao . . .

—¿Era amigo suyo?

30 —Tanto como amigo no, señor.[6] Más bien era alguito enemigo . . .

—Y ¿qué tiene que decir? ¿Por qué no había declarado antes si es que sabe algo relacionado con la causa?

—Pues es que pa hablar francamente, yo no sé nada . . . **Ni**
35 tan siquiera sabía [7] que lo habían matao . . .

---

[4] a . . . **hecho** the gentlemen of the jury
[5] **negreaban . . . azorados** there shone a pair of timid frightened black eyes
[6] **Tanto . . . señor** Well, not exactly a friend, sir.
[7] **Ni . . . sabía** I didn't even know

Fué cobrando ánimo y explicó su presencia en los bancos de espectadores. Él era de otro pueblo. No conocía al homicida porque las cosas habían pasado muy lejos y él no había salido nunca de su campo . . . Sólo una vez, cuando estuvo veinte días en el hospital . . . Pero como el tal Colorado era paisano . . . 5 Apenas se cansó de molestar a la gente, se largó. Nadie supo entonces para dónde. Y una vez en el mercado—hacía apenas tres días—él, Isidro Giraldo, supo todo: el homicidio, la prisión, la audiencia. Se vino a ver . . . no sabía por qué . . .

El presidente interrumpió molesto: 10

—Vamos al grano, Giraldo.

—Sí, como no, señor juez. Pero es que yo no sé nada del hecho. Lo que pasa es que conocí a Clementino Colorao. Ésos de las declaraciones no saben la clase de ficha que era . . . Yo sí . . . Él me dejó este recuerdo . . .   15

Tiró bruscamente la ruana sobre el hombro izquierdo, y descubrió un muñón cetrino, cortado casi a la altura de la axila.

—Por los laos de Callelarga todos conocen al mochito Giraldo. Yo soy. Pregunte por mí a ver qué le contestan. Y pregunte por el otro, por Clementino Colorao. Averígüeles a los hombres y a 20 las mujeres de allá a ver qué clase de pájaro era y por qué se fué de la noche a la mañana sin dejar rastro . . .

Yo no sé cómo se manejaría en las otras partes. Pero le digo que era un traicionero y un abusador con las mujeres. Cuando estaba de mayordomo en la finca de don Luis Arango, no hacía 25 sino perseguir a las mujeres y a las hijas de los agregaos. Me acuerdo que los sábados hacía que se iba pal mercao.[8] Se montaba, se despedía y apenas taba lejitos, metía el caballo ensillao en medio monte. Después se escondía en un matojo, junto de la cañada, y ai se quedaba atisbando cuáles hombres pasaban pal 30 pueblo. Anomás se quedaba solo en la finca se iba de casa en casa . . .

Lo mío pasó en la fonda de los Blandones. Un domingo, como a la oración, volvía con el mercaíto. Teníamos una mediagua que quedaba ai en lo de don Luis, a la media cuadra de la fonda. 35 Dentré a mercar unas velas que se me habían olvidao. Me las envolvieron y ya me iba a salir, cuando de pronto . . . yo qué sé . . . com'una corazonada, me asomé a una trastienda que tenían,

[8] **hacía . . . mercao** he made out as if he were going to the market

más bien como moda de[9] depósito para guardar el café que
compraban . . . Ai taba el hombre . . . con Hermilda, la hija
mía . . .

Me quedé boquiabierto. Antes de ese momento no sabía nada
5 . . . nada. Pero de golpe me acordé de muchas cosas, de muchas
mentiras . . . Y comprendí toda la vaina.

Estaba desarmao, así como estoy ahora, señor, sin una aguja.[10]
Yo apenas era un pión de mandaos, el bastimentero de la finca, un
pobre infeliz. Pero Hermilda, la hija mía era muy bonita . . . Me
10 arrimé a coger la muchacha pa llevala conmigo. Y sin más ni más
Colorao pegó un brinco, sacó la peinilla y me mandó un lapo con
todas sus ganas.[11] Eso fué todo. No hubo pelea. ¡Qué iba a haber
si yo le tenía tanto miedo a ese bandido y no tenía con qué hacéle
cara!

15 Estuve quince días entre la vida y la muerte, sin saber de nada
ni de naide. Casi al mes volví a la finca. A Clementino lo soltaron
con fianza, a los pocos días. Había abandonado la mujer y los
hijos del y estaba amachinao con la tal hija mía.

No quiero hablar d'esa sinvergüenza ni la busqué pa nada. A él
20 sí. A él lo pavié varias veces con mi escopeta. Nadie sospechó de
mí, con un brazo menos, hecho un limosnero y un desventurao.
Pero no tuve suerte. Usté sabe, sin la mano derecha era trabajoso
hacer puntería.

La segunda vez alcancé a quemále las nalgas con la pólvora y
25 entonces a él le dió miedo y se largó. No fué más la cosa. Pero
cuando supe lo de la muerte, sentí una cosa muy rara y me vine a
conocer a este mozo. Ahora que lo tengo a la vista, señor juez,
deme usté licencia que no quiero sino besále las manos. . . .

PREGUNTAS

1. ¿Cuántos miembros tiene el tribunal?
2. ¿Quién estaba frente al escritorio de la secretaría?
3. ¿Dónde estaba sentado y quiénes lo vigilaban?
4. ¿Dónde se instaló el secretario y qué inició?
5. Según los testimonios ¿qué clase de hombre había sido el muerto?
6. ¿Qué puso aun más graves las cosas para el reo, Narciso Saldarriaga?

[9] como . . . de as a sort of
[10] sin . . . aguja without even a pin to defend myself with
[11] me . . . ganas he hit me as hard as he could

7. ¿Qué era indudable cuando el agente terminó su oración?
8. ¿Cómo parecía el reo?
9. ¿Cómo resultó su declaración?
10. Según la declaración del acusado ¿qué clase de hombre había sido el muerto, Clementino Colorado?
11. ¿Cómo habían tratado al muerto en la casa del acusado antes del disgusto habido entre los dos?
12. ¿Qué clase de homicidio era, según el fiscal?
13. ¿Qué pidió el fiscal a los señores jueces de hecho?
14. ¿Qué formalidad cumplió el juez de la causa?
15. ¿Quién se presentó para declarar?
16. ¿Qué fué lo excepcional de su facha?
17. ¿De dónde era el testigo inesperado y cómo se llamaba?
18. ¿Cómo se había portado Colorado en su pueblo?
19. ¿Qué recuerdo le había dejado Colorado?
20. ¿Qué puesto tenía Colorado en el pueblo?
21. ¿Dónde pasó lo que contó el testigo inesperado?
22. ¿Con quién estaba Colorado cuando lo sorprendió Giraldo?
23. ¿Qué hizo Colorado con la peinilla?
24. ¿Qué pasó a Clementino después?
25. ¿Por qué buscó Giraldo a Clementino?
26. ¿Por qué no sospechó nadie de él?
27. ¿Qué pasó la segunda vez?
28. ¿Por qué se largó Colorado?
29. ¿Para qué quería Giraldo ver al reo?

Jorge Ferretis

MEXICO

THE MEXICAN Revolution of 1910—one of the few Spanish American revolutions that really changed the economic and social structure of a country—inspired a
whole cycle of novels. Mariano Azuela (1873–1952)
opened the cycle with his *Los de abajo* (1916) and it
has still not come to an end. Martín Luis Guzmán,
José Rubén Romero, Gregorio López y Fuentes, Rafael
F. Muñoz, Mauricio Magdaleno, Cipriano Campos Alatorre, Francisco Rojas González, and Jorge Ferretis
(1902–   ) are some of the leading writers whose works
chronicled the horror of those terrible revolutionary
years. After exhausting the purely revolutionary themes,
these writers turned to a literature that portrayed the
consequences of the struggle in Mexican life. Novels and
short stories with a marked sociological orientation began to appear. These works sought to denounce injustice or to awaken sympathy for the poorer classes or
simply to create among Mexicans a clear appreciation
of their national traits. For Jorge Ferretis the struggle between the ideals of civilization and the degradation of
its citizens is Spanish America's greatest problem and,
since Sarmiento, it has been present in almost all our
literature of social reform. Ferretis is the author of
Tierra caliente (1935), *El sur quema* (1937), *Cuando
engorda el Quijote* (1937), *San automóvil* (1938), and
El coronel que asesinó un palomo y otros cuentos (1952).

His observations go beyond the mere description of life
in rural Mexico; he makes us think deeply of that life,
poses social problems, and inspires in us the will to reform. In "Hombres en tempestad," for example, the narrative is interrupted at times so that the author can give
us reflections on moral and sociological problems. Even
the characters themselves pause and, like Tío Jesús, indifferent to the brilliantly colored heavens, become so-
ciologists on an unhappy earth. As for the end of the
story itself, does it not have all the crudity of a satire
against the small value of the individual in unjustly or-
ganized societies? The last lines recall the cannibalistic
humor of Jonathan Swift in his work, *A Modest Proposal
for Preventing the Children of Poor People in Ireland
from being a Burden to their Parents or Country, and for
making them Beneficial to the Public* (1729).

Hombres en tempestad

Pocos árboles, grandes, quietos. Troncos oscuros como de roca
estriada.

Comienza el mundo a desteñirse con el alboreo.

Muge una vaca que no se ve, como si el mugido se diluyera en
la penumbra. 5

Al pie de uno de aquellos árboles tan solos, hay un bulto, como
protuberancia del tronco, más oscuro que el color de la corteza.
Pero aquel bulto es suave, tibio. Es tata José, envuelto en su
cobija de lana, y encuclillado junto al tronco. Viejo madrugador,
de ésos que se levantan antes que las gallinas dormilonas. 10

Antes de sentarse allí, junto al tronco, ya había ido a echar
rastrojos a un buey.

En una choza de enfrente, se comienza a ver lumbre entre los
carrizos. Adivínase adentro a una mujer, sentada sobre sus talones,
en el suelo. Sopla y sopla sobre los rescoldos, hasta hacer que 15
ardan unas ramas secas que rompía con las manos.

Del mismo jacal se ve salir luego una sombra friolenta. Es el hijo de tata José.

Sale embozado en su cobija, hasta los ojos, como su padre.

Llega junto al viejo, y se para, mudo, como pedazo de árbol.

5 ¡Se entienden tan bien los hombres cuanto más poco se hablan! [1]

Sin embargo, mucho después, el recién llegado dice:

—Anoche oyí al tío Jesús.

—Sí—contesta el bulto empotrado junto al tronco.

—Oyí que dende ajuera le pidía un güey.

10 —Sí—repite la voz reseca del viejo.

Tras una pausa, se oye al muchacho insistir:

—¿Y se lo emprestó?

—Pos sí, pa'que acomplete su yunta.

—¿Y'hora con qué barbechamos nosotros?

15 El viejo, en tono más seco aún, responde casi en son de reproche:

—Jesús 'ta muncho más atrasao que nosotros. Nu ha preparao tierras. Y yo nu iba a negarle mi güey *josco*.

Vuelven a quedar callados, como dos bloques de sombra. Y en 20 aquellos bloques, el amanecer comienza a cincelar con luz rostros humanos, duros, quietos.

Se escucha entonces una voz de mujer. Y se dijera que tiene la virtud de animar esculturas. Una vieja fornida, asomando por el hueco de la choza, grita su conjuro: los llama a almorzar.

25 ¡Almorzar! Los dos hombres acuden a sentarse junto a la lumbre. ¡Oh, aquellas tortillas que se inflan, una a una, sobre el comal! Blancura que se adelgaza entre las manos renegridas de la mujer, para dorarse luego sobre aquel barro quemante. Y unas tiras de carne seca, que por unos instantes se retuercen entre lo 30 rojo de las brasas. Y unos tragos de café, de ése que antes de servirle, se oye burbujar en la olla. De ése que cobija a los prójimos por dentro. ¡Aaah! Tan calientito, que cuando lo sirven hace salir del jarro una neblina olorosa, calientita y cobijadora también.

35 Ya más claro el día, salieron los dos de aquel jacal. Ciertamente, no habían almorzado como para hartarse; pero llevaban los estómagos a medio llenar de aquella agua de café endulzada; de maíz cocido, y hebras de carne con chile. Lo suficiente para enga-

---

[1] **cuanto . . . hablan** the less they speak

ñar a las tripas. Y hacerlas aguantar (aunque gruñeran) hasta ya
caído el sol. ¡Sus tripas! Ellas bien que [2] se daban cuenta del
precio del maíz. Bien que se daban cuenta, por la parquedad o
la abundancia con que la mujer les echaba tortillas.

Tata José y su muchacho no tenían premuras, y menos aquel [5]
día. ¡Claro que no hubiera sido posible negarle el *josco* al tío
Jesús!

Se echaron, cada uno, un azadón al hombro, y tomaron su
vereda, monte arriba.

De las lomas levantábanse vaporcitos de niebla que dejaban los [10]
cerros limpiecitos, remendados de milpas.

Sol. Mediodía. El cielo estaba caliente. Pero allá, sobre la sierra
del norte, se amontonaba negrura. [3] Tata José, con unos ojillos
que le relumbraban entre arrugas, quedó un momento contem-
plando lejos, aquel amontonamiento de nubes. [15]

El hijo, mirando también, advirtió:

—¡Qué recio 'ta lloviendo allá pa'arriba!

Y siguieron azadonando terrones.

Pero sobre sus espaldas, un trueno hizo temblar los ámbitos,
desdoblándose por el espacio estremecido. Si el cielo fuera de [20]
cristal azul, aquel enorme trueno lo habría estrellado. Y habría
caído sobre la gente hecho trizas.

—Vámonos—dijo el tata echándose al hombro su azadón—.
Esa tempestá nos coge.

Pero el muchacho, atrás, se detuvo con un grito, señalando por [25]
una ladera, abajo, donde se contorsionaba el río:

—¡Mire, tata!

Los dos sintiéronse como agarrotados por la misma sospecha.
Todavía no llegaba la tempestad, y sin embargo, la creciente ya
los había sorprendido. Los que trabajaban al otro lado, ya no [30]
podrían vadearla. ¡Y las tierras del tío Jesús estaban allá!

El viejo y su hijo bajaron al trote por las lomas. Sobre las
márgenes del río, la creciente comenzaba a arrancar platanares
enteros. A los árboles grandes, les escarbaba entre las raíces,
hasta ladearlos, entre un estrépito de quebrazón de ramas. [35]

Lejos, al otro lado, se deducía que algunos hombres gritaban

---

[2] **bien que** well
[3] **se . . . negrura** dark clouds were building up

desde una lomita. Agitaban los brazos y se desgañitaban, pero los bramidos de la corriente ya no permitían oír sus voces.

El agua subía y subía. Ya hasta dos o tres jacales habían sido arrancados de las vegas. Mujeres y gallinas, cerdos, y niños, chilla-
5 ban por todas partes.

Tata José y su hijo, corriendo hacia donde el río bajaba, llegaron jadeantes hasta el paralelo de las tierras del tío Jesús. Allí, las vegas estaban convertidas en inmensa y alborotada laguna.

Como a un kilómetro, distinguieron al tío. Los bueyes de la
10 yunta estaban desuncidos junto a él y miraban la inundación, medrosos. El viejo estaba inmóvil, erguido, con su larga garrocha en la mano, clavada junto a sus pies. El montículo donde estaban se iba empequeñeciendo más y más, cual si se derritiese. Inútil hasta gritar.[4]

15 Enormes gotas empezaron a caer, oblicuas, desde el cielo emborronado. ¡Allí apenas empezaba a llover! ¡Y al *josco* se lo iba a llevar la corriente! ¡Su *josco*!

El tata y su muchacho emprendieron otra vez carrera. ¡El aguacero arreciaba! A todo correr,[5] ellos casi sentían como si las nubes
20 los apedrearan. Eran unos gotazos tan grandes y tan fuertes, que se antojaban apuntados a reventarles los ojos. De repente, parecía como si en lo alto, entre chorros de agua tibia, mezclaran cubetazos de alcohol o de gasolina que se incendiasen entre la tormenta. Porque en el cielo empapado se abrían con fragor agujeros
25 de lumbre. Carcajadas de un cielo borracho de tiniebla.

Hasta después de una hora, el chubasco amainó.

El tata y su hijo, como dos duendes desesperados, andaban todavía por el lodo de las laderas, espiando sobre las aguas. De seguro la creciente habría arrastrado a su *josco*.

30 Cuando el cielo se apaciguó del todo, era casi de noche. Y los dos duendes angustiados, abrían más grandes los ojos entre la penumbra.

—Nu hay nada, tata.

—Nu hay nada—contestó el viejo desolado, con la camisa y
35 los calzones pegados al cuerpo, empapados en lluvia y en sudor.

Pero de pronto, entre basuras y palos que flotaban, distinguieron una forma que braceaba débilmente sobre las aguas.

---

[4] **Inútil . . . gritar** No use even to shout
[5] **A . . . correr** Running as fast as they could

—¿Será el tío?

—¡Jesúúús!—gritó el tata desde la orilla.

—¡Tíío!—asegundó el muchacho.

Braceando apenas, para no sumergirse, el tío sacudió entre las aguas la cabeza.

—¡Eeeh!—contestó con un grito apagado.

—¿'On ta'l [6] *josco*, tío?—preguntó a grito abierto el muchacho.

—Por ahí, viene—respondió sacando fuerzas para gritar ahogadamente, señalando con el brazo hacia atrás.

Y agregó muy a penas:

—Aguárdenlo n'el recodo.

Padre e hijo, efectivamente, distinguieron más lejos un bulto mayor. Y con el corazón a tumbos, adivinaron que era su res.

Movidos por igual impulso, antes que pensar en tirarse al agua para ayudar al tío Jesús a ganar tierra, echaron a correr hacia el recodo.

El cielo se había limpiado. Pero la luna tardaba en encender las crestas de los montes.

Y a la muy escasa luz de unas estrellas, el muchacho se tiró a la corriente, que se ensanchaba en un remedo del mar.

Braceó entre la penumbra hasta alcanzar la sombra de la res. Y nadando junto a ella, empujábala, empujábala. Había que orillarla, antes de que a ambos los sorbiese una garganta rocosa donde a lo lejos, seguía bramando el aluvión.

Tata José, metido hasta las corvas en el agua, enronquecía entre la oscuridad, gritando a su hijo y a su *josco*.

Hacia la medianoche, salió la luna. Hacia la medianoche también, el muchacho, casi desfallecido, logró empujar al buey hasta la orilla. Pero aquel lugar era rocoso, y el animal, entumido por tantas horas en el agua, no podía salir.

Entre la sombra, lejos, oíanse de vez en vez confusos gritos humanos.

Desde la orilla, el viejo se aventó como una gran rana junto al buey, que ya de entumido ni mugía. Tras del chapuzón se vió al viejo manoteando hasta asirse de las ramas de un árbol que aun estaba bien cogido con sus raíces al paredón. Y así, el cuerpo negro se anudó a las ramas, para servir de retén al animal. Aquel gran

[6] ¿'On ta'l, *that is,* ¿Dónde está el

volumen negro que flotaba, se habría deslizado lentamente hacia la desembocadura, si tata José no hubiera estado allí hecho nudo, atrancándolo con los pies.

El hijo salió empapado y maltrecho, y comenzó a subir lomas.
5 Quizás en el caserío encontrase gente que quisiera bajar en su ayuda.

Era de madrugada, cuando el agua comenzó a descender. El muchacho regresó seguido al trote por su madre y por otro hombrecito de once años al que sobraban deseos de servir, pero le
10 faltaban fuerzas.[7] Y entre jadeos de los cuatro, el *josco,* por fin, estuvo a salvo, aunque sin poderse tener sobre sus patas.

Allí amaneció, echado entre el lodazal, empanzonado de agua, con los ojos más tristes que el común de los bueyes, y el hocico en el suelo. Ni siquiera ganas de pastura tenía. Inútil que el
15 muchacho subiera a cortarle zacatón fresco.

Estuvo sin moverse toda la mañana, y tata José quedó cuidándole, encuclillado cerca, dolorido y quieto.

Después del mediodía, el animal con las patas temblonas, intentó levantarse. Y el viejo suspiró con alivio.

20 Al tío Jesús lo encontraron hasta el atardecer, exánime, mucho más abajo. El agua lo había dejado en tierra, al bajar la corriente. De seguro peleó, braceando, hasta lo último.

Lo encontraron antes de que se hiciera duro, con el vientre crecido. Y lo empezaron a sacudir.
25 —Es que ha de 'ber tragado mucha agua—dijo alguien.

Y con una piedra redonda y pesada, le comenzaron a magullar aquel abultamiento. Otros le movían los brazos, cual si trabajasen con una bomba. Otros le gritaban al oído, larga, muy largamente. Le torcían la cabeza después. Y así, a estrujones y a gritos, fué
30 volviendo a la vida. Cuando empezó a resollar y entreabrió un ojo, se alzó de todos los circunstantes un alarido sagrado. Como si cada uno hubiese realizado, en parte, aquel milagro de resurrección.

Pasaron unos días.
35 Entre el caserío no acababan aún los comentarios sobre las

---

[7] *por . . . fuerzas* by another boy of eleven who was very anxious to help but who wasn't very strong

pérdidas de cada quien: uno, su chilar; otro, tres puercos y una muchachita. El de más abajo, sus platanares llenos de racimos. Otro, su jacal y su mujer encinta. Aquél, su chivo negro. El de más allá, un jarro sin oreja, donde guardaba dineritos.

Pasaron unos días.

Una tarde, vieron salir de su jacal, al tío Jesús. Eran sus primeros pasos desde la noche aciaga.

Y aquellos pasos los encaminó hacia el jacal de José.

El tata salió a recibirlo.

Como si hiciera mucho tiempo que no se veían, en aquellos rostros ajados fulgía un gozo fraterno, fuerte. Sus cuatro manos se asieron en un gran saludo.

Luego, ambos fueron a sentarse frente a la choza, junto al árbol.

El tío Jesús había ido a darle las gracias. Se las debía, por haberle prestado su buey.

Tata José, un poco avergonzado, hubiera preferido no hablar de ello.

—Yo pensaba que 'tarías nojao—le dijo sin verle la cara.

—¿Nojao?—preguntó con extrañeza Jesús.

—Pos sí, porque yo y mi muchacho nos juimos a salvar a mi *josco* antes qui a tí . . .

—¡Pero hombre!—exclamó Jesús. —¡Yo 'biera hecho lo mesmo! Como qui un cristiano no cuesta lo qui un güey. ¡Yo 'biera hecho lo mesmo!

Y en su rostro no había, en verdad, sombra alguna de reproche ni de rencor. En verdad, sólo agradecimiento llevaba para quien había sido capaz de prestarle lo que tanto apreciaba.

Sentados en la tierra, el tata y el tío enmudecieron durante mucho rato.

Las nubes, empapadas de ocaso, se quemaban. El horizonte aparatosamente ardía, pero no impresionaba a los dos viejos, por más que les llenara con su lumbre los ojos. Ellos pensaban en la gloria de tener dos bueyes. Como el tata. Ya podría morir tranquilo un viejo que no había malgastado su existencia. Que podía legar a su muchacho aquella fortuna con cuernos y con rabo.

En aquellas tierras, los hombres se mataban por cualquier cosa, a machetazos. O los fusilaban las patrullas por cualquier chisme. Por el hurto más insignificante, los ahorcaban. A una res, en cambio, no se la sacrificaba así como así. Había que pensarlo. A una res, así se pasara una noche dañando en milpa ajena, se la capturaba con miramientos. ¿Quién se ocuparía de pelear por adueñarse de un hombre? De una vaca, en cambio . . .

5 El tío Jesús, indiferente al cielo, sobre la tierra floja se volvía sociólogo. Y decía: —¿Sabes cómo haría yo pa'que las gentes valiéramos más?

—¿Cómo?

—Pos si yo juera'l dueño de México, mandaría qu'en los abastos
10 se mataran gentes, y que vendieran sus carnes ¡muncho caras!, como a cinco pesos la libra, hasta que nos gustara comernos.

—¿Y eso pa'qué?—preguntó el tata mirándolo fijamente.

—Pos ansina ¿no se te afigura que ya no se desperdiciarían gentes? ¿A que en ninguna parte has mirao que se desperdicie
15 un chivo?

—Hombre, pos no . . .

Y los dos viejos quedaron nuevamente silenciosos. Parecían dos figurillas de barro seco, alumbradas por la quemazón de aquellos nubarrones, que el ocaso incineraba como andrajos de cielo.

PREGUNTAS

1. ¿Quién es el bulto que se ve al pie de un árbol?
2. ¿Qué se comienza a ver en la choza?
3. ¿A quién se adivina adentro?
4. ¿Qué hace la mujer?
5. ¿Quién sale del jacal?
6. ¿En qué está embozado cuando sale?
7. ¿Por qué había prestado él un buey a Jesús?
8. ¿Por qué necesitaba Jesús el buey más que ellos?
9. ¿Qué comen los hombres para el almuerzo?
10. ¿Cuántas veces al día comían estos hombres?
11. ¿Cómo se daban cuenta sus tripas del precio del maíz?
12. ¿Adónde fueron los dos después del almuerzo?
13. ¿Qué se veía a mediodía sobre la sierra del norte?
14. ¿Por qué era necesario dejar de trabajar después de oír el trueno?
15. ¿Qué notó el muchacho?
16. ¿Dónde estaban las tierras de Jesús?
17. Cuando el viejo y el hijo llegaron a la orilla del río ¿qué hacía la creciente?
18. ¿Por qué no se podía oír las voces de los hombres que gritaban?
19. ¿Quiénes chillaban por todas partes?

20. ¿En qué estaban convertidas las vegas en el paralelo de las tierras de Jesús?
21. ¿A quién distinguieron?
22. ¿Qué pasaba con el montículo donde estaban Jesús y los bueyes?
23. ¿Qué iba a pasar al *josco*?
24. ¿Cuándo amainó el chubasco?
25. ¿Qué hacían todavía el tata y su hijo?
26. ¿Qué distinguieron de pronto?
27. ¿Quién era?
28. ¿Qué le preguntó el muchacho?
29. ¿Qué contestó el tío?
30. ¿Hacia dónde echaron a correr?
31. ¿Qué hizo el muchacho al llegar al recodo?
32. ¿Qué trataba de hacer el muchacho con la res?
33. ¿Qué logró hacer por fin el muchacho?
34. ¿Adónde se habría deslizado el buey si tata José no hubiera estado allí?
35. ¿Cuándo comenzó a descender el agua?
36. ¿Por qué suspiró por fin con alivio el viejo?
37. ¿Cuándo y dónde encontraron al tío Jesús?
38. ¿Volvió Jesús a la vida?
39. ¿Qué habían perdido algunos en la tempestad?
40. ¿Quién llegó una tarde al jacal?
41. ¿Por qué había ido Jesús al jacal de tata José?
42. ¿Por qué creía José que estaría enojado Jesús?
43. ¿Por qué dijo Jesús que él hubiera hecho lo mismo?
44. ¿Por qué estaba agradecido Jesús?
45. ¿En qué gloria pensaban los dos viejos?
46. ¿Qué haría Jesús para que las gentes valieran más?
47. ¿Por qué no se desperdician las vacas y los chivos?
48. ¿Cómo se desperdician en aquellas tierras los hombres?

Fernando Romero

PERU

THE GEOGRAPHY of Fernando Romero's short stories is
well indicated by the titles of his two collections: *Doce
novelas de la selva* (1934) and *Mar y playa* (1940).
However the Peruvian jungle and the coast are not
viewed merely from a geographical standpoint. Fernando Romero (1905–   ) is also an historian. He observes social phenomena carefully, and he goes deeply
into psychological analysis. There is, therefore, much
more universality in his work than his regionalism would
seem to indicate. Romero is a naval officer, and his experiences in the navy are reflected in "Santos Tarqui,"
which appeared in the second of the collections men-
tioned above.

Spanish American literature of the seafaring locale,
whether about life afloat or in port, has not been studied
as extensively as have, for example, the literary mani-
festations of inland life. Nevertheless, it is just as typical.
"En el reducido espacio de un crucero es difícil que dos
fogoneros puedan vivir ignorándose. Así pasa con Narváez y Santos." These lines set the situation of our story,
and the author begins his analysis of how dislike becomes hatred and hatred eventually leads to crime. In
spite of the brutality of the story it possesses psychological subtlety. The explanation is not oversimplified; rather,
we have a good description of the complexity of resent-
ment: "era la antipatía orgánica, subconsciente del débil

por el fuerte, del reconcentrado por el expansivo, del indio por el negro."

Spanish American literature is full of crime; but what generally interests our writers is the consummation of the crime. There are differences between the crime story which presents the successive events that lead up to the crime and the detective story which gives the successive discoveries that lead to the criminal. Both are literary games. Very few authors in Spanish America write either of these two types (we have already noted that Borges is an exception). The usual procedure is to present the murder not as a complicated problem to be solved, but as part of a tragic vision of Spanish American barbarism. Fernando Romero belongs to the group of story-tellers who specialize in barbaric scenes with tragic denouements.

Santos Tarqui

Tan-tan . . . El toque doble en la campana del puente marca exactamente las nueve de la noche en los relojes del crucero. Y cuando la última vibración se diluye en la noche serena y marinera, la boca diestra del Corneta de Guardia empieza a sacar al clarín la melodía, larga y melancólica, del toque de «silencio.» 5

En el sollado de fogoneros, el Cuartelero se pone a resguardo de arrestos mediante claras advertencias:

—Bueno, muchachos, a soñar con los angelitos. Oye, Corrales: bota el pucho por la lumbrera. Y los demás déjense de vainas, que ya no tarda en aparecer el Oficial de Guardia. 10

Llega la ronda de veintiún horas. Todo en calma.

—Sin novedad, mi Teniente.

—Allí veo una lumbrera cerrada. Hágala abrir.

—Bien, mi Teniente.

Las cuatro luces de policía del circuito azul mantienen una 15 penumbra que, sin molestar a los durmientes, les permitiría ves-

tirse y desalojar el compartimento en caso necesario. Gracias a esa semioscuridad pueden verse los cuerpos jóvenes y robustos de los fogoneros que descansan en sus hamacas de lona, casi pegados al cielo del sollado. Piernas y brazos hábiles y fuertes cuelgan aquí 5 y allí, balanceándose al compás de amplios bostezos. Y la luz, azulando las caras, iguala casi el tinte epidérmico de blancos, cholos y zambos. Así, también, desaparecen diferencias raciales dentro de la comunidad de anhelos y deseos de estos hombres que sirven en la Armada, con magnífico espíritu y con digno entu-
10 siasmo.

Santos Tarqui es uno de ellos. Está allí, semi-desnudo, en su coy fresco que se mece coquetonamente a cada balance. Inteligente, estudioso, serio hasta llegar a ser reconcentrado, compensa con cualidades intelectuales cuanto le falta de vigor físico. Por eso, 15 aunque ha tenido que luchar contra el prejuicio antiserrano de la reunión de gente de costa que es la Marina, Tarqui se ha impuesto. Si no, lo sucedido ese día.[1] ¿Acaso no ha sido leída su promoción a clase superior, en la Orden General, durante la formación del mediodía? Sí, va a dejar para siempre el sombrero y los galones 20 azules. Oficial de Mar de Tercera Clase: dorados y gorra. Funciones más importantes por desempeñar. Mayor frecuencia en los turnos de paseo. Y, sobre todo, aumento del sueldo con que atiende los gastos del hogar que ha formado con la china Carmen, hogar que alegran Pepito y María. Tres años de servicio . . . 25 ¡Parece mentira! ¿Cuántos más por delante? Oficial de Mar de Segunda. Oficial de Mar de Primera. Maestro . . . La vida pasa pronto cuando el trabajo la hace distraída.

Esta noche el intervalo de «retreta» está más alegre que de costumbre en el sollado. Hay un motivo especial: la presencia 30 de Manuel Narváez, reincorporado hace pocos días como Cabo Fogonero de Segunda Clase y quien hoy ha venido con nombramiento para el crucero.

—¿Cómo has vuelto, Manongo? Si cuando no te quisites reenganchar dijites que era pa'irte a Jóligu . . . ¡Jua! ¡Jua! ¡Jua! 35 El aludido, hermoso ejemplar físico del zambo cañetano, celebra la pulla, como los otros, sin amostazarse un adarme. Mirándole los ojos vivos y la vibrátil nariz, adivínase que por dentro hay un

---

[1] **Si . . . día** If you do not believe it, take what happened that day

carácter alegre, expresivo. Y al escucharle no cuesta trabajo darse cuenta de que es farolero y lenguaraz.

—Es que me se [2] espantaron las ganas: hay mucha agua que recorrer pa'dir a Estados Unidos. Que si no, áhura estaría cantando con Tito Guizar . . . Debes saber, so desgraciau, que he estáu trabajando en la radio . . .

—¡Zafa! ¿Qué radio, si nunca te hemos oído? Sería, pues, en «la audición de la corneta.»

—La corneta . . . Calla, so pobre diablo. En «Goicochea,» pa' que lo sepas.[3] Sólo que no decían mi nombre, sino «El Préncipe Negro.»

—¡Jua! ¡Jua! ¡Jua!

—Por Dios . . . Si hacía dúo con «La Limeñita» . . . Sólo que me harté.[4] Y me presenté al Ministerio, donde el Comandante Salas. Prefiero estar aquí, en *la chocolatera.*

—Más a más has perdido un año . . .

—No le hace, hermano. Ya lo recuperaré. ¡Ah! Pero cuando traiga la viola van ustedes a ver qué rumbas y valses he aprendido. Tararí . . . Tarí . . . Tararí . . . «Silencio.» Todos callan y se despiden hasta el otro día, para dormir un sueño alegre. Todos menos Tarqui, quien ha permanecido mudo durante la charla, como si tuviera un motivo especial para callar. Y así es.[5]

Santos y Narváez entraron a la Marina en el mismo contingente de sangre, el uno procedente de la sierra de Ancash, de Cerro Azul el otro. Pero desde que se encontraron en la Escuela Naval, durante el período de entrenamiento de reclutas, Tarqui quiso mal a Manongo. ¿Por qué? Él no lo sabía. Era la antipatía orgánica, subconsciente, del débil por el fuerte, del reconcentrado por el expansivo, del indio por el negro. Santos no alcanzaba a comprender este triple abismo físico, espiritual y de raza que se interponía entre ambos. Pero, en cambio, experimentaba, clara y distintamente, que, al contrario de todos los otros, quienes admiraban y querían a Narváez, los sentimientos y las tendencias de éste despertaban en él una reacción precisa, una natural resistencia. Cuando se separó del otro para ir a servir al crucero,

---

[2] **me se,** *that is,* se me in standard Spanish
[3] **pa' . . . sepas** I'll have you know
[4] **Sólo . . . harté** The only thing was that I got fed up with it
[5] **Y . . . es** And, in fact, he does

sintió, sin noción de las causas, que una rivalidad surgiría entre ellos tarde o temprano.

Y así fué y en torno de Carmen, a quien Tarqui enamoró desde que, viajando en un ómnibus urbano del Callao, pagóle el pasaje 5 al perderse por debajo de los asientos el único real que ella llevaba. Ya correspondido por la chica, fueron juntos a una *reunión*, donde también estaba Narváez. Cuando el zambo cantó un valse dulce como una esperanza, Carmen se sintió enamorada de él. Y Manongo, según propia y posterior declaración,[6] por 10 fregarlo, *escupió el asado* a Santos.

Tarqui no cedió. Carmen, coquetona, se veía con ambos en días diferentes, de acuerdo con las guardias de cada uno. Pero, mientras Santos era constante en sus turnos francos, a Narváez le fallaban a causa de sus continuos arrestos por juguetón y 15 palomilla. Así hasta que *le ligaron* treinta días abordo por faltar tres al permiso.[7] En este mes, Tarqui ganó terreno. Y Carmen, convencida de que con el zambo sólo iba a tener valses y marineras por alimento, comenzó a vivir con Tarqui, hombre cuerdo y serio, capaz de *parar la olla* con regularidad. Manongo 20 no dijo ni hizo nada. Para él la chica era una de sus muchas conquistas. Atendió a las otras y pronto la olvidó.

En el reducido espacio de un crucero es difícil que dos fogoneros puedan vivir ignorándose. Así pasa con Narváez y Santos. El trabajo diario no los obliga a continuo contacto: el zambo es 25 motorista de lancha y Tarqui atiende una caldera. Pero las horas de descanso y las comidas los reúnen en el sollado, donde, aunque el cholo lo evite, hay una fricción desagradable entre su siquis y la del otro, que hace en su espíritu una labor lenta y subterránea. Los sucesos de la vida diaria dejan en su sub-30 consciencia impresiones fugitivas que se van organizando a fuerza de repetirse. Y de estos residuos se alimenta la antigua aversión que siente por Narváez, aunque trata de combatirla porque el otro jamás le da motivo de queja. Parécele que su voluntad se estrella contra una tendencia profunda e imperativa 35 que le ordena malquererlo.

---

[6] según . . . declaración as he himself stated later
[7] Así . . . permiso This is the way things went until he was confined to the ship for thirty days because he overstayed his leave three days.

Otra vez el sollado. Y otra vez Tarqui aislado y meditabundo. Y Narváez alegre y expansivo. Y los demás fogoneros rodeándolo, para verle pulsar la guitarra que acaba de librar de la casa de empeños gracias al primer sueldo.

—Bueno, Manongo: ya está aquí el arma. Áhura es cuando . . . 5
—Un valse . . .
—Un tango . . .
—Una marinera . . .
—Con calma, muchachos, que hay pa' todos los gustos.

La guitarra, como zamba caderona y buenamoza, descansa en 10 las firmes piernas de Manongo. Y, excitada por la mano diestra del fogonero, empieza a gemir y alborozarse en aisladas notas o en risas colectivas que arranca el diestro rasgueo. Así hasta que, clara y bella, se remonta la voz del cantor imponiendo atención entre el coro de oyentes.

15

> Amor eterno me jurates un día
> y juí tan torpe que creí me amabas . . .

Es un *valse,* dulce y triste como nuestro pueblo, que dice la eterna queja del amante olvidado . . .

> . . . enardecido por dolor profundo
> mil veces te maldije en mi agonía . . .

Cuando calla el cantor, suenan, rotundos y estruendosos, los aplausos de los compañeros. Tango. Rumba. Canción. Marinera. Tondero. De todo hay luego. Hasta que llega la hora de callar 20 y dormir.

Pero Tarqui no ha tenido oídos sino para aquel valse sentimental y criollo, que habla de amores, juramentos y venganzas. Con sus notas ha venido a su recuerdo la imagen de Carmen y de las circunstancias de su rivalidad amorosa con Narváez. ¿Por 25 qué Manongo ha dicho las palabras de esa canción? ¿No la habrá olvidado? ¿Ha sufrido con el desengaño? Estas reflexiones hácenle sentir en carne propia el dolor que supone ha debido experimentar Narváez. Y, por un morboso mecanismo sentimental, ese sádico sufrimiento refuerza la antipatía que siente 30 por el compañero, colocándose en el lugar de éste y abrigando la creencia de que en el ánimo del otro existe igual malquerer.

La hora del almuerzo. Santos y Manongo bajan simultáneamente al sollado y ambos retrasados con respecto a los otros. Tarqui estuvo haciendo un trabajo urgente. Narváez, en la lancha de servicio, en comisión lejana. Los dos llegan hambrientos y
5 malhumorados.

El Ranchero distribuye entre ellos los platos servidos con antelación. El de Santos tiene una cantidad ligeramente mayor. Narváez protesta. Hay un cambio de expresiones fuertes y Tarqui va en son de queja donde el Oficial de Guardia.

10 Cuando el zambo regresa al sollado, después de sufrir una reprensión, larga feroz pullazo contra el otro:

—¡Ay!, mamacita: el cuco me quiere comer . . . ¡Qué desgraciaos son los *lambe-tomates,* los adulones! . . .

El sollado, en masa, revienta de risa. Tarqui calla. Pero esas
15 palabras son el rayo que rompe el equilibrio de sus tendencias, deseos y aversiones. Y, quizás si desde el fondo de una herencia de crimen e instintos bestiales que le llega con la sangre, se abre paso una pasión perversa y destructora.

Y lo que era simple y natural antipatía se hace odio impotente
20 y frío. Odio que, aunque tiene impulsos imprevistos que lo reducen a la forma aguda de la cólera, no se salva en ésta porque su dueño se siente más débil que el enemigo. Odio que se hace idea fija y obra como motor de sus actos, localizando su energía vital, con detrimento de las funciones normales, y manteniéndola
25 en tensión. Odio intenso y duradero que, por absorberlo todo, mantiene en crepúsculo los afectos familiares y profesionales, sólo porque son extraños a él. Y la imaginación del cholo, nutriéndose de recuerdos ingratos, mantiene la agudeza de esta pasión que se hace centro y eje de su vida, dividiéndola en dos
30 partes: su odio y lo demás.

El crucero ha salido ahora a navegar por mares tropicales. Ya no hay lanchas que servir. Por eso Narváez ha caído a las calderas, donde Tarqui tiene la jefatura de una sala de fuegos. Es un mundo abismal y dantesco que se tiende en el fondo del buque,
35 cerca de la quilla. Allí el aire, forzado por los poderosos ventiladores, mantiene una presión diferente a la atmosférica. Se respira carbón y vapor. La temperatura alcanza elevaciones

inauditas. El calor derrite y bestializa. Pero, sin embargo, cada cierto tiempo [8] precisa abrir las voraces fauces de las hornillas y alimentarlas con negro carbón. Entonces todo se hace rojo en la sala. Relucen los sudorosos torsos. Se chamusca la piel. Los hombres, atosigados, palean el negro combustible, lo mueven con largas barras metálicas, extraen las cenizas del monstruo alto y trepidante. Y, antes de volver a comenzar de nuevo la operación, vigilan con ojo atento los vasos de nivel que marcan la cantidad de agua que hay que alimentar para producir el vapor, y los relojes de órdenes que trasmiten las indicaciones que vienen desde el compartimiento de las máquinas impasibles y potentes.

En este medio, propicio a todas las brutalidades y a todos los actos impulsivos, están en diario contacto el Mecánico Tarqui y el Fogonero Narváez. El odio del primero se ha hecho invencible y le procura un continuo estado de sufrimiento que a veces se traduce en descargas emocionales violentas y humillantes para Manongo. Pero éste soporta, obligado por la disciplina del servicio, que se endurece durante los viajes. Así hasta que un día, harto de las pequeñas impertinencias del Oficial de Mar, le habla claro:

—Mira, Tarqui: a mí no me vas a seguir fregando, porque ya me tienes caliente. ¿Qué quieres? Si hubiera donde irse, yo me juera pa no desgraciarme un día. Desgraciadamente estamos en viaje y no tengo donde . . .

—Tú me odias . . .

—¿Yo? Yo no me ocupo de tí, hombre. Ten, pues, cuidao . . . No me importa ir a chirona por abrirle el coco a alguien [9] . . .

Esta frase es la perdición de Tarqui. El odio, que ha estado urdiendo sordamente su trama, necesitaba hasta ese día un razonamiento justificativo, manifestación parcial del instinto de conservación. Lo encuentra:

—Yo lo aborrezco. Tengo que seguirlo hostilizando, pues no puedo contenerme. Él me va a matar. Luego yo debo madrugármelo . . .

No tiene un solo remordimiento. Ni un temor. Ni una duda. Su ciega pasión no le deja meditar sino en la forma de deshacerse

[8] **cada . . . tiempo** every now and then
[9] **No . . . alguien** It doesn't matter to me if I do a stretch for cracking somebody's skull

del enemigo. Piensa en el asesinato, fría, serena, sutilmente. Con circunspección, sin arrebatos. Hasta logra contener ahora los movimientos repulsivos que la presencia del otro le provoca, sus palabras hirientes de poco antes.

5   Todo ha fallado hasta la madrugada en que Tarqui aparece en la caldera, con una llave inglesa en la mano. Hállanse solos.

—Tus fuegos están mal llevados—dice, mirando el interior de la hornilla por el hueco de pasar la barra.

—¿Cómo mal llevados? ¿Vuelves a fregarme?

10   Páranse frente a frente.[10] La alta figura de Narváez domina la estatura de Tarqui. El zambo está rabioso y excitado. Santos, en cambio, conserva toda su calma.

—No te calientes . . . El carbón está amontonáu en el fondo de la parrilla. Mira . . .

15   Y abre completamente la hornilla, en cuyo interior el combustible se está quemando rojo y violento.

El otro, dándole una mirada amenazadora, inclínase para ver el interior de la caldera. Tarqui, fríamente, descarga fuerte golpe con la llave, haciéndolo caer de bruces sobre la hornilla. Luego
20   lo levanta de los pies, empújalo hacia adentro y cierra la puerta.

No ha sonado un solo grito. Todo está igual que antes. Todo, salvo el olor de grasa quemada que sale de la caldera. Todo, menos el alma de Santos Tarqui, que se siente liberada de un peso enorme y adquiere un estado de salvaje contento, de mor-
25   bosa satisfacción. Pero ésta dura poco. Con su enemigo, muere su odio. En su espíritu se estabilizan necesidades, deseos, amores, esperanzas, temores. Dase cuenta de lo horrendo de su crimen. Y empequeñecido, aplastado por su conciencia, tambaleante por el terror, se presenta al Ingeniero de Guardia.

30   —Mi Teniente: he matáu a Narváez.

PREGUNTAS

1. ¿Qué marca el toque doble?
2. ¿Qué pasa en el sollado de fogoneros?
3. ¿Quiénes están en el sollado y qué están haciendo?
4. ¿Qué hace la luz al tinte epidérmico de los jóvenes?
5. ¿Dónde está Santos Tarqui?
6. ¿Qué había pasado ese día?

[10] frente . . . frente facing each other

7. ¿Qué significaba la promoción?
8. ¿Cuándo pasa pronto la vida?
9. ¿Qué motivo hay para la alegría poco usual en el sollado?
10. ¿Quién es y cómo es Manuel Narváez?
11. ¿Dónde ha estado él?
12. ¿Por qué no ha estado Tarqui alegre como los demás?
13. ¿Qué diferencias hay entre Tarqui y Narváez?
14. ¿Por qué quiso mal Tarqui a Narváez?
15. ¿Cómo había conocido Tarqui a Carmen?
16. ¿Por qué se sintió Carmen enamorada de Narváez?
17. ¿Qué hacía la coquetona Carmen?
18. ¿Por qué no era constante Narváez?
19. ¿Cuándo ganó Tarqui definitivamente?
20. ¿Qué es difícil en el reducido espacio de un crucero?
21. ¿Qué hace abordo Tarqui y qué es Narváez?
22. ¿Le da Narváez motivo de queja?
23. ¿Qué hace Narváez en el sollado?
24. ¿Qué clase de música popular toca Narváez en su guitarra?
25. ¿Qué pieza impresiona a Tarqui?
26. ¿Qué refuerza la antipatía que siente Tarqui por Narváez?
27. ¿Qué pasa un día a la hora del almuerzo en el sollado?
28. ¿Qué pullazo larga Narváez a Tarqui?
29. ¿Qué pasa a Tarqui en ese momento?
30. ¿Qué efectos produce el odio en Tarqui?
31. ¿Por qué ha caído Narváez a las calderas?
32. ¿Quién es el jefe allí?
33. ¿Cómo es la atmósfera en que trabajan los hombres?
34. ¿Qué hacen los hombres en la sala de fuegos?
35. ¿Qué hace Manongo un día, harto de las impertinencias de Tarqui?
36. ¿Qué frase es la perdición de Tarqui?
37. ¿Qué plan hace ahora Tarqui?
38. ¿Por qué se queja Tarqui de los fuegos de Manongo?
39. ¿Qué pide Tarqui que haga Narváez?
40. ¿Qué hace Tarqui cuando Narváez se inclina para ver el interior de la caldera?
41. ¿En dónde mete Tarqui a Narváez?
42. ¿Cómo se siente ahora el alma de Tarqui?
43. ¿De qué se da cuenta ahora Tarqui y qué hace aplastado por su conciencia?

Lino Novás Calvo

CUBA

CUBA, just as other countries, has seen all the varied
directions of the contemporary short story. There are
Cuban writers who, following the example of Jesús Castellanos and Luis Felipe Rodríguez, observe the life
around them and, preoccupied with its problems, express themselves with realistic techniques and procedures. Such authors include Enrique Serpa, Dora
Alonso de Betancourt, and Carlos Montenegro. Another
direction is that of the "escapists" (Virgilio Piñera, José
Lezama Lima). Still another tendency is seen in those
who, without escaping reality, manipulate it with new
techniques until they deform it (Alejo Carpentier, Enrique Labrador Ruiz, Félix Pita Rodríguez). Lino Novás
Calvo (1905–   ) is a special case. He has undoubted
talent and originality. Born in Spain, he has lived since
childhood in Cuba. His work, therefore, is Cuban, although literary fame came to him from Spain, where
the exclusive, aristocratic *Revista de Occidente*, directed
by José Ortega y Gasset, published two of his stories.
With his collections of short stories, *La luna nona y
otros cuentos* (1942) and *No sé quién soy* (1945), Novás
Calvo took his place among the leading figures of contemporary Cuban literature. Some critics have pointed
out certain influences of American writers in his work.
It is true that Novás Calvo has read widely in American literature—he has even translated many works into

his native Spanish—and, because of this, he represents
a new development in the history of the Spanish American short story. In the past the principal foreign influences have been successively French, Russian, German,
English, and, only in recent years, Americans like Faulk-
ner, Hemingway, and Caldwell.

Novás Calvo does not add imaginative touches to
reality; on the contrary, one would say that he reduces
reality to its elemental outlines. However he cannot be
called a realist because the retarded movements of his
characters, the suggestive power of their gestures, words,
and even expressive silences, and the constant inter-
ruptions in the continuity of the story startle the reader
and force him to contribute imaginatively to what he is
reading.

A ese lugar donde me llaman

Todo empezó—así lo recuerdo—a fines de septiembre. Era mi
santo y cumpleaños, y mi madre me hizo una nueva camisa.
Mientras la hacía empezó a toser y ponerse pálida. Se le agran-
daron los ojos, se puso de pie y marchó, con las manos abiertas
sobre el pecho, hacia la otra pieza.   5

No vino el médico. Cuando parecía más grave con las fiebres
altas (y grandes variaciones) vino a vernos mi tía Sol. Traía
alguna noticia. Miró, con expresión secreta, a mi madre desde la
puerta. Mi madre se incorporó en la cama, la observó, y su
rostro empezó a animarse. Luego empezó a llorar en silencio. 10

Tía Sol salió en seguida y, en su ausencia, mi madre se levantó,
se puso el mejor vestido, se compuso el pelo, se aplicó los afeites.
Pero al atardecer regresó tía Sol y yo vi cómo aquel resplandor
súbito del rostro de mi madre se apagaba. Hablaron un momento
en voz baja. Tía Sol venía abatida; bajó los párpados y se fué 15
diciendo:

—Quizá se hayan equivocado en la fecha. Pudiera venir en otro barco . . .

Se volvió lentamente hacia la puerta. Mi madre estaba de pie, en el centro, con las manos abiertas sobre el pecho. Dijo con voz tomada:

—¡Gracias, Sol, de todos modos!

Ése fué el principio. Por varios meses, había de ir observando yo, sin comprender, estos cambios. O bien los comprendía sin explicármelos. Sabía que *alguien* debía venir, cada mes, en un barco; pero no venía. En tanto mi madre se enfermaba, curaba (al parecer) de pronto, se acercaba otra fecha (y otra esperanza) y, cuando volvía, decepcionada, tía Sol, mi madre volvía a enfermarse.

Pero ella no decía nunca que estuviera enferma; sólo cansada, a veces. Nunca dejaba su costura. Dijo un día, cuando Sol se había ido:

—Todo fué el diablo. ¡Qué le vamos a hacer!

Ahora la veo pálida, delgada, más alta que la puertecita del fondo del cuarto. Me la imagino yéndose, inclinada; entrando por la puertecita, como por la de un panteón, en el otro cuarto. Los dos vivíamos entonces solos, en el Cerro. Ella me dijo:

—Voy a traer una inquilina aquí para la sala. Otra costurera. Nos sobra espacio, y yo trabajaré en el cuarto.

Este cuarto daba al placel. Era allí donde jugaba yo con otros niños. La mujer que vino a ocupar la sala era una negra gruesa y maciza de piel muy tersa. Mi madre cerró la puerta intermedia y los dos salíamos por el placel a otra calle.

—Nos sobra la sala—repitió mi madre—. Y esa calle de alante está llena de baches y charcos cuando llueve. Por detrás se ve el campo. Se ve poner el sol en el campo.

No parecía hablar conmigo. Había trasladado aquí (al cuarto y el cuartito de desahogo y ducha) la máquina de coser y las telas. No venían ya las marchantas. Ella salía a veces temprano a entregar y recoger costura. Ésta no era mucha. Ahora trabajaba lentamente. Yo la veía a veces, por la ventana, desde el placel, parar la máquina, quedarse, sentada, tiesa (de espalda a la ventana) mirando a la pared. Y cuando volvía a dar al pedal todavía su busto seguía erguido, como presa de un dolor que lo paralizaba.

—Voy a mandarte unas semanas con tu tía Sol—me dijo un día—. O quizás con tu tío Martín. Tengo que ir ahí, a un pueblo de campo, a hacer unos trabajos. Puede que tarde algunas semanas.

Nunca había ido al campo. Nunca la recordaba yo sino, un poco, allá en España, y luego viniendo en el barco, y al fin aquí, en el Cerro, en esta accesoria. Yo le dije:

—¿Y mis otros tíos?

Paró la máquina, bajó la vista, murmuró:

—Ellos no son malos. Andan por ahí. Pero ellos creen que yo soy la mala. ¡Ha sido el diablo!

Martín vino esa noche. Había venido otras veces, de pasada. Hablaba poco. Era un hombre enteco, prietuzco, triste, picado de viruelas. Llevaba siempre un cinto ancho, y en él, limas, tenazas, martillos . . . Le dijo a mi madre al despedirse:

—Tú mira a ver. Si quieres mándame el niño.

Ella se apresuró a explicar (para mí, pero hablando con su hermano):

—Yo vuelvo pronto, ¿sabes? Unos trabajos que tengo que hacer ahí, a Artemisa . . . Pero quizás sea mejor que el niño vaya con su tía Sol. Allí hay campo y flores . . .

Martín nos miró a los dos con expresión recogida. Paseó, como extrañado, la vista por la pieza.

—Como quieras. Pero ya tú sabes.

Se fué lentamente, algo encorvado, por el placel. Ella apagó la luz y se dejó caer en el balance, llevándome a la vez hasta el borde de la cama.

—Tus tíos son buenos—me dijo—. Puede que yo haya sido la mala. Pero no he querido deberles favores, a ellos ni a nadie. Te he traído para acá para que no crecieras viendo al «Adán». Él es el malo. ¡Que Dios lo perdone! ¡Que Dios nos perdone a todos! ¡Ha sido el diablo!

Yo no entendí del todo. Otras veces le había oído hablar del «Adán», y sabía que ése (nunca lo había visto) era mi padre. Mi madre añadió:

—Él es tu padre; pero recuerda, si lo ves algún día, que ni siquiera te ha reconocido. Además tú no te pareces a él. Tú eres un Román.

Calló y la sentí llorar por dentro. Luego alzó fuerte e irritadamente la voz:

—¡Acuéstate! No sé por qué te estoy hablando de esto!

Al día siguiente se hallaba de nuevo envuelta en aquel porte seco, digno, reservado y altivo que hoy, recordándolo, se me figura extraño en una aldeana. Pero nada en ella indicaba la aldeana y, además, vivía en una tensión que no le permitía a uno pensar en lo que era, sino en lo que sentía. Los mismos vecinos se extrañaban. Ella le dijo un día a la negra:

—A ustedes les extraña que yo sepa hablar y vista de limpio. ¡Para ustedes debiera estar trabajando de criada!

La negra abrió mucho los ojos, se encogió de hombros, y empezó a rezongar. Mi madre dijo luego, sosegada, a una clienta:

—Comprendo que a veces me irrito. Yo era muy joven y me ocurrió *aquello*. Y no había nadie allí para defenderme. Todos mis hermanos estaban en Cuba.

Estaba de pie, y vestida, antes del amanecer. Lucía bella, pero espectral, en su vestido claro y largo, sus ojos verdes y fijos, las trenzas negras como un halo en la cabeza. Me parecía muy alta—más que Martín y más que la negra—quizás porque se iba afinando para morir.

—¡Criada de servir!—reiteró otro día—. Ninguno de los míos ha sido jamás criado. ¡No quiera Dios que lo sea!

Mi tío Martín volvió al día siguiente por la noche. Mi madre parecía animada. Por Romalia, una vecina, Sol le había enviado un recado esa mañana. Otra vez estaba al llegar un barco.

—He aplazado el viaje a Artemisa—le dijo a mi tío—. Hoy es sábado. Quiero pasar aquí el domingo, y quizás me quede una semana más. Por otro lado, el niño irá con Sol. Allí tiene más espacio. No quiero dejarlo encerrado en un cuartucho como el tuyo, como una tumba . . .

Los dos callaron. Martín bajó los párpados y salió doblegado. Al salir me miró con tristeza, pero no la miró a ella. ¡No la volvió a ver viva!

Por la mañana, Sabina, la negra, llamó tímidamente a la puerta del tabique.

—Teresa, Teresa, ¿tú estás bien?

Yo había dormido como drogado. Quizás lo estuviera. Al acostarme, me había dado un cocimiento de hojas. A veces, en sueño, me parecía oírla toser, pero no estaba seguro. Mi sueño era pesado. A veces también tenía sueños y creía oír lamentos, pero no podía saber si eran reales o imaginarios. Mi madre, por la mañana, estaba de pie, peinada, con una amplia, fina y limpia y almidonada bata floreada. Abrió un poco la puertecita y miró muy dignamente a la negra:

—Sí, gracias Sabina. Estoy bien. Solamente que tuve una pesa- 5 dilla—. Y repitió: —¡Gracias, Sabina!

Nunca le había oído decir que estuviera enferma. Nunca había venido el médico. A veces se ausentaba una mañana o una tarde enteras. Ultimamente—me decía—cosía también *en* la calle: no solamente *para* la calle.   10

—He dejado el viaje al campo para otra semana. Tengo que terminar aquí unos vestidos.

Hablaba sin mirarme y se movía con cuidado como si temiera que algo fuera a rompérsele. Se sentó a la máquina y empezó a orillar una tela. A ratos paraba, miraba fijamente al campo por 15 la puerta. Una vez me sorprendió observándola, y me dijo muy severa:

—Anda, toma tu leche y vete a jugar. Luego tienes que ir *con* la maestra.[1]

Yo no iba a la escuela. El aula estaba lejos; la maestra vivía 20 enfrente y me daba clases después del almuerzo y la comida.

—¡Y ten cuidado!—añadió mi madre—. No te vayan a dar otra pedrada.

Yo salí al placel, pero no a jugar. Me tumbé entre la hierba y empecé a olfatear, como los perros. Mi olfato era excepcional- 25 mente agudo y algunos vecinos lo sabían, y se extrañaban. Un día dije que un cuarto olía a cadáver y, tres días después, se murió allí una anciana. Mi madre lo sabía.

Cuando regresé, a mediodía, Sabina estaba con ella. Estaban examinando y clasificando piezas de costura. Con ellas estaba 30 Romalia. Ésta era una mujer flaca y cetrina y sin dientes, con un pequeño vientre redondo delante. Mi madre le dijo, dándole un paquete:

—Lleva esto a mi hermana Sol. Dile que venga por aquí mañana.
                                                                        35
Se volvió para explicar a Sabina:

—Mi media hermana. Hermanos, no tengo más que uno: Antón, que trabaja con ella en el jardín. Pero medios hermanos tengo

[1] *ir . . . maestra* to go to the teacher's

varios regados por ahí: Martín, allá abajo, en una saquería; Javier, rodando en su carro de mulas; y Sol, en Jesús del Monte . . . ¡Romanes por todas partes!

Trató de sonreír, pero ya su sonrisa no era más que una mueca.
5 Estaba horriblemente pálida y los afeites que se había puesto hacían resaltar aún más su lividez. Pero se esforzaba por parecer firme y erguida. Dijo viéndome a la puerta:

—Y éste. Éste también se llama Román. No tiene otro apellido . . . ¡Ni falta que le hace! [2]
10 Y añadió para sí en un tono profundo y rencoroso:

—¡Semejante renacuajo!

Las otras—Sabina, Romalia—la escuchaban calladas, quietas, fingiéndose impasibles. Pero sus ojos iban de ella a mí. Mi madre repitió:
15 —Eso era su padre: ¡un renacuajo! Yo no sé cómo . . . ¡Pero que Dios me perdone!

Bajó la vista, cruzando las manos sobre el pecho.

—¡Y que Dios lo perdone también a él!

Su voz se había ido suavizando; ella misma se encorvó un poco.
20 Se dió cuenta, se irguió de nuevo, dijo con voz forzada y casi imperiosa:

—Anda, Romalia. Lleva eso. Dile a Sol que venga mañana. Quizás salgo un día de éstos para el campo . . .

Romalia retrocedió poco a poco, mirándonos, extrañada. Salió
25 por el cuarto de Sabina. Ésta se quedó sentada en el taburete, cerca de la máquina inclinándose a un lado y a otro para mirarnos. Mi madre me dijo luego:

—He pensado que quizás me quede algún tiempo en Artemisa. Me ofrecen mejor trabajo. En tanto ¿con quién quieres quedarte?
30 ¿Con tu tía Sol o con tu tío Martín? Sol tiene campo, flores . . .

Estaba anocheciendo. Fué hasta la puerta y miró, callada, largo tiempo, al campo. Al volverse me pareció que tenía los ojos húmedos, pero no me dejó mirarlos. Se fué al fondo y se puso a servir la comida de cantina. Empezó a canturrear.
35 Al otro día por la mañana vino tía Sol. No era en nada parecida a mi madre. Era mayor, algo rubia, ancha y rústica. También su voz era tosca y quebrada. Miraba a mi madre con la misma expresión de extrañeza y compasión que las vecinas.

[2] ¡Ni . . . hace! Nor does he need more!

—Voy a esperar una semana más—dijo mi madre—. Hoy estamos a veinte. El veintisiete llega el *Alfonso XII*, ¿verdad?

Me vió y cambió de tema:

—Si demoro por allá, ya tú sabes. Lo mandas a la escuela. Tendrá que estudiar. Nunca le gustará mucho doblar el lomo. 5

Luego se le escapó esta confidencia:

—Hoy me siento bien. Realmente, me siento mucho mejor. ¿Crees tú que en el *Alfonso*? . . .

Por primera vez me di (aunque aun vagamente) cuenta de la razón de sus variaciones, del abatimiento a la exaltación. Otra 10 vez el barco estaba en camino. Sol le dijo:

—Tú, del niño, no tengas cuidado. Nosotros sabremos cuidarlo.

—Y quizá no tengan que hacerlo—dijo mi madre, sonrojada, olvidándose de mi presencia—. Se lo he pedido mucho a Dios estos días.
                                                                    15
Pero un pensamiento ensombreció su semblante:

—Bien es verdad que quizás yo no me lo merezca. Algunos dicen que soy mala . . .

Trató de rehacerse. Se contrajo, se puso de pie, con una mueca. Todos los días cambiaba de vestido, y éste llevaba el más lindo. 20 Pero se estaba haciendo otro, y había comprado un frasco de perfume. Este perfume avivó en mi nariz cierto hálito todavía muy sutil, pero extraño, que empezaba a percibir en la casa. Me dije entonces, con la mente: Está decayendo; desde hace meses se viene gastando rápidamente; ahora está animada, parece más 25 joven, pero vuelve a apagarse fácilmente; se enciende y se apaga; ya no tiene músculos: sólo pie, huesos y tendones.

Sol se fué como de mala gana:

—Tú di la verdad . . . ¿cómo te sientes? ¿No quieres que me lo lleve todavía?
                                                                    30
Mi madre habló un poco como en delirio. No miraba a la gente y, a veces, sus palabras parecían dirigidas a alguien ausente.

—Lo que yo le estaba diciendo a Sabina—dijo—. En el mundo hay personas malas. Te atropellan, te vejan, te humillan. Y no hay quien les pida cuentas. ¿Dónde está la justicia? 35

Se sacudió la cabeza, se llevó las manos a las sienes y exclamó por lo bajo:

—¡Que Dios me perdone!

Después de un silencio concluvó:

—No. No te lo lleves todavía. Vamos a esperar una semana. Quiero que me hagas ese favor una vez más. Que vayas al muelle . . .

Sol se fué moviendo su cabeza pequeña sobre su cuello corto. 5 La vi apretar los puños y le oí decir, como para sí, cuando salía:

—¡Pobre hermana! ¡Tantas desgracias, no se las tenía mere-cidas!

Mi madre no la siguió. No pudo oírla. Estaba de espalda a la puerta de cara a la del tabique. Al otro lado la máquina de Sabina 10 había dejado de zumbar. Dijo mi madre sin volverse:

—Coge ese paquete que está en la silla. Es el vestido de la del once. Llévaselo.

Salí, pero me quedé por la parte de afuera, escuchando. Entonces sentí entrar a Sabina.

15 —Hoy se te ha visto mucho mejor—dijo la negra—. Pero, en tu lugar, yo no esperaría más para ir al hospital. Allí estarás mejor atendida.

Hubo un silencio y mi madre repuso:

—Quiero estirar el tiempo lo posible. Quiero ver al niño. Pero no 20 quiero que él me vea fea y descompuesta. Quiero que me recuerde como yo soy, . . . como yo era. Cuando vuelva estaré remozada. Estaré hecha otra moza—hizo una pausa—. Pero todavía no es seguro que me vaya. Todavía puede ocurrir algo, tú sabes . . .

25 Al regreso la encontré encorvada, agarrada con las manos al borde de la mesa. Luego se metió detrás de la cortina y por largo rato la sentí respirar trabajosamente. Pero el día siguiente amaneció repuesta y con el vestido nuevo que se había hecho. Tía Sol vino pronto muy animada y hablaron en voz baja. Luego Sol 30 salió muy apurada y mi madre quedó como expectante. Le había vuelto el brillo a los ojos y se movía con una soltura que no le había visto en muchos meses. Se duchó, se volvió a poner el vestido nuevo, se aplicó los afeites. Después se sentó otra vez a la máquina y empezó a canturrear.

35 En toda la tarde no volvió a hablar de mi vuelta al reparto. Sabina entreabrió la puerta y la observó con asombro. Dijo mi madre:

—Entra, Sabina, entra. Tú sabes, me siento muy bien. Y creo que vamos a tener visita.

No explicó más nada. Yo entraba y salía y, durante varias horas, mi madre pareció no darse cuenta de mi presencia. Le dijo a Sabina:

—Tú sabes, Sabina, nadie puede ser juez de nadie. Cada uno tiene su alma y a veces no es lo que otros piensan. Si tenemos visita, vamos a invitarte a la fiesta. Porque vamos a dar una fiestecita. ¡Sabina, tú eres buena amiga!

Entonces vi que lloraba, pero era de alegría. La negra miraba a un lado y a otro como si temiera ver fantasmas.

—Lo que te digo—dijo mi madre—. Mi hermana Sol tuvo noticias de que cierto *personaje* viene en el *Alfonso XII*. Y si eso es cierto . . .

En ese momento miró hacia la puerta, se contuvo, cambió para un tono más bajo y receloso:

—No quiero ser soberbia. Soy como los chinos. Esperemos. ¿Sabes tú cómo se llama este niño? *Román* es su segundo apellido. Pero debe tener otro. Todas las personas tienen dos apellidos. ¿Por qué había de ser él menos que otras personas? Su otro apellido es Pérez. Mi hermana dice que viene cierto personaje en el *Alfonso*. Y si viene, yo sé por qué. ¡Tú verás, Sabina, tú verás, cómo todo se arregla todavía!

Yo estaba aplanado en el suelo, detrás de la cortina, olfateando. Ella no parecía sentir mi presencia.

—¡Tú verás, Sabina, tú verás!—dijo mi madre.

La negra cerró lentamente la puerta, como se hace con los enfermos, pero atemorizada. Yo di la vuelta a la cuadra, entré por la calle y me asomé a la puerta de Sabina. Ésta estaba recogiendo la costura, y diciendo, sola:—Un personaje . . . cierto personaje . . . ¡La pobre! ¡Delira!

Me vió y calló. Yo seguí corriendo. Algo (quizás aquel olor nuevo) me agitaba. Al volver al cuarto mi madre había encendido todas las luces. Me mandó ducharme y me puso el mejor traje. Explicó tan sólo:

—Ponte eso, siquiera hoy, que es domingo. Estás creciendo. ¿Para cuándo guardas la ropa? Además, quizás tengamos visita. ¡Ya verás, ya verás!

Estaba alborozada. Se había ido entonando más y más hasta que parecía francamente exaltada. Luego, de pronto, se quedó como paralizada. No ocurrió nada. No vino nadie. Se oía volar una mosca. Pero algún mensaje llegó a su alma, y cuando, horas después, volvió tía Sol, con la noticia (o la ausencia de noticias) estaba como endurecida para recibirla. Dijo mi tía:

—¡Es inútil, Teresa! Las cosas son como son. ¡No vale hacerse
5 ilusiones! Debe de haber sido un error. No viene para acá. ¡Se ha ido a Buenos Aires!

Mi madre estaba de pie y la miró impasible. En las últimas horas, su rostro, antes encendido, se había ido consumiendo, hasta un grado espectral. No era ya un rostro; era una máscara. Pero su
10 voz todavía pronunció con firmeza:

—¡Está bien, hermana! Ahora, llévate el niño. ¡Creo que voy a ir a ese lugar donde me llaman!

Por el momento (y por algún tiempo más) esa imagen de mi madre persistió en mi mente. Pero luego se fué disipando y, en
15 su lugar, reapareció aquella otra que ella había querido dejarme cuando dijo:

—No quiero que me recuerde fea y descompuesta. Quiero que me recuerde como yo soy . . . como yo era.

PREGUNTAS

1. ¿Cuándo empezó todo según el autor del cuento?
2. ¿Qué día era y qué le había hecho su madre?
3. ¿Qué empezó a hacer su madre ese día?
4. ¿Por qué vino la tía Sol?
5. ¿Qué traía ella?
6. ¿Cómo reaccionó la madre?
7. ¿Qué pasó cuando regresó la tía?
8. ¿Qué había de ir observando el chico del cuento?
9. ¿Qué sabía él sin explicárselo?
10. ¿Decía su madre que estaba enferma?
11. ¿Qué es lo que no dejaba nunca?
12. ¿A quién trajo para la sala?
13. ¿Dónde trabajaba ahora la madre?
14. ¿Salía mucho de casa?
15. ¿Por qué iba a mandar al hijo con su tía o con su tío Martín?
16. ¿Qué creen los otros tíos de la madre?
17. ¿Qué dijo el tío Martín al despedirse?
18. ¿Quién es el «Adán»?
19. Cuando ocurrió aquello ¿por qué no tuvo la madre defensores?
20. Después de la visita del tío Martín ¿cómo parecía estar la madre?
21. ¿Qué recado le había mandado la tía Sol?

22. ¿Cómo explicó la madre a Sabina la mala noche que había pasado?
23. ¿Por qué no iba el hijo a la escuela?
24. ¿Por qué se extrañaban los vecinos del olfato del niño?
25. ¿Quiénes son los Romanes?
26. ¿Cuánto tiempo más va a esperar la madre antes de ir al campo?
27. En caso de que ella se demore por allá ¿qué hará la tía Sol con el niño?
28. ¿Cuándo pasó la madre del abatimiento a la exaltación?
29. ¿Cómo sabía el niño que su madre estaba decayendo?
30. ¿A quién parecían dirigidas sus palabras?
31. ¿Cuánto tiempo va a esperar antes de que se vaya el niño?
32. ¿Qué favor le pide a la tía Sol?
33. Cuando el niño se queda escuchando ¿qué oye decir a Sabina?
34. ¿Por qué quiere la madre estirar el tiempo todo lo posible?
35. Si tiene visita ¿qué va a hacer la madre?
36. ¿Cuál es el otro apellido del niño?
37. ¿Qué noticia trajo la tía Sol?
38. ¿Cómo era su rostro cuando dijo a Sol que se llevara al niño?
39. ¿Qué imagen persistió por algún tiempo en la mente del niño?
40. ¿Qué imagen reapareció más tarde?

Demetrio Aguilera Malta

ECUADOR

ECUADOR has produced a compactly realistic narrative literature. The majority of its writers have been militant Socialists and Communists who write against the injustices of the social system: Benjamín Carrión, Humberto Salvador, Alfredo Pareja Díez-Canseco, José de la Cuadra, Demetrio Aguilera Malta, Enrique Gil Gilbert, Joaquín Gallegos Lara, Gerardo Gallegos, G. Humberto Mata, Jorge Icaza, Jorge Fernández, and Adalberto Ortíz.

Crude language, exaggeration of the somber, sordid side of life, courage in exposing the disgraceful social conditions in Ecuador, sincerity in their combativeness—all these characteristics give this literature a higher moral than artistic value. From the Ecuadorean scene the authors of such literature chose certain themes that they considered strong and worthy, and they composed novels and short stories of patient, long-suffering Indians, of hateful landowners, of miserable peons of the coast and of the sierra, of dirty cities, of predatory animals, and of epidemics and disasters. Demetrio Aguilera Malta (1905–   ) prefers to tell of the sufferings of the Indians, mestizos, mulattoes, and *zambos* of the Ecuadorean countryside. Generally he chooses pathetic, dramatic situations, where the social problem rather than the psychological aspect is predominant. He began his career in 1930 with a collection of stories, *Los que*

144

se van, done in collaboration with Gallegos Lara and Gil Gilbert. This book attracted considerable attention because of the crudity and brutality of the descriptions of human passions and Nature's violence. Later Aguilera Malta continued in the same vein with increasingly perfected techniques in such works as *Don Goyo* (1933), *Canal Zone* (1935), and *La isla virgen* (1942). In "El cholo que se vengó" the surprise ending is apparent if one realizes that the readers of these Ecuadorean stories always expect the stories to end tragically. The title suggests brutal vengeance and physical retribution. It is, therefore, surprising that the vengeance, of unexpected psychological subtlety, should consist only in "live and let live." Paradoxically the climax is an anticlimax.

El cholo que se vengó

—Tei amao como naide, ¿sabés vos? Por ti mey hecho marinero y hey viajao por otras tierras . . . Por ti hey estao a punto e ser criminal y hasta hey abandonao a mi pobre vieja; por ti, que me habís engañao y te habís burlao e mí . . . Pero mey vengao: todo lo que te pasó ya lo sabía yo dende antes. Por eso 5 te dejé ir con ese borracho que hoy te alimenta con golpes a vos y a tus hijos!

La playa se cubría de espumas. Allí el mar azotaba con furor. Y las olas enormes caían, como peces multicolores, sobre las piedras. Andrea lo escuchaba en silencio. 10

—Si hubiera sío otro . . . ¡Ah! . . . Lo hubiera desafiao ar machete a Andrés y lo hubiera matao . . . Pero no. Er no tenía la curpa. La única curpable eras vos que me habías engañao. Y tú eras la única que debía sufrir así como hey sufrío yo . . .

Una ola como raya inmensa y transparente cayó a sus pies in- 15 terrumpiéndole. El mar lanzaba gritos ensordecedores. Para oír a Melquíades ella había tenido que acercársele mucho. Por otra parte el frío . . .

—¿Te acordás de cómo pasó? Yo, lo mesmo como si juera ayer. Tábamos chicos; nos habíamos criao juntitos. Tenía que ser lo que jué. ¿Te acordás? Nos palabriamos, nos íbamos a casar . . . De repente me llaman pa trabajá en la barsa e don Guayamate. Y yo que quería plata, me juí. Tú hasta lloraste, creo. Pasó un mes. Yo andaba po er Guayas, con una madera, contento e regresar pronto . . . Y entonce me lo dijo er Badulaque: vos te habías largao con Andrés. No se sabía nada e ti. ¿Te acordás?

El frío era más fuerte. La tarde más oscura. El mar empezaba a calmarse. Las olas llegaban a desmayar suavemente en la orilla. A lo lejos asomaba una vela de balandra.

—Sentí pena y coraje. Hubiera querío matarlo a er. Pero después vi que lo mejor era vengarme: Yo conocía a Andrés. Sabía que con er sólo te esperaban er palo y la miseria. Así que er sería mejor quien me vengaría . . . ¿Después? Hey trabajao mucho, muchísimo. Nuei querío saber más de vos. Hey visitao muchas ciudades; hey conocido muchas mujeres. Sólo hace un mes ije; ¡andá ver tu obra!

El sol se ocultaba tras los manglares verdinegros. Sus rayos fantásticos danzaban sobre el cuerpo de la chola, dándole colores raros. Las piedras parecían coger vida. El mar se dijera una llanura de flores policromas.

—Tey hallao cambiada, ¿sabés vos? Estás fea; estás flaca; andás sucia. Ya no vales pa nada. Sólo tienes que sufrir viendo cómo te hubiera ido conmigo y cómo estás ahora, ¿sabés vos? Y andavete, que ya tu marío ha destar esperando la merienda, andavete que sinó tendrás hoy una paliza . . .

La vela de la balandra crecía. Unos alcatraces cruzaban lentamente por el cielo. El mar estaba tranquilo y callado y una sonrisa extraña plegaba los labios del cholo que se vengó.

PREGUNTAS

1. ¿Qué ha hecho el personaje del cuento por el amor de la mujer a quien habla?
2. ¿Por qué se cree vengado?
3. ¿Dónde tiene lugar la acción del cuento?
4. ¿Cuándo se conocieron los dos amantes?
5. ¿Cuándo se palabrearon?
6. ¿Adónde fué a trabajar Melquíades?

7. ¿Qué supo Melquíades después de un mes de ausencia y cómo lo supo?
8. ¿Por qué no mató a Andrés para vengarse?
9. ¿Cómo ha encontrado el cholo a su antigua amante?
10. ¿Cómo va a sufrir ella ahora?
11. ¿Cómo se ha vengado el cholo?

Arturo Uslar Pietri

VENEZUELA

AFTER World War I the vanguardist literary tendencies—cubism, futurism, dadaism, surrealism—reached Spanish America and changed literary style. These tendencies had inspired a new art of the metaphor, in which widely dissimilar objects of the real world were mixed violently and fused in the heat of a burning imagination. In Venezuela it was Arturo Uslar Pietri (1906–   ), in his *Barrabás y otros cuentos* (1928), who first built his stories with this metaphorical innovation. He depicted, to be sure, the Venezuelan scene, but his realism had an air of magic about it. Quickly a group of young Venezuelan short-story writers formed whose members, not being able to deny the reality around them or desiring to copy it, hit upon the device of depicting poetically the things they saw. These were Guillermo Meneses, Ramón Díaz Sánchez, Julián Padrón, and José Fabbiani Ruiz.

Uslar Pietri later published two collections of short stories, *Red* (1936) and *Treinta hombres y sus sombras* (1949), an excellent historical novel, *Las lanzas coloradas* (1936), and a novelized biography of the *conquistador*, López de Aguirre, *El camino de El Dorado* (1948). In "La lluvia" we appreciate the originality of his "magic realism," to use the term coined by the German critic, Franz Roh, in his study of one phase of contemporary art. Everyday objects appear enveloped

148

in such a strange atmosphere that, although recognizable, they shock us as if they were fantastic. Reality is so subjectively treated that frequently the reader seems to be following the scenes of a dream or the symbols of an allegory. The words are so vague that the reader feels that, even between the lines, there is a wealth of suggestion. The drought is not visible; yet it is felt and lived. The child, Cacique, has a mysterious power like that of an elf or a gnome. The sorrow of the elderly couple caused by the disappearance of the child is suggested by the rain once so longed for and, having come in abundance, so unimportant and unnoticed.

La lluvia

La luz de la luna entraba por todas las rendijas del rancho y el ruido del viento en el maizal, compacto y menudo como de lluvia. En la sombra acuchillada de láminas claras oscilaba el chinchorro lento del viejo zambo; acompasadamente chirriaba la atadura de la cuerda sobre la madera y se oía la respiración 5 corta y silbosa de la mujer que estaba echada sobre el catre del rincón.

La patinadura del aire sobre las hojas secas del maíz y de los árboles sonaba cada vez más a lluvia poniendo un eco húmedo en el ambiente terroso y sólido. 10

Se oía en lo hondo, como bajo piedra, el latido de la sangre girando ansiosamente.

La mujer sudorosa e insomne prestó oído, entreabrió los ojos, trató de adivinar por las rayas luminosas, atisbó un momento, miró el chinchorro, quieto y pesado, y llamó con voz agria: 15

—¡Jesuso!

Calmó la voz esperando respuesta y entretanto comentó alzadamente.

—Duerme como un palo. Para nada sirve. Si vive como si estuviera muerto . . . 20

El dormido salió a la vida con la llamada, desperezóse y preguntó con voz cansina:

—¿Qué pasa Usebia? ¿Qué escándalo es ése? ¡Ni de noche puedes dejar en paz a la gente!

5 —Cállate, Jesuso, y oye.

—¿Qué?

—Está lloviendo, lloviendo, ¡Jesuso! y ni lo oyes. ¡Hasta sordo te has puesto!

Con esfuerzo, malhumorado, el viejo se incorporó, corrió a la 10 puerta, la abrió violentamente y recibió en la cara y en el cuerpo medio desnudo la plateadura de la luna llena y el soplo ardiente que subía por la ladera del conuco agitando las sombras. Lucían todas las estrellas.

Alargó hacia la intemperie la mano abierta, sin sentir una gota.
15 Dejó caer la mano, aflojó los músculos y recostóse del marco de la puerta.

—¿Ves, vieja loca, tu aguacero? Ganas de trabajar la paciencia.[1]

La mujer quedóse con los ojos fijos mirando la gran claridad que entraba por la puerta. Una rápida gota de sudor le cosquilleó 20 en la mejilla. El vaho cálido inundaba el recinto.

Jesuso tornó a cerrar, caminó suavemente hasta el chinchorro, estiróse y se volvió a oír el crujido de la madera en la mecida. Una mano colgaba hasta el suelo resbalando sobre la tierra del piso.

25 La tierra estaba seca como una piel áspera, seca hasta en el extremo de las raíces, ya como huesos; se sentía flotar sobre ella una fiebre de sed, un jadeo, que torturaba los hombres.

Las nubes oscuras como sombra de árbol se habían ido, se habían perdido tras de los últimos cerros más altos, se habían 30 ido como el sueño, como el reposo. El día era ardiente. La noche era ardiente, encendida de luces fijas y metálicas.

En los cerros y los valles pelados, llenos de grietas como bocas, los hombres se consumían torpes, obsesionados por el fantasma pulido del agua, mirando señales, escudriñando anuncios . . .
35 Sobre los valles y los cerros, en cada rancho, pasaban y repasaban las mismas palabras.

—Cantó el carrao. Va a llover . . .

—¡No lloverá!

---

[1] **Ganas . . . paciencia** You just want to annoy me

Se la daban como santo y seña de la angustia.²
—Ventó del abra. Va a llover . . .
—¡No lloverá!
Se lo repetían como para fortalecerse en la espera infinita.
—Se callaron las chicharras. Va a llover . . .
—¡No lloverá!
La luz y el sol eran de cal cegadora y asfixiante.
—Si no llueve, Jesuso, ¿qué va a pasar?
Miró la sombra que se agitaba fatigosa sobre el catre, comprendió su intención de multiplicar el sufrimiento con las palabras, quiso hablar, pero la somnolencia le tenía tomado el cuerpo, cerró los ojos y se sintió entrando en el sueño.

Con la primera luz de la mañana Jesuso salió al conuco y comenzó a recorrerlo a paso lento. Bajo sus pies descalzos crujían las hojas vidriosas. Miraba a ambos lados las largas hileras del maizal amarillas y tostadas, los escasos árboles desnudos y en lo alto de la colina, verde profundo, un cactus vertical. A ratos deteníase, tomaba en la mano una vaina de frijol reseca y triturábala con lentitud haciendo saltar por entre los dedos los granos rugosos y malogrados.

A medida que subía el sol, la sensación y el color de aridez eran mayores. No se veía nube en el cielo de un azul de llama. Jesuso, como todos los días, iba, sin objeto, porque la siembra estaba ya perdida, recorriendo las veredas del conuco, en parte por inconsciente costumbre, en parte por descansar de la hostil murmuración de Usebia.

Todo lo que se dominaba del paisaje, desde la colina, era una sola variedad de amarillo sediento sobre valles estrechos y cerros calvos, en cuyo flanco una mancha de polvo calcáreo señalaba el camino. No se observaba ningún movimiento de vida, el viento quieto, la luz fulgurante. Apenas la sombra si se iba empequeñeciendo. Parecía aguardarse un incendio.

Jesuso marchaba despacio, deteniéndose a ratos como un animal amaestrado, la vista sobre el suelo, y a ratos conversando consigo mismo.

—¡Bendito y alabado! ¿Qué va a ser de la pobre gente con esta

² Se . . . angustia They passed it back and forth as a password of their sad state.

sequía? Este año ni una gota de agua y el pasado fué un inviernazo que se pasó de aguado,[3] llovió más de la cuenta, creció el río,
acabó con las vegas, se llevó el puente . . . Está visto que no hay
manera [4] . . . Si llueve, porque llueve . . . Si no llueve, porque
5 no llueve . . .

Pasaba del monólogo a un silencio desierto y a la marcha
perezosa, la mirada por tierra, cuando sin ver sintió algo inusitado
en el fondo de la vereda y alzó los ojos.

Era el cuerpo de un niño. Delgado, menudo, de espaldas, en
10 cuclillas, fijo y abstraído mirando hacia el suelo.

Jesuso avanzó sin ruido, y sin que el muchacho lo advirtiera,
vino a colocársele por detrás, dominando con su estatura lo que
hacía. Corría por tierra culebreando un delgado hilo de orina,
achatado y turbio de polvo en el extremo, que arrastraba algunas
15 pajas mínimas. En ese instante, de entre sus dedos mugrientos, el
niño dejaba caer una hormiga.

—Y se rompió la represa . . . y ha venido la corriente . . .
bruuum . . . bruuuum bruuuuuum . . . y la gente corriendo
. . . y se llevó la hacienda de tío sapo . . . y después el hato de
20 tía tara . . . y todos los palos grandes . . . zaaaas . . . bruu-
uuum . . . y ahora tía hormiga metida en esa aguazón . . .

Sintió la mirada, volvióse bruscamente, miró con susto la cara
rugosa del viejo y se alzó entre colérico y vergonzoso.

Era fino, elástico, las extremidades largas y perfectas, el pecho
25 angosto, por entre el dril pardo la piel dorada y sucia, la cabeza
inteligente, móviles los ojos, la nariz vibrante y aguda, la boca
femenina. Lo cubría un viejo sombrero de fieltro, ya humano de
uso,[5] plegado sobre las orejas como bicornio, que contribuía a
darle expresión de roedor, de pequeño animal inquieto y ágil.

30 Jesuso terminó de examinarlo en silencio y sonrió.

—¿De dónde sales, muchacho?

—De por ahí . . .

—¿De dónde?

—De por ahí . . .

35 Y extendió con vaguedad la mano sobre los campos que se
alcanzaban.

[3] un . . . aguado a terrible winter that was excessively wet
[4] Está . . . manera It's plain to be seen that there's no way out
[5] ya . . . uso almost a part of him from constant use

—¿Y qué vienes haciendo?

—Caminando.

La impresión de la respuesta dábale cierto tono autoritario y alto, que extrañó al hombre.

—¿Cómo te llamas? 5

—Como me puso el cura.

Jesuso arrugó el gesto, desagradado por la actitud terca y huraña.

El niño pareció advertirlo y compensó las palabras con una expresión confiada y familiar. 10

—No seas malcriado—comenzó el viejo, pero desarmado por la gracia bajó a un tono más íntimo—. ¿Por qué no contestas?

—¿Para qué pregunta?—replicó con candor extraordinario.

—Tú escondes algo. O te has ido de casa de tu taita.

—No, señor. 15

Preguntaba casi sin curiosidad, monótonamente, como jugando un juego.

—O has echado alguna lavativa.⁶

—No, señor.

—O te han botado por maluco. 20

—No, señor.

Jesuso se rascó la cabeza y agregó con sorna:

—O te empezaron a comer las patas ⁷ y te fuístes, ¿ah, vagabundito?

El muchacho no respondió, se puso a mecerse sobre los pies, 25 los brazos a la espalda, chasqueando la lengua contra el paladar.

—¿Y para dónde vas ahora?

—Para ninguna parte.

—¿Y qué estás haciendo? 30

—Lo que usted ve.

—¡Buena cochinada!

El viejo Jesuso no halló más que decir; quedaron callados frente a frente,⁸ sin que ninguno de los dos se atreviese a mirarse a los ojos. Al rato, molesto por aquel silencio y aquella quietud que no 35 hallaba cómo romper, empezó a caminar lentamente como un

---

⁶ O . . . lavativa Or you have caused some trouble
⁷ O . . . patas Or you began to get itchy feet
⁸ frente a frente facing each other

animal enorme y torpe, casi como si quisiera imitar el paso de un animal fantástico, advirtió que lo estaba haciendo, y lo ruborizó pensar que pudiera hacerlo para divertir al niño.

—¿Vienes? —le preguntó simplemente. Calladamente el mu-
5 chacho se vino siguiéndolo.

En llegando a la puerta del rancho halló a Usebia atareada encendiendo fuego. Soplaba con fuerza sobre un montoncito de maderas de cajón y papeles amarillos.

—Usebia, mira—llamó con timidez—. Mira lo que ha llegado.
10 —Ujú—gruñó sin tornarse, y continuó soplando.

El viejo tomó al niño y lo colocó ante sí, como presentándolo, las dos manos oscuras y gruesas sobre los hombros finos.

—¡Mira, pues!

Giró agria y brusca y quedó frente al grupo, viendo con esfuerzo
15 por los ojos llorosos de humo.

—¿Ah?

Una vaga dulzura le suavizó lentamente la expresión.

—Ajá. ¿Quién es?

Ya respondía con sonrisa a la sonrisa del niño.
20 —¿Quién eres?

—Pierdes tu tiempo en preguntarle, porque este sinvergüenza no contesta.

Quedó un rato viéndolo, respirando su aire, sonriéndole, pareciendo comprender algo que escapaba a Jesuso. Luego muy
25 despacio se fué a un rincón, hurgó en el fondo de una bolsa de tela roja y sacó una galleta amarilla, pulida como metal de dura y vieja. La dió al niño y mientras éste mascaba con dificultad la tiesa pasta, continuó contemplándolos, a él y al viejo alternativamente, con aire de asombro, casi de angustia.
30 Parecía buscar dificultosamente un fino y perdido hilo de recuerdo.

—¿Te acuerdas, Jesuso, de Cacique? El pobre.

La imagen del viejo perro fiel desfiló por sus memorias. Una compungida emoción los acercaba.
35 —Ca-ci-que . . . —dijo el viejo como aprendiendo a deletrear.

El niño volvió la cabeza y lo miró con su mirada entera y pura. Miró a su mujer y sonrieron ambos tímidos y sorprendidos.

A medida que el día se hacía grande y profundo, la luz situaba la imagen del muchacho dentro del cuadro familiar y pequeño del rancho. El color de la piel enriquecía el tono moreno de la tierra pisada, y en los ojos la sombra fresca estaba viva y ardiente.

Poco a poco las cosas iban dejando sitio y organizándose para 5 su presencia. Ya la mano corría fácil sobre la lustrosa madera de la mesa, el pie hallaba el desnivel del umbral, el cuerpo se amoldaba exacto al butaque de cuero y los movimientos cabían con gracia en el espacio que los esperaba.

Jesuso, entre alegre y nervioso, había salido de nuevo al campo 10 y Usebia se atareaba, procurando evadirse de la soledad frente al ser nuevo. Removía la olla sobre el fuego, iba y venía buscando ingredientes para la comida, y a ratos, mientras le volvía la espalda, miraba de reojo al niño.

Desde donde lo vislumbraba quieto, con las manos entre las 15 piernas, la cabeza doblada mirando los pies golpear el suelo, comenzó a llegarle un silbido menudo y libre que no recordaba música.

Al rato preguntó casi sin dirigirse a él:

—¿Quién es el grillo que chilla? 20

Creyó haber hablado muy suave, porque no recibió respuesta sino el silbido, ahora más alegre y parecido a la brusca exaltación del canto de los pájaros.

—¡Cacique!—insinuó casi con vergüenza—. ¡Cacique!

Mucho gozo le produjo al oír el ¡ah! del niño. 25

—¿Cómo que te está gustando el nombre?

Una pausa y añadió:

—Yo me llamo Usebia.

Oyó como un eco apagado:

—Velita de sebo [9] . . . 30

Sonrió entre sorprendida y disgustada.

—¿Cómo que te gusta poner nombres?

—Usted fué quien me lo puso a mí.

—Verdad es.

Iba a preguntarle si estaba contento, pero la dura costra que 35 la vida solitaria había acumulado sobre sus sentimientos le hacía difícil, casi dolorosa, la expresión.

[9] **Velita de sebo** *Literally* tallow candle, *but the child is attempting to make a rhyme between* Usebia *and* sebo.

Tornó a callar y a moverse mecánicamente en una imaginaria tarea, eludiendo los impulsos que la hacían comunicativa y abierta. El niño recomenzó el silbido.

La luz crecía, haciendo más pesado el silencio. Hubiera querido
5 comenzar a hablar disparatadamente de todo cuanto le pasaba por la cabeza, o huir a la soledad para hallarse de nuevo consigo misma.

Soportó callada aquel vértigo interior hasta el límite de la tortura, y cuando se sorprendió hablando ya no se sentía ella,
10 sino algo que fluía como la sangre de una vena rota.

—Tú vas a ver cómo todo cambiará ahora, Cacique. Ya yo no podía aguantar más a Jesuso . . .

La visión del viejo oscuro, callado, seco, pasó entre las palabras. Le pareció que el muchacho había dicho «lechuzo,» [10] y sonrió
15 con torpeza, no sabiendo si era la resonancia de sus propias palabras.

— . . . no sé como lo he aguantado toda la vida. Siempre ha sido malo y mentiroso. Sin ocuparse de mí . . .

El sabor de la vida amarga y dura se concentraba en el recuerdo
20 de su hombre, cargándolo con las culpas que no podía aceptar.

— . . . ni el trabajo del campo lo sabe con tantos años. Otros hubieran salido de abajo y nosotros para atrás y para atrás. Y ahora este año, Cacique . . .

Se interrumpió suspirando y continuó con firmeza y la voz
25 alzada, como si quisiera que la oyese alguien más lejos:

— . . . no ha venido el agua. El verano se ha quedado viejo quemándolo todo. ¡No ha caído ni una gota!

La voz cálida en el aire tórrido trajo un ansia de frescura imperiosa, una angustia de sed. El resplandor de la colina tostada,
30 de las hojas secas, de la tierra agrietada, se hizo presente como otro cuerpo y alejó las demás preocupaciones.

Guardó silencio algún tiempo y luego concluyó con voz dolorosa:

—Cacique, coge esa lata y baja a la quebrada a buscar agua.

35 Miraba a Usebia atarearse en los preparativos del almuerzo y sentía un contento íntimo como si se preparara una ceremonia

---

[10] lechuzo *The same playful rhyme as in the previous note but between* Jesuso *and* Lechuzo

extraordinaria, como si acaso acabara de descubrir el carácter
religioso del alimento.

Todas las cosas usuales se habían endomingado, se veían más
hermosas, parecían vivir por primera vez.

—¿Está buena la comida, Usebia?   5

La respuesta fué tan extraordinaria como la pregunta.

—Está buena, viejo.

El niño estaba afuera, pero su presencia llegaba hasta ellos
de un modo imperceptible y eficaz.

La imagen del pequeño rostro agudo y huroneante, les pro- 10
vocaba asociaciones de ideas nuevas. Pensaban con ternura en
objetos que antes nunca habían tenido importancia. Alpargaticas
menudas, pequeños caballos de madera, carritos hechos con
ruedas de limón, metras de vidrio irisado.

El gozo mutuo y callado los unía y hermoseaba. También ambos 15
parecían acabar de conocerse, y tener sueños para la vida venidera. Estaban hermosos hasta sus nombres y se complacían en
decirlos solamente.

—Jesuso . . .

—Usebia . . .   20

Ya el tiempo no era un desesperado aguardar, sino una cosa
ligera, como fuente que brotaba.

Cuando estuvo lista la mesa, el viejo se levantó, atravesó la
puerta y fué a llamar al niño que jugaba afuera, echado por tierra,
con una cerbatana.   25

—¡Cacique, vente a comer!

El niño no lo oía, abstraído en la contemplación del insecto
verde y fino como el nervio de una hoja. Con los ojos pegados a
la tierra, la veía crecida como si fuese de su mismo tamaño, como
un gran animal terrible y monstruoso. La cerbatana se movía 30
apenas, girando sobre sus patas, entre la voz del muchacho, que
canturreaba interminablemente:

—«Cerbatana, cerbatanita, ¿de qué tamaño es tu conuquito?»

El insecto abría acompasadamente las dos patas delanteras,
como mensurando vagamente. La cantinela continuaba acom- 35
pañando el movimiento de la cerbatana, y el niño iba viendo cada
vez más diferente e inesperado el aspecto de la bestezuela, hasta
hacerla irreconocible en su imaginación.

—Cacique, vente a comer.

Volvió la cara y se alzó con fatiga, como si regresase de un largo viaje.

Penetró tras el viejo en el rancho lleno de humo. Usebia servía el almuerzo en platos de peltre desportillados. En el centro de la 5 mesa se destacaba blanco el pan de maíz, frío y rugoso.

Contra su costumbre, que era estarse lo más del día vagando por las siembras y laderas, Jesuso regresó al rancho poco después del almuerzo.

Cuando volvía a las horas habituales, le era fácil repetir gestos 10 consuetudinarios, decir las frases acostumbradas y hallar el sitio exacto en que su presencia aparecía como un fruto natural de la hora, pero aquel regreso inusitado representaba una tan formidable alteración del curso de su vida, que entró como avergonzado y comprendió que Usebia debía estar llena de sorpresa.

15 Sin mirarla de frente, se fué al chinchorro y echóse a lo largo. Oyó sin extrañeza cómo lo interpelaba.

—¡Ajá! ¿Como que arreció la flojera? [11]

Buscó una excusa.

—¿Y qué voy a hacer en ese cerro achicharrado?

20 Al rato volvió la voz de Usebia, ya dócil y con más simpatía.

—¡Tanta falta que hace el agua! Si acabara de venir un buen aguacero, largo y bueno. ¡Santo Dios!

—La calor es mucha y el cielo purito. No se mira venir agua de ningún lado.

25 —Pero si lloviera se podría hacer otra siembra.

—Sí, se podría.

—Y daría más plata, porque se ha secado mucho conuco.

—Sí, daría.

—Con un solo aguacero se pondría verdecita toda esa falda.

30 —Y con la plata podríamos comprarnos un burro, que nos hace mucha falta. Y unos camisones para tí, Usebia.

La corriente de ternura brotó inesperadamente y con su milagro hizo sonreír a los viejos.

—Y para tí, Jesuso, una buena cobija que no se pase.

35 Y casi en coro los dos:

—¿Y para Cacique?

—Lo llevaremos al pueblo para que coja lo que le guste.

[11] ¿Como . . . flojera? So, your laziness was too much for you, eh?

La luz que entraba por la puerta del rancho se iba haciendo tenue, difusa, oscura, como si la hora avanzase y sin embargo no parecía haber pasado tanto tiempo desde el almuerzo. Llegaba brisa teñida de humedad que hacía más grato el encierro de la habitación.

Todo el medio día lo habían pasado casi en silencio, diciendo sólo, muy de tiempo en tiempo, algunas palabras vagas y banales por las que secretamente y de modo basto asomaba un estado de alma nuevo, una especie de calma, de paz, de cansancio feliz.

—Ahorita está oscuro—dijo Usebia, mirando el color ceniciento que llegaba a la puerta.

—Ahorita—asintió distraídamente el viejo.

E inesperadamente agregó:

—¿Y qué se ha hecho Cacique en toda la tarde? . . . Se habrá quedado por el conuco jugando con los animales que encuentra. Con cuanto bichito mira, se para y se pone a conversar como si fuera gente.

Y más luego añadió, después de haber dejado desfilar lentamente por su cabeza todas las imágenes que suscitaban sus palabras dichas:

— . . . y lo voy a buscar, pues.

Alzóse del chinchorro con pereza y llegó a la puerta. Todo el amarillo de la colina seca se había tornado en violeta bajo la luz de gruesos nubarrones negros que cubrían el cielo. Una brisa aguda agitaba todas las hojas tostadas y chirriantes.

—Mira, Usebia—llamó.

Vino la vieja al umbral preguntando:

—¿Cacique está ahí?

—¡No! Mira el cielo negrito, negrito.

—Ya así se ha puesto otras veces y no ha sido agua.

Ella quedó enmarcada en la puerta y él salió al raso, hizo hueco con las manos y lanzó un grito lento y espacioso.

—¡Cacique! ¡Caciiiique!

La voz se fué con la brisa, mezclada al ruido de las hojas, al hervor de mil ruidos menudos que como burbujas rodeaban la colina.

Jesuso comenzó a andar por la vereda más ancha del conuco.

En la primera vuelta vió de reojo a Usebia, inmóvil, incrustada

en las cuatro líneas del umbral, y la perdió siguiendo las sinuo-
sidades.

Cruzaba un ruido de bestezuelas veloces por la hojarasca caída
y se oía el escalofriante vuelo de las palomitas pardas sobre el
5 ancho fondo del viento inmenso que pasaba pesadamente. Por
la luz y el aire penetraba una frialdad de agua.

Sin sentirlo, estaba como ausente y metido por otras veredas
más torcidas y complicadas que las del conuco, más oscuras y
misteriosas. Caminaba mecánicamente, cambiando de velocidad,
10 deteniéndose y hallándose de pronto parado en otro sitio.

Suavemente las cosas iban desdibujándose y haciéndose grises
y mudables, como de sustancia de agua.

A ratos parecía a Jesuso ver el cuerpecito del niño en cuclillas
entre los tallos del maíz, y llamaba rápido: —«Cacique»— pero
15 pronto la brisa y la sombra deshacían el dibujo y formaban otra
figura irreconocible.

Las nubes mucho más hondas y bajas aumentaban por segundos
la oscuridad. Iba a media falda de la colina y ya los árboles altos
parecían columnas de humo deshaciéndose en la atmósfera oscura.
20 Ya no se fiaba de los ojos, porque todas las formas eran sombras
indistintas, sino que a ratos se paraba y prestaba oído a los
rumores que pasaban.

—¡Cacique!

Hervía una sustancia de murmullos, de ecos, de crujidos, reso-
25 nante y vasta.

Había distinguido clara su voz entre la zarabanda de ruidos
menudos y dispersos que arrastraba el viento.

—Cerbatana, cerbatanita . . .

Era eso, eran sílabas, eran palabras de su voz infantil y no
30 el eco de un guijarro que rodaba, y no algún canto de pájaro
desfigurado en la distancia, ni siquiera su propio grito que regresaba decrecido y delgado.

—Cerbatana, cerbatanita . . .

Entre el humo vago que le llenaba la cabeza, una angustia fría
35 y aguda lo hostigaba acelerando sus pasos y precipitándolo loca-
mente. Entró en cuclillas, a ratos a cuatro patas, hurgando febril
entre los tallos del maíz, y parándose continuamente a no oír sino
su propia respiración, que resonaba grande.

Buscaba con rapidez que crecía vertiginosamente, con ansia
40 incontenible, casi sintiéndose él mismo, perdido y llamado.

—¡Cacique! ¡Caciiiiique!

Había ido dando vueltas entre gritos y jadeos, extraviado, y sólo ahora advertía que iba de nuevo subiendo la colina. Con la sombra, la velocidad de la sangre y la angustia de la búsqueda inútil, ya no reconocía en sí mismo al manso viejo habitual, sino un animal extraño presa de un impulso de la naturaleza. No veía en la colina los familiares contornos, sino como un crecimiento y una deformación inopinados que se la hacían ajena y poblada de ruidos y movimientos desconocidos.

El aire estaba espeso e irrespirable, el sudor le corría copioso y él giraba y corría siempre aguijoneado por la angustia.

—¡Cacique!

Ya era una cosa de vida o muerte hallar. Hallar algo desmedido que saldría de aquella áspera soledad torturadora. Su propio grito ronco parecía llamarlo hacia mil rumbos distintos, donde algo de la noche aplastante lo esperaba.

Era agonía. Era sed. Un olor de surco recién removido flotaba ahora a ras de tierra, olor de hoja tierna triturada.

Ya irreconocible, como las demás formas, el rostro del niño se deshacía en la tiniebla gruesa, ya no le miraba aspecto humano, a ratos no le recordaba la fisonomía, ni el timbre, no recordaba su silueta.

—¡Cacique!

Una gruesa gota fresca estalló sobre su frente sudorosa. Alzó la cara y otra le cayó sobre los labios partidos, y otras en las manos terrosas.

—¡Cacique!

Y otras frías en el pecho grasiento de sudor, y otras en los ojos turbios, que se empañaron.

—¡Cacique! ¡Cacique! ¡Cacique! . . .

Ya el contacto fresco le acariciaba toda la piel, le adhería las ropas, le corría por los miembros lasos.

Un gran ruido compacto se alzaba de toda la hojarasca y ahogaba su voz. Olía profundamente a raíz, a lombriz de tierra, a semilla germinada, a ese olor ensordecedor de la lluvia.

Ya no reconocía su propia voz, vuelta en el eco redondo de las gotas. Su boca callaba como saciada y parecía dormir marchando lentamente, apretado en la lluvia, calado en ella, acunado por su resonar profundo y vasto.

Ya no sabía si regresaba. Miraba como entre lágrimas al través de los claros flecos del agua la imagen oscura de Usebia, quieta entre la luz del umbral.

PREGUNTAS

1. ¿Por dónde entraba la luz de la luna?
2. ¿Quién dormía en el chinchorro y quién en el catre del rincón?
3. ¿Quién llamó a Jesuso y qué dijo?
4. ¿Qué hizo el viejo malhumorado?
5. ¿Cómo estaba la tierra?
6. ¿Qué pasaban y repasaban en cada rancho?
7. ¿Qué hizo Jesuso con la primera luz de la mañana?
8. ¿Cómo estaban el maizal, los árboles y los frijoles?
9. Si la siembra estaba ya perdida ¿por qué iba Jesuso al conuco?
10. ¿Cuánto tiempo había durado la sequía?
11. ¿Qué había pasado al año anterior?
12. ¿Qué vió ese día Jesuso en la vereda?
13. ¿Cómo era el chico?
14. ¿Qué preguntas hizo el viejo al niño?
15. ¿Cómo respondió el niño?
16. ¿Cuáles son las razones de la escapada del niño que sugiere el viejo?
17. Después de la conversación ¿qué pregunta el viejo?
18. ¿Qué hizo el niño en vez de contestar al viejo?
19. ¿Dónde estaba Usebia y qué hacía cuando llegaron los dos a la casa?
20. ¿Por qué dice Jesuso que no vale la pena hacer preguntas al niño?
21. ¿De quién se acuerda Usebia al mirar al niño?
22. ¿Qué nombre le puso Usebia al niño?
23. ¿Qué va a ver Cacique ahora según Usebia?
24. ¿Por qué no había estado contenta con Jesuso?
25. ¿Qué cambios en su vida notaba Jesuso?
26. ¿Qué los unía y hermoseaba?
27. ¿Qué tenían ahora para el futuro?
28. ¿Con qué estaba jugando Cacique cuando lo llamó Jesuso?
29. ¿Qué hizo Jesuso un día contra su costumbre?
30. ¿Qué podrían comprar con la plata de la segunda siembra en caso de que lloviera?
31. ¿Qué hacía Cacique cuando jugaba solo en el conuco?
32. Al salir a buscar a Cacique ¿cómo ve Jesuso el cielo?
33. ¿Qué parecía a ratos a Jesuso?
34. Cuando ya no se fiaba de los ojos ¿qué hacía?
35. ¿Por qué entró en cuclillas y a cuatro patas?
36. ¿Por qué no hizo caso Jesuso de la lluvia?
37. ¿A quién miraba entre lágrimas?

Hernando Téllez

COLOMBIA

COLOMBIA OFFERS today a number of outstanding essay-
ists, the senior one of which in both age and merits is
Baldomero Sanín Cano. The others are Germán Arcinie-
gas, Rafael Maya, Jorge Zalamea, and Hernando Téllez
(1908–   ). This last writer has also written excellent
short stories and merits a place in our anthology. His
book, *Inquietud del mundo*, showed a deep preoccupa-
tion for the destiny of man, who is beset by countless
social evils. Later, in another work, *Literatura*, Téllez
turned to esthetic themes and, moving among them
gracefully and skillfully, he revealed his literary preferences. These preferences he also shows in his short
stories. In his essay on "La servidumbre del estilo"
Téllez proposed that we not write like classic authors
but with a new language, everchanging and dependent
on the personal originality of every one of us. In his
essay on "La novela en Latinoamérica" he suggested that
the storyteller's art, instead of stressing the description
of the physical environment—the most typical feature of
Spanish American writing from the earliest chronicles
of the discovery to the naturalism of today—should turn
to more urbane themes in which "el hombre aparezca
enfrentado consigo mismo." The story we have chosen,
"Espuma y nada más," meets both requirements. Its prose
is rapid, sincere, unadorned, and its theme turns on an
adventure in a new *selva*, "la de las ciudades." The plot

163

concerns an intense and intimate conflict that takes place in a city barbershop. The story is written in the first person and reveals introspectively what goes on "inside" the narrator. However, the closing lines in a masterly manner create another character, a characteristic Spanish American type, the barbarous, cruel, brutal soldier, whose only claim to human greatness is his unbelievable physical courage. The story is an illustration of this cult of courage as the extreme manifestation of virility.

Espuma y nada más

No saludó al entrar. Yo estaba repasando sobre una badana la mejor de mis navajas. Y cuando lo reconocí me puse a temblar. Pero él no se dió cuenta. Para disimular continué repasando la hoja. La probé luego sobre la yema del dedo gordo y volví a 5 mirarla contra la luz. En ese instante se quitaba el cinturón ribeteado de balas de donde pendía la funda de la pistola. Lo colgó de uno de los clavos del ropero y encima colocó el kepis. Volvió completamente el cuerpo para hablarme y, deshaciendo el nudo de la corbata, me dijo: «Hace un calor de todos los demonios. 10 Aféiteme.» Y se sentó en la silla. Le calculé cuatro días de barba. Los cuatro días de la última excursión en busca de los nuestros. El rostro aparecía quemado, curtido por el sol. Me puse a preparar minuciosamente el jabón. Corté unas rebanadas de la pasta, dejándolas caer en el recipiente, mezclé un poco de agua tibia y 15 con la brocha empecé a revolver. Pronto subió la espuma. «Los muchachos de la tropa deben tener tanta barba como yo.» Seguí batiendo la espuma. «Pero nos fué bien, ¿sabe? Pescamos a los principales. Unos vienen muertos y otros todavía viven. Pero pronto estarán todos muertos.» «¿Cuántos cogieron?» pregunté. 20 «Catorce. Tuvimos que internarnos bastante para dar con ellos. Pero ya la están pagando. Y no se salvará ni uno, ni uno.» Se echó para atrás en la silla al verme con la brocha en la mano, rebosante de espuma. Faltaba ponerle la sábana. Ciertamente yo estaba aturdido. Extraje del cajón una sábana y la anudé al cuello de mi cliente. Él no cesaba de hablar. Suponía que yo era uno de los partidarios del orden. «El pueblo habrá escarmentado con lo del otro día,» dijo. «Sí,» repuse mientras concluía de hacer el nudo sobre la oscura nuca, olorosa a sudor. «¿Estuvo bueno, [5] verdad?» «Muy bueno,» contesté mientras regresaba a la brocha. El hombre cerró los ojos con un gesto de fatiga y esperó así la fresca caricia del jabón. Jamás lo había tenido tan cerca de mí. El día en que ordenó que el pueblo desfilara por el patio de la Escuela para ver a los cuatro rebeldes allí colgados, me crucé [10] con él un instante. Pero el espectáculo de los cuerpos mutilados me impedía fijarme en el rostro del hombre que lo dirigía todo y que ahora iba a tomar en mis manos. No era un rostro desagradable, ciertamente. Y la barba, envejeciéndolo un poco, no le caía mal. Se llamaba Torres. El capitán Torres. Un hombre con [15] imaginación, porque ¿a quién se le había ocurrido [1] antes colgar a los rebeldes desnudos y luego ensayar sobre determinados sitios del cuerpo una mutilación a bala? Empecé a extender la primera capa de jabón. Él seguía con los ojos cerrados. «De buena gana me iría a dormir un poco,» [2] dijo, «pero esta tarde hay mucho [20] que hacer.» Retiré la brocha y pregunté con aire falsamente desinteresado: «¿Fusilamiento?» «Algo por el estilo, pero más lento,» respondió. «¿Todos?» «No. Unos cuantos apenas.» Reanudé de nuevo la tarea de enjabonarle la barba. Otra vez me temblaban las manos. El hombre no podía darse cuenta de ello [25] y ésa era mi ventaja. Pero yo hubiera querido que él no viniera. Probablemente muchos de los nuestros lo habrían visto entrar. Y el enemigo en la casa impone condiciones. Yo tendría que afeitar esa barba como cualquiera otra, con cuidado, con esmero, como la de un buen parroquiano, cuidando de que ni por un solo poro [30] fuese a brotar una gota de sangre. Cuidando de que en los pequeños remolinos no se desviara la hoja. Cuidando de que la piel quedara limpia, templada, pulida, y de que al pasar el dorso de mi mano por ella, sintiera la superficie sin un pelo. Sí. Yo era un revolucionario clandestino, pero era también un barbero de [35] conciencia, orgulloso de la pulcritud en su oficio. Y esa barba de cuatro días se prestaba para una buena faena.

---

[1] ¿a . . . ocurrido who had ever thought
[2] De . . . poco I surely would like to go and sleep awhile

Tomé la navaja, levanté en ángulo oblicuo las dos cachas, dejé libre la hoja y empecé la tarea, de una de las patillas hacia abajo. La hoja respondía a la perfección. El pelo se presentaba indócil y duro, no muy crecido, pero compacto. La piel iba apareciendo
5 poco a poco. Sonaba la hoja con su ruido característico, y sobre ella crecían los grumos de jabón mezclados con trocitos de pelo. Hice una pausa para limpiarla, tomé la badana de nuevo y me puse a asentar el acero, porque yo soy un barbero que hace bien sus cosas. El hombre que había mantenido los ojos cerrados, los
10 abrió, sacó una de las manos por encima de la sábana, se palpó la zona del rostro que empezaba a quedar libre de jabón, y me dijo: «Venga usted a las seis, esta tarde, a la Escuela.» «¿Lo mismo del otro día?» le pregunté horrorizado. «Puede que resulte mejor,» respondió. «¿Qué piensa usted hacer?» «No sé todavía.
15 Pero nos divertiremos.» Otra vez se echó hacia atrás y cerró los ojos. Yo me acerqué con la navaja en alto. «¿Piensa castigarlos a todos?» aventuré tímidamente. «A todos.» El jabón se secaba sobre la cara. Debía apresurarme. Por el espejo, miré hacia la calle. Lo mismo de siempre: la tienda de víveres y en ella dos o
20 tres compradores. Luego miré el reloj: las dos y veinte de la tarde. La navaja seguía descendiendo. Ahora de la otra patilla hacia abajo. Una barba azul, cerrada. Debía dejársela crecer como algunos poetas o como algunos sacerdotes. Le quedaría bien. Muchos no lo reconocerían. Y mejor para él, pensé, mientras
25 trataba de pulir suavemente todo el sector del cuello. Porque allí sí que debía manejar con habilidad la hoja, pues el pelo, aunque en agraz, se enredaba en pequeños remolinos.[3] Una barba crespa. Los poros podían abrirse, diminutos, y soltar su perla de sangre. Un buen barbero como yo finca su orgullo en que eso no ocurra a
30 ningún cliente. Y éste era un cliente de calidad. ¿A cuántos de los nuestros había ordenado matar? ¿A cuántos de los nuestros había ordenado que los mutilaran? . . . Mejor no pensarlo. Torres no sabía que yo era su enemigo. No lo sabía él ni lo sabían los demás. Se trataba de un secreto entre muy pocos, precisamente
35 para que yo pudiese informar a los revolucionarios de lo que Torres estaba haciendo en el pueblo y de lo que proyectaba hacer cada vez que emprendía una excursión para cazar revolucio-

---

[3] **aunque . . . remolinos** although quite short was still tangled in little swirls

narios. Iba a ser, pues, muy difícil explicar que yo lo tuve entre mis manos y lo dejé ir tranquilamente, vivo y afeitado.

La barba le había desaparecido casi completamente. Parecía más joven, con menos años de los que llevaba a cuestas cuando entró. [4] Yo supongo que eso ocurre siempre con los hombres que entran y salen de las peluquerías. Bajo el golpe de mi navaja Torres rejuvenecía, sí, porque yo soy un buen barbero, el mejor de este pueblo, lo digo sin vanidad. Un poco más de jabón, aquí, bajo la barbilla, sobre la manzana, sobre esta gran vena. ¡Qué calor! Torres debe estar sudando como yo. Pero él no tiene miedo. Es un hombre sereno que ni siquiera piensa en lo que ha de hacer esta tarde con los prisioneros. En cambio yo, con esta navaja entre las manos, puliendo y puliendo esta piel, evitando que brote sangre de estos poros, cuidando todo golpe, no puedo pensar serenamente. Maldita la hora en que vino, [5] porque yo soy un revolucionario pero no soy un asesino. Y tan fácil como resultaría matarlo. Y lo merece. ¿Lo merece? No, ¡qué diablos! Nadie merece que los demás hagan el sacrificio de convertirse en asesinos. ¿Qué se gana con ello? Pues nada. Vienen otros y otros y los primeros matan a los segundos y éstos a los terceros y siguen y siguen hasta que todo es un mar de sangre. Yo podría cortar este cuello, así, ¡zas!, ¡zas! No le daría tiempo de quejarse y como tiene los ojos cerrados no vería ni el brillo de la navaja ni el brillo de mis ojos. Pero estoy temblando como un verdadero asesino. De ese cuello brotaría un chorro de sangre sobre la sábana, sobre la silla, sobre mis manos, sobre el suelo. Tendría que cerrar la puerta. Y la sangre seguiría corriendo por el piso, tibia, imborrable, incontenible, hasta la calle, como un pequeño arroyo escarlata. Estoy seguro de que un golpe fuerte, una honda incisión, le evitaría todo dolor. No sufriría. ¿Y qué hacer con el cuerpo? ¿Dónde ocultarlo? Yo tendría que huir, dejar estas cosas, refugiarme lejos, bien lejos. Pero me perseguirían hasta dar conmigo. «El asesino del Capitán Torres. Lo degolló mientras le afeitaba la barba. Una cobardía.» Y por otro lado: «El vengador de los nuestros. Un nombre para recordar (aquí mi nombre). Era el barbero del pueblo. Nadie sabía que él defendía nuestra causa . . .» ¿Y qué? ¿Asesino o héroe? Del filo de esta navaja

[4] con . . . entró several years younger than he seemed when he entered
[5] Maldita . . . vino Damn his ever coming in

168   CUENTOS HISPANOAMERICANOS

depende mi destino. Puedo inclinar un poco más la mano, apoyar un poco más la hoja, y hundirla. La piel cederá como la seda, como el caucho, como la badana. No hay nada más tierno que la piel del hombre y la sangre siempre está ahí, lista a brotar. Una navaja como ésta no traiciona. Es la mejor de mis navajas. Pero yo no quiero ser un asesino, no señor. Usted vino para que yo lo afeitara. Y yo cumplo honradamente con mi trabajo . . . No quiero mancharme de sangre. De espuma y nada más. Usted es un verdugo y yo no soy más que un barbero. Y cada cual en su puesto. Eso es. Cada cual en su puesto.

La barba había quedado limpia, pulida y templada. El hombre se incorporó para mirarse en el espejo. Se pasó las manos por la piel y la sintió fresca y nuevecita.

«Gracias,» dijo. Se dirigió al ropero en busca del cinturón, de la pistola y del kepis. Yo debía estar muy pálido y sentía la camisa empapada. Torres concluyó de ajustar la hebilla, rectificó la posición de la pistola en la funda y, luego de alisarse maquinalmente los cabellos, se puso el kepis. Del bolsillo del pantalón extrajo unas monedas para pagarme el importe del servicio. Y empezó a caminar hacia la puerta. En el umbral se detuvo un segundo y volviéndose me dijo:

«Me habían dicho que usted me mataría. Vine para comprobarlo. Pero matar no es fácil. Yo sé por qué se lo digo.» [6] Y siguió calle abajo.

PREGUNTAS

1. ¿Qué hacía el que narra el cuento cuando entró el otro?
2. ¿Cómo probó la navaja?
3. ¿Qué hacía el hombre en ese instante?
4. ¿Qué quería el hombre?
5. ¿Cuántos días de barba tenía?
6. ¿Dónde había estado el cliente en esos días?
7. ¿A quiénes pescaron y qué tuvieron que hacer los de la tropa para dar con ellos?
8. ¿Qué hizo el barbero antes de comenzar a afeitar a su cliente?
9. ¿Qué suponía el cliente que era el barbero?
10. ¿Por qué había ido el barbero al patio de la escuela?
11. ¿Cómo se llamaba el cliente y qué grado militar tenía?
12. ¿Por qué no puede dormir Torres en la tarde?

[6] **Yo . . . digo** I know what I am talking about

13. ¿Quiénes lo habrían visto entrar? *LOS NUESTROS*

14. ¿Cómo tendría que afeitar esa barba el peluquero? *CON CUIDADO*

15. Además de ser barbero ¿qué otra cosa era el narrador de nuestro cuento? *UN REVOLUCIONARIO ... CLANDESTINO*

16. ¿Adónde invita Torres que vaya el barbero a las seis? ¿Por qué? *LA ESCUELA A VER SI LA CASTIGA A LOS REBELDES*

17. ¿Qué trata siempre de evitar un buen barbero? *EL SOLTANDO DE SANGRE*

18. Según el narrador ¿qué no sabía Torres? *EL BARBERO ERA SU ENEMIGO*

19. ¿Qué papel hacía el barbero en las fuerzas revolucionarias? *INFORMARL*

20. ¿Por qué iba a ser difícil explicar a sus partidarios el hecho de haber dejado escapar a Torres? *THE FACT*

21. ¿Qué hay cerca de la manzana bajo la barbilla? *LA GRAN VENA*

22. ¿Quién es más sereno en estos momentos? *TORRES*

23. ¿En qué piensa el barbero? *NO PUEDE PENSAR SERENAMENTE*

24. ¿Por qué no se gana nada en los asesinatos? *SERIA MAS Y MAS VIENE*

25. ¿Qué podría hacer el barbero? *PODRIA CORTAR SY CUELLO A ...*

26. ¿Qué dirían sus enemigos si lo hiciera? ¿Sus amigos? *LO PERSEGUIRIAN HASTA DAR CONTIGO / NADIE SABIA QUE*

27. En fin ¿qué decide el barbero? ¿Por qué? *CUMPLIR CON SU TRABAJO ... ASESINO O HO..*

28. ¿De qué se quiere manchar? *NO SE QUIERE ... HONRADAMENTE / MANCHAR EL MISMO*

29. ¿Qué dijo Torres? *POR QUE NO ERA UN ASESINO. EL*

ME HABIAN DICHO QUE USTED
ME MATARIA
VINE PARA COMPROBARLO

20. EL BARBERO ERA UN REVOLUCIONARIO
COMO ELLOS Y HABIA TENIDO LA VIDA DE TORRES
EN SUS MANOS Y HABIA PERMITIDO ESCAPAR
A TORRES

(CRIBETEADO DE BALAS)
QUE PENDIA LA PISTOLA

...STANTE
EL JABON Y PUSO LA SABANA AL CUELLO
...DEL ORDEN
...S REBELDES COLGADOS ...
...PITAN
...UE HACER

María Luisa Bombal

CHILE

In Chile, where both the short story and the novel have generally been realistic in their descriptions of setting, recent years have seen a shift to obscure, irrational, and subconscious themes. The highest expression of this development has been contributed by María Luisa Bombal (1910–   ), author of *La última niebla* (1934) and *La amortajada* (1941), where human and supernatural elements are blended magically and poetically by the strength of the author's vision rather than by stylistic tricks. Reality appears in an impressionistic haze of subjectivism. In the first of these novels, the woman lives in a half-real and half-dream existence. In the second, a dead woman in her coffin surrounded by lighted candles views, feels, and relives her love affairs with a final clarity and futile wisdom.

María Luisa Bombal has written her short stories with the same ethereal atmosphere that is found in her novels. Her introspective narration is the result of surrealism's probing of the subconscious and existentialism's exploration of the consciousness of living. In "El árbol" the profound psychological analysis of a woman is no less impressive than the contrapuntal technique followed in the story: point and counterpoint of a domestic drama and a concert. The notes or stages of Brígida's life follow the notes of the pianist and the two interrelated movements of the fugue coincide, becoming one and the same in the pathetic finale: the shattering fall of the tree and the equally shattering applause of the public at the concert; the light that the fallen tree allows to enter the woman's life and the lights of the concert hall at the end of the concert. There have been few pages that equal this description of the evocative power of music. They recall the pages of Marcel Proust on the effect of the Vinteuil sonata on Swann. Even if the primary function of music is not that of a stimulus to evoke emotions, the fact is that we can *use* music to relive our experiences subjectively.

El árbol

El pianista se sienta, tose por prejuicio y se concentra un instante. Las luces en racimo que alumbran la sala declinan lentamente hasta detenerse en un resplandor mortecino de brasa, al tiempo que una frase musical comienza a subir en el silencio, a desenvolverse, clara, estrecha y juiciosamente caprichosa. 5

«Mozart, tal vez»—piensa Brígida. Como de costumbre se ha olvidado de pedir el programa. «Mozart, tal vez, o Scarlatti.» ¡Sabía tan poca música! Y no era porque no tuviese oído ni afición. De niña fué ella quien reclamó lecciones de piano; nadie necesitó imponérselas, como a sus hermanas. Sus hermanas, sin embargo, 10 tocaban ahora correctamente y descifraban a primera vista, en tanto que ella . . . Ella había abandonado los estudios al año de iniciarlos. La razón de su inconsecuencia era tan sencilla como vergonzosa: jamás había conseguido aprender la llave de Fa, jamás. «No comprendo, no me alcanza la memoria más que para 15 la llave de Sol.» ¡La indignación de su padre! «¿A cualquiera le doy esta carga de un hombre solo con varias hijas que educar! [1] ¡Pobre Carmen! Seguramente habría sufrido por Brígida. Es retardada esta criatura.»

---

[1] ¡A . . . educar! I would gladly give this job of being a widower with several daughters to bring up to anyone who wants it!

Brígida era la menor de seis niñas todas diferentes de carácter. Cuando el padre llegaba por fin a su sexta hija, llegaba tan perplejo y agotado por las cinco primeras que prefería simplificarse el día declarándola retardada. «No voy a luchar más, es inútil.
5 Déjenla. Si no quiere estudiar, que no estudie. Si le gusta pasarse en la cocina oyendo cuentos de ánimas, allá ella. Si le gustan las muñecas a los dieciséis años, que juegue.» Y Brígida había conservado sus muñecas y permanecido totalmente ignorante.

¡Qué agradable es ser ignorante! ¡No saber exactamente quién
10 fué Mozart, desconocer sus orígenes, sus influencias, las particularidades de su técnica! Dejarse solamente llevar por él de la mano, como ahora.

Y Mozart la lleva, en efecto. La lleva por un puente suspendido sobre un agua cristalina que corre en un lecho de arena rosada.
15 Ella está vestida de blanco, con un quitasol de encaje, complicado y fino como una telaraña, abierto sobre el hombro.

—Estás cada día más joven, Brígida. Ayer encontré a tu marido, a tu ex-marido, quiero decir. Tiene todo el pelo blanco.

Pero ella no contesta, no se detiene, sigue cruzando el puente
20 que Mozart le ha tendido hacia el jardín de sus años juveniles.

Altos surtidores en los que el agua canta. Sus dieciocho años, sus trenzas castañas que desatadas le llegaban hasta los tobillos, su tez dorada, sus ojos oscuros tan abiertos y como interrogantes. Una pequeña boca de labios carnosos, una sonrisa dulce y el
25 cuerpo más liviano y gracioso del mundo. ¿En qué pensaba sentada al borde de la fuente? En nada. «Es tan tonta como linda», decían. Pero a ella nunca le importó ser tonta, ni «planchar» en los bailes. Una por una iban pidiendo en matrimonio a sus hermanas. A ella no la pedía nadie.
30 ¡Mozart! Ahora le brinda una escalera de mármol azul por donde ella baja entre una doble fila de lirios de hielo. Y ahora le abre una verja de barrotes con puntas doradas para que ella pueda echarse al cuello de Luis, el amigo íntimo de su padre. Desde muy niña, cuando todos la abandonaban, corría hacia Luis.
35 Él la alzaba y ella le rodeaba el cuello con los brazos, entre risas que eran como pequeños gorjeos y besos que le disparaba aturdidamente sobre los ojos, frente y el pelo ya entonces canoso (¿es que nunca había sido joven?) como una lluvia desordenada.

«Eres un collar»—le decía Luis—. «Eres como un collar de pájaros.»

Por eso se había casado con él. Porque al lado de aquel hombre solemne y taciturno no se sentía culpable de ser tal cual era: tonta, juguetona y perezosa. Sí; ahora que han pasado tantos años comprende que no se había casado con Luis por amor; sin embargo no atina a comprender por qué, por qué se marchó ella un día, de pronto . . .

Pero he aquí que Mozart la toma nerviosamente de la mano y arrastrándola en un ritmo segundo por segundo más apremiante, la obliga a cruzar el jardín en sentido inverso, a retomar el puente en una carrera que es casi una huída. Y luego de haberla despojado del quitasol y de la falda transparente, le cierra la puerta de su pasado con un acorde dulce y firme a la vez, y la deja en una sala de conciertos, vestida de negro, aplaudiendo maquinalmente en tanto crece la llama de las luces artificiales.

De nuevo la penumbra y de nuevo el silencio precursor.

Y ahora Beethoven empieza a remover el oleaje tibio de sus notas bajo una luna de primavera. ¡Qué lejos se ha retirado el mar! Brígida se interna playa adentro hacia el mar contraído allá lejos, refulgente y manso, pero entonces el mar se levanta, crece tranquilo, viene a su encuentro, la envuelve, y con suaves olas la va empujando, empujando por la espalda hasta hacerle recostar la mejilla sobre el cuerpo de un hombre. Y se aleja, dejándola olvidada sobre el pecho de Luis.

—No tienes corazón, no tienes corazón—solía decirle a Luis. Latía tan adentro el corazón de su marido que no pudo oírlo sino rara vez y de modo inesperado—. Nunca estás conmigo cuando estás a mi lado—protestaba en la alcoba, cuando antes de dormirse él abría ritualmente los periódicos de la tarde—. ¿Por qué te has casado conmigo?

—Porque tienes ojos de venadito asustado—contestaba él y la besaba. Y ella, súbitamente alegre, recibía orgullosa sobre su hombro el peso de su cabeza cana. ¡Oh, ese pelo plateado y brillante de Luis!

—Luis, nunca me has contado de qué color era exactamente tu pelo cuando eras chico, y nunca me has contado tampoco lo que dijo tu madre cuando te empezaron a salir canas a los quince años. ¿Qué dijo? ¿Se rió? ¿Lloró? ¿Y tú estabas orgulloso o tenías vergüenza? Y en el colegio, tus compañeros, ¿qué decían? Cuéntame, Luis, cuéntame . . .

—Mañana te contaré. Tengo sueño, Brígida, estoy muy cansado. 5 Apaga la luz.

Inconscientemente él se apartaba de ella para dormir, y ella inconscientemente, durante la noche entera, perseguía el hombro de su marido, buscaba su aliento, trataba de vivir bajo su aliento, como una planta encerrada y sedienta que alarga sus ramas en 10 busca de un clima propicio.

Por las mañanas, cuando la mucama abría las persianas, Luis ya no estaba a su lado. Se había levantado sigiloso y sin darle los buenos días, por temor al collar de pájaros que se obstinaba en retenerlo fuertemente por los hombros. —«Cinco minutos, 15 cinco minutos nada más. Tu estudio no va a desaparecer porque te quedes cinco minutos más conmigo, Luis.»

Sus despertares. ¡Ah, qué tristes sus despertares! Pero—era curioso—apenas pasaba a su cuarto de vestir, su tristeza se disipaba como por encanto.

20 Un oleaje bulle, bulle muy lejano, murmura como un mar de hojas. ¿Es Beethoven? No.

Es el árbol pegado a la ventana del cuarto de vestir. Le bastaba entrar para que sintiese circular en ella una gran sensación bienhechora. ¡Qué calor hacía siempre en el dormitorio por las 25 mañanas! ¡Y qué luz cruda! Aquí en cambio, en el cuarto de vestir, hasta la vista descansaba, se refrescaba. Las cretonas desvaídas, el árbol que desenvolvía sombras como de agua agitada y fría por las paredes, los espejos que doblaban el follaje y se ahuecaban en un bosque infinito y verde. ¡Qué agradable era ese 30 cuarto! Parecía un mundo sumido en un acuario. ¡Cómo parloteaba ese inmenso gomero! Todos los pájaros del barrio venían a refugiarse en él. Era el único árbol de aquella estrecha calle en pendiente que desde un costado de la ciudad se despeñaba directamente al río.

35 —Estoy ocupado. No puedo acompañarte . . . Tengo mucho que hacer, no alcanzo a llegar para el almuerzo . . . Holá, sí, estoy en el Club. Un compromiso. Come y acuéstate . . . No. No sé. Más vale que no me esperes, Brígida.

—¡Si tuviera amigas!—suspiraba ella. Pero todo el mundo se

aburría con ella. ¡Si tratara de ser un poco menos tonta! ¿Pero cómo ganar de un tirón tanto terreno perdido? Para ser inteligente hay que empezar desde chica ¿no es verdad?

A sus hermanas, sin embargo, los maridos las llevaban a todas partes, pero Luis—¿por qué no había de confesárselo a sí misma? 5 —se avergonzaba de ella, de su ignorancia, de su timidez y hasta de sus dieciocho años. ¿No le había pedido acaso que dijera que tenía por lo menos veintiuno, como si su extrema juventud fuera una tara secreta?

Y de noche ¡qué cansado se acostaba siempre! Nunca la 10 escuchaba del todo. Le sonreía, eso sí, le sonreía con una sonrisa que ella sabía maquinal. La colmaba de caricias de las que él estaba ausente. ¿Por qué se habría casado con ella? Para continuar una costumbre, tal vez para estrechar la vieja relación de amistad con su padre. Tal vez la vida consistía para los hombres 15 en una serie de costumbres consentidas y continuas.[2] Si alguna llegaba a quebrarse, probablemente se producía el desbarajuste, el fracaso. Y los hombres empezaban entonces a errar por las calles de la ciudad, a sentarse en los bancos de las plazas, cada día peor vestidos y con la barba más crecida. La vida de Luis, 20 por lo tanto, consistía en llenar con una ocupación cada minuto del día. ¡Cómo no haberlo comprendido antes! Su padre tenía razón al declararla retardada.

—Me gustaría ver nevar alguna vez, Luis.

—Este verano te llevaré a Europa, y como allá es invierno 25 podrás ver nevar.

—Ya sé que es invierno en Europa cuando aquí es verano. ¡Tan ignorante no soy!

A veces, como para despertarlo al arrebato del verdadero amor, ella se echaba sobre su marido y lo cubría de besos, llorando, 30 llamándolo: Luis, Luis, Luis . . .

—¿Qué? ¿Qué te pasa? ¿Qué quieres?

—Nada.

—¿Por qué me llamas de ese modo, entonces?

—Por nada, por llamarte. Me gusta llamarte.   35

Y él sonreía, acogiendo con benevolencia aquel nuevo juego.

Llegó el verano, su primer verano de casada. Nuevas ocupaciones impidieron a Luis ofrecerle el viaje prometido.

---

[2] una . . . continuas a series of ingrained habits

—Brígida, el calor va a ser tremendo este verano en Buenos Aires. ¿Por qué no te vas a la estancia con tu padre?

—¿Sola?

—Yo iría a verte todas las semanas de sábado a lunes.

5 Ella se había sentado en la cama, dispuesta a insultar. Pero en vano buscó palabras hirientes que gritarle. No sabía nada, nada. Ni siquiera insultar.

—¿Qué te pasa? ¿En qué piensas, Brígida?

Por primera vez Luis había vuelto sobre sus pasos y se in-
10 clinaba sobre ella inquieto, dejando pasar la hora de llegada a su despacho.

—Tengo sueño . . . —había replicado Brígida puerilmente, mientras escondía la cara en las almohadas.

Por primera vez él la había llamado desde el club a la hora del
15 almuerzo. Pero ella había rehusado salir al teléfono, esgrimiendo rabiosamente el arma aquella que había encontrado sin pensarlo: el silencio.

Esa misma noche comía frente a su marido sin levantar la vista, contraídos todos sus nervios.

20 —¿Todavía estás enojada, Brígida?

Pero ella no quebró el silencio.

—Bien sabes que te quiero, collar de pájaros. Pero no puedo estar contigo a toda hora. Soy un hombre muy ocupado. Se llega a mi edad hecho un esclavo de mil compromisos.

25 . . .

—¿Quieres que salgamos esta noche?

. . .

—¿No quieres? Paciencia. Dime, ¿llamó Roberto desde Montevideo?

30 . . .

—¡Qué lindo traje! ¿Es nuevo?

. . .

—¿Es nuevo, Brígida? Contesta, contéstame . . .

Pero ella tampoco esta vez quebró el silencio.

35 Y en seguida lo inesperado, lo asombroso, lo absurdo. Luis que se levanta de su asiento, tira violentamente la servilleta sobre la mesa y se va de la casa dando portazos.

Ella se había levantado a su vez, atónita, tiritando de indignación por tanta injusticia. —«Y yo, y yo»—murmuraba desorientada, —«yo que durante casi un año . . . cuando por primera vez me permito un reproche . . . ¡Ah, me voy, me voy esta misma noche! No volveré a pisar nunca más esta casa . . .» Y abría con furia los armarios de su cuarto de vestir, tiraba 5 desatinadamente la ropa al suelo.

Fué entonces cuando alguien golpeó con los nudillos en los cristales de la ventana.

Había corrido, no supo cómo ni con qué insólita valentía, hacia la ventana. La había abierto. Era el árbol, el gomero que 10 un gran soplo de viento agitaba, el que golpeaba con sus ramas los vidrios, el que la requería desde fuera como para que lo viera retorcerse hecho una impetuosa llamarada negra bajo el cielo encendido de aquella noche de verano.

Un pesado aguacero no tardaría en rebotar contra sus frías 15 hojas. ¡Qué delicia! Durante toda la noche, ella podría oír la lluvia azotar, escurrirse por las hojas del gomero como por los canales de mil goteras fantasiosas. Durante toda la noche oiría crujir y gemir el viejo tronco del gomero contándole de la intemperie, mientras ella se acurrucaría, voluntariamente friolenta, 20 entre las sábanas del amplio lecho, muy cerca de Luis.

Puñados de perlas que llueven a chorros sobre un techo de plata. Chopin. *Estudios* de Federico Chopin.

¿Durante cuántas semanas se despertó de pronto, muy temprano, apenas sentía que su marido, ahora también él obstinada- 25 mente callado, se había escurrido del lecho?

El cuarto de vestir: la ventana abierta de par en par, un olor a río y a pasto flotando en aquel cuarto bienhechor, y los espejos velados por un halo de neblina.

Chopin y la lluvia que resbala por las hojas del gomero con 30 ruido de cascada secreta, y parece empapar hasta las rosas de las cretonas, se entremezclan en su agitada nostalgia.

¿Qué hacer en verano cuando llueve tanto? ¿Quedarse el día entero en el cuarto fingiendo una convalecencia o una tristeza? Luis había entrado tímidamente una tarde. Se había sentado muy 35 tieso. Hubo un silencio.

—Brígida, ¿entonces es cierto? ¿Ya no me quieres?

Ella se había alegrado de golpe, estúpidamente. Puede que

hubiera gritado: —«No, no; te quiero Luis, te quiero»—si él le
hubiese dado tiempo, si no hubiese agregado, casi de inmediato,
con su calma habitual:

—En todo caso, no creo que nos convenga separarnos, Brígida.
5 Hay que pensarlo mucho.

En ella los impulsos se abatieron tan bruscamente como se
habían precipitado. ¡A qué exaltarse inútilmente! Luis la quería
con ternura y medida; si alguna vez llegaba a odiarla la odiaría
con justicia y prudencia. Y eso era la vida. Se acercó a la ventana,
10 apoyó la frente contra el vidrio glacial. Allí estaba el gomero
recibiendo serenamente la lluvia que lo golpeaba, tranquila y
regular. El cuarto se inmovilizaba en la penumbra, ordenado y
silencioso. Todo parecía detenerse, eterno y muy noble. Eso era
la vida. Y había cierta grandeza en aceptarla así, mediocre,
15 como algo definitivo, irremediable. Y del fondo de las cosas parecía brotar y subir una melodía de palabras graves y lentas que
ella se quedó escuchando: «Siempre.» «Nunca» . . . Y así pasan
las horas, los días y los años. ¡Siempre! ¡Nunca! ¡La vida, la vida!

Al recobrarse cayó en la cuenta que su marido se había es-
20 currido del cuarto. ¡Siempre! ¡Nunca! . . .

Y la lluvia, secreta e igual, aun continuaba susurrando en
Chopin.

El verano deshojaba su ardiente calendario. Caían páginas
luminosas y enceguecedoras como espadas de oro, y páginas de
25 una humedad malsana como el aliento de los pantanos; caían
páginas de furiosa y breve tormenta, y páginas de viento caluroso,
del viento que trae el «clavel del aire» y lo cuelga del inmenso
gomero.

Algunos niños solían jugar al escondite entre las enormes
30 raíces convulsas que levantaban las baldosas de la acera, y el
árbol se llenaba de risas y de cuchicheos. Entonces ella se asomaba a la ventana y golpeaba las manos; los niños se dispersaban
asustados, sin reparar en su sonrisa de niña que a su vez desea
participar en el juego.

35 Solitaria, permanecía largo rato acodada en la ventana mirando
el tiritar del follaje—siempre corría alguna brisa en aquella
calle que se despeñaba directamente hasta el río—y era como
hundir la mirada en una agua movediza o en el fuego inquieto

de una chimenea. Una podía pasarse así las horas muertas, vacía de todo pensamiento, atontada de bienestar.

Apenas el cuarto empezaba a llenarse del humo del crepúsculo ella encendía la primera lámpara, y la primera lámpara resplandecía en los espejos, se multiplicaba como una luciérnaga deseosa de precipitar la noche.

Y noche a noche dormitaba junto a su marido, sufriendo por rachas. Pero cuando su dolor se condensaba hasta herirla como un puntazo, cuando la asediaba un deseo demasiado imperioso de despertar a Luis para pegarle o acariciarlo, se escurría de puntillas hacia el cuarto de vestir y abría la ventana. El cuarto se llenaba instantáneamente de discretos ruidos y discretas presencias, de pisadas misteriosas, de aleteos, de sutiles chasquidos vegetales, del dulce gemido de un grillo escondido bajo la corteza del gomero sumido en las estrellas de una calurosa noche estival.

Su fiebre decaía a medida que sus pies desnudos se iban helando poco a poco sobre la estera. No sabía por qué le era tan fácil sufrir en aquel cuarto.

Melancolía de Chopin engranando un estudio tras otro, engranando una melancolía tras otra, imperturbable.

Y vino el otoño. Las hojas secas revoloteaban un instante antes de rodar sobre el césped del estrecho jardín, sobre la acera de la calle en pendiente. Las hojas se desprendían y caían . . . La cima del gomero permanecía verde, pero por debajo el árbol enrojecía, se ensombrecía como el forro gastado de una suntuosa capa de baile. Y el cuarto parecía ahora sumido en una copa de oro triste.

Echada sobre el diván, ella esperaba pacientemente la hora de la cena, la llegada improbable de Luis. Había vuelto a hablarle, había vuelto a ser su mujer sin entusiasmo y sin ira. Ya no lo quería. Pero ya no sufría. Por el contrario, se había apoderado de ella una inesperada sensación de plenitud, de placidez. Ya nadie ni nada podría herirla. Puede que la verdadera felicidad esté en la convicción de que se ha perdido irremediablemente la felicidad. Entonces empezamos a movernos por la vida sin esperanzas ni miedos, capaces de gozar por fin todos los pequeños goces, que son los más perdurables.

Un estruendo feroz, luego una llamarada blanca que la echa hacia atrás toda temblorosa.

¿Es el entreacto? No. Es el gomero, ella lo sabe.

Lo habían abatido de un solo hachazo. Ella no pudo oír los trabajos que empezaron muy de mañana. «Las raíces levantaban las baldosas de la acera y entonces, naturalmente, la comisión de vecinos . . .»

Encandilada se ha llevado las manos a los ojos. Cuando recobra la vista se incorpora y mira a su alrededor. ¿Qué mira? ¿La sala bruscamente iluminada, la gente que se dispersa? No. Ha quedado aprisionada en las redes de su pasado, no puede salir del cuarto de vestir. De su cuarto de vestir invadido por una luz blanca, aterradora. Era como si hubieran arrancado el techo de cuajo; una luz cruda entraba por todos lados, se le metía por los poros, la quemaba de frío. Y todo lo veía a la luz de esa fría luz; Luis, su cara arrugada, sus manos que surcan gruesas venas desteñidas, y las cretonas de colores chillones. Despavorida ha corrido hacia la ventana. La ventana abre ahora directamente sobre una calle estrecha, tan estrecha que su cuarto se estrella casi contra la fachada de un rascacielos deslumbrante. En la planta baja, vidrieras y más vidrieras llenas de frascos. En la esquina de la calle, una hilera de automóviles alineados frente a una estación de servicio pintada de rojo. Algunos muchachos, en mangas de camisa, patean una pelota en medio de la calzada.

Y toda aquella fealdad había entrado en sus espejos. Dentro de sus espejos había ahora balcones de níquel y trapos colgados y jaulas con canarios.

Le habían quitado su intimidad, su secreto; se encontraba desnuda en medio de la calle, desnuda junto a un marido viejo que le volvía la espalda para dormir, que no le había dado hijos. No comprende cómo hasta entonces no había deseado tener hijos, cómo había llegado a conformarse a la idea de que iba a vivir sin hijos toda su vida. No comprende cómo pudo soportar durante un año esa risa de Luis, esa risa demasiado jovial, esa risa postiza de hombre que se ha adiestrado en la risa porque es necesario reír en determinadas ocasiones.

¡Mentira! Eran mentiras su resignación y su serenidad; quería amor, sí, amor, y viajes y locuras, y amor, amor . . .

—Pero Brígida ¿por qué te vas? ¿por qué te quedabas?—había preguntado Luis.

Ahora habría sabido contestarle:

—¡El árbol, Luis, el árbol! Han derribado el gomero.

PREGUNTAS

1. ¿Qué hace el pianista?
2. ¿Qué piensa Brígida cuando empieza la música?
3. ¿Qué diferencias hay entre Brígida y sus hermanas respecto a sus conocimientos musicales?
4. ¿Qué reputación tenía Brígida en su familia?
5. ¿Por qué no la pedía nadie en matrimonio?
6. ¿Quién era Luis y por qué la llamaba collar de pájaros?
7. ¿Por qué se había casado con él?
8. ¿De quién fué la primera composición musical tocada por el pianista y de quién es la segunda?
9. ¿En qué piensa cuando empieza la segunda selección de piano?
10. ¿Qué solía decir Brígida a Luis?
11. Según Luis ¿por qué se había casado él con ella?
12. Cuando Brígida quería conversar con Luis ¿qué le decía él?
13. ¿Por qué eran tristes sus despertares?
14. ¿Por qué se disipaba su tristeza?
15. ¿Dónde estaba el árbol?
16. ¿Qué efecto tuvo el árbol sobre el cuarto de vestir?
17. ¿Qué clase de árbol era y qué tenía de singular?
18. ¿Por qué no acompañaba Luis mucho a su esposa?
19. ¿Por qué no tenía amigas Brígida?
20. ¿Por qué sabía que Luis se avergonzaba de sus dieciocho años?
21. ¿Cómo eran las caricias de Luis?
22. ¿En qué consistía la vida para los hombres?
23. ¿Cómo era la vida de Luis?
24. ¿Qué hacía ella a veces para despertar en él el verdadero amor?
25. ¿Por qué quería Luis que fuera Brígida a la estancia de su padre?
26. ¿Cómo reaccionó ella y entonces qué hizo él?
27. ¿Qué arma nueva había encontrado ella?
28. ¿Cómo fué la conversación de los esposos esa noche?
29. ¿Qué cosa inesperada hizo Luis durante la cena?
30. ¿Qué decidió hacer entonces Brígida y adónde fué?
31. ¿Quién golpeó en los cristales de la ventana?
32. ¿Quién es el compositor de la tercera pieza tocada por el pianista?
33. ¿Qué pasó un día cuando ella se había quedado en el cuarto?
34. ¿Qué opinión acerca del futuro expresó Luis y cómo la expresó?
35. ¿Cómo la quería Luis y cómo la odiaría?

36. ¿Quiénes jugaban debajo del gomero en el verano?
37. ¿Qué hacía en la noche cuando se condensaba su dolor?
38. ¿En qué consistía la verdadera felicidad según Brígida?
39. ¿Por qué habían derribado el árbol?
40. ¿Cómo ha quedado el cuarto sin el árbol?
41. ¿Qué ve Brígida en la calle ahora?
42. ¿Qué eran mentiras?
43. ¿Qué quería Brígida?
44. ¿Por qué se fué ella?

Juan José Arreola

MEXICO

AMONG THE younger Mexican storytellers Juan Rulfo and
Juan José Arreola—of identical age—represent opposing
literary preferences. The first, inclined toward tragedy,
clings to the earth. Juan José Arreola (1918–   ), on
the other hand, takes flight in fantasy and humor. He has
published to date two collections of short stories: *Varia
invención* (1949) and *Confabulario* (1952). The reader
finds in these works an intellectual appeal rich in problems and paradoxes. At times the humor becomes sharp
in its critical intent and turns into irony and satire, but,
even then—"El guardagujas" is a case in point—this
humor is never aggressive. What pleases most in our story
is not the possible dig at the poor service on Mexican
railroads but the absurd, unreal and distorted atmosphere that pervades the story. There is in this story something of Franz Kafka, the Czech writer who has best ex-
pressed the absurdity of life and the world. "El guardagujas" seems like a nightmarish dream. Everything is
vague and mysterious. The characters have no names:
one is the stranger, and the other is merely known to us
as the switchman. The places are also unnamed. The
action is endlessly delayed, and, for unexplained reasons,
it becomes impossible to do the simplest and most ordi-
nary things. The dialogue is as nonsensical as that of the
mad tea party in *Alice in Wonderland,* except that, in this
story, one suspects that everything is symbolical in in-

tent. When he has finished this story, the reader has the impression that the fabulous railroad system may be not only a satire on the irregularities of the Mexican railroads but also a satire on the irregularities of our whole world. The arguments of the old switchman are as logical as those of a madman, and madness, in fact, is the essential logic of many of the great political controversies of our day. In the words of G. K. Chesterton—an author that Arreola seems to have read with great appreciation —"The madman is not the man who has lost his reason. The madman is the man who has lost everything except his reason."

El guardagujas

El forastero llegó sin aliento a la estación desierta. Su gran valija, que nadie quiso conducir, le había fatigado en extremo. Se enjugó el rostro con un pañuelo, y con la mano en visera miró los rieles que se perdían en el horizonte. Desalentado y pensativo
5 consultó su reloj: la hora justa en que el tren debía partir.

Alguien, salido de quién sabe dónde, le dió una palmada muy suave. Al volverse, el forastero se halló ante un viejecillo de vago aspecto ferrocarrilero. Llevaba en la mano una linterna roja, pero tan pequeña, que parecía de juguete. Miró sonriendo al viajero,
10 y éste le dijo ansioso su pregunta:

—Usted perdone, ¿ha salido ya el tren?

—¿Lleva usted poco tiempo en este país?

—Necesito salir inmediatamente. Debo hallarme en T. mañana mismo.

15 —Se ve que usted ignora por completo lo que ocurre. Lo que debe hacer ahora mismo es buscar alojamiento en la fonda para viajeros—. Y señaló un extraño edificio ceniciento que más bien parecía un presidio.

—Pero yo no quiero alojarme, sino salir en el tren.

20 —Alquile usted un cuarto inmediatamente, si es que lo hay.

En caso de que pueda conseguirlo, contrátelo por mes, le resultará más barato y recibirá mejor atención.

—¿Está usted loco? Yo debo llegar a T. mañana mismo.

—Francamente, debería abandonarlo a su suerte. Sin embargo, le daré unos informes.

—Por favor . . .

—Este país es famoso por sus ferrocarriles, como usted sabe. Hasta ahora no ha sido posible organizarlos debidamente, pero se han hecho ya grandes cosas en lo que se refiere a la publicación de itinerarios y a la expedición de boletos. Las guías ferroviarias comprenden y enlazan todas las problaciones de la nación; se expenden boletos hasta para las aldeas más pequeñas y remotas. Falta solamente que los convoyes cumplan las indicaciones contenidas en las guías y que pasen efectivamente por las estaciones. Los habitantes del país así lo esperan; mientras tanto, aceptan las irregularidades del servicio y su patriotismo les impide cualquier manifestación de desagrado.

—Pero ¿hay un tren que pase por esta ciudad?

—Afirmarlo equivaldría a cometer una inexactitud. Como usted puede darse cuenta, los rieles existen, aunque un tanto averiados. En algunas poblaciones están sencillamente indicados en el suelo, mediante dos rayas de gis. Dadas las condiciones actuales, ningún tren tiene la obligación de pasar por aquí, pero nada impide que eso pueda suceder. Yo he visto pasar muchos trenes en mi vida y conocí algunos viajeros que pudieron abordarlos. Si usted espera convenientemente, tal vez yo mismo tenga el honor de ayudarle a subir a un hermoso y confortable vagón.

—¿Me llevará ese tren a T.?

—¿Y por qué se empeña usted en que ha de ser precisamente a T.? Debería darse por satisfecho si pudiera abordarlo. Una vez en el tren, su vida tomará efectivamente algún rumbo. ¿Qué importa si ese rumbo no es el de T.?

—Es que yo tengo un boleto en regla [1] para ir a T. Lógicamente, debo ser conducido a ese lugar, ¿no es así?

—Cualquiera diría que usted tiene razón. En la fonda para viajeros podrá usted hablar con personas que han tomado sus precauciones, adquiriendo grandes cantidades de boletos. Por regla general, las gentes previsoras compran pasajes para todos

---

[1] **en regla** in proper form

los puntos del país. Hay quien ha gastado en boletos una verdadera fortuna . . .

—Yo creí que para ir a T. me bastaba un boleto. Mírelo
usted . . .

5 —El próximo tramo de los ferrocarriles nacionales va a ser
construído con el dinero de una sola persona que acaba de gastar
su inmenso capital en pasajes de ida y vuelta para un trayecto
ferroviario cuyos planos, que incluyen extensos túneles y puentes,
ni siquiera han sido aprobados por los ingenieros de la empresa.

10 —Pero el tren que pasa por T. ¿ya se encuentra en servicio?

—Y no sólo ése. En realidad, hay muchísimos trenes en la
nación, y los viajeros pueden utilizarlos con relativa frecuencia,
pero tomando en cuenta que no se trata de un servicio formal y
definitivo. En otras palabras, al subir a un tren, nadie espera ser
15 conducido al sitio que desea.

—¿Cómo es eso?

—En su afán de servir a los ciudadanos, la empresa se ve en
el caso de tomar medidas desesperadas. Hace circular trenes por
lugares intransitables. Esos convoyes expedicionarios emplean a
20 veces varios años en su trayecto, y la vida de los viajeros sufre
algunas transformaciones importantes. Los fallecimientos no son
raros en tales casos, pero la empresa, que todo lo ha previsto,
añade a esos trenes un vagón capilla ardiente y un vagón
cementerio. Es razón de orgullo para los conductores depositar
25 el cadáver de un viajero—lujosamente embalsamado—en los
andenes de la estación que prescribe su boleto. En ocasiones, estos
trenes forzados recorren trayectos en que falta uno de los rieles.
Todo un lado de los vagones se estremece lamentablemente con
los golpes que dan las ruedas sobre los durmientes. Los viajeros
30 de primera—es otra de las previsiones de la empresa—se colocan
del lado en que hay riel. Los de segunda padecen los golpes con
resignación. Pero hay otros tramos en que faltan ambos rieles;
allí los viajeros sufren por igual, hasta que el tren queda totalmente destruído.

35 —¡Santo Dios!

—Mire usted: la aldea de F. surgió a causa de uno de esos
accidentes. El tren fué a dar en un terreno impracticable. Lijadas
por la arena, las ruedas se gastaron hasta los ejes. Los viajeros
pasaron tanto tiempo juntos, que de las obligadas conversaciones

triviales surgieron amistades estrechas. Algunas de esas amistades se transformaron pronto en idilios, y el resultado ha sido F., una aldea progresista llena de niños traviesos que juegan con los vestigios enmohecidos del tren.

—¡Dios mío, yo no estoy hecho para tales aventuras!

—Necesita usted ir templando su ánimo; tal vez llegue usted a convertirse en un héroe. No crea que faltan ocasiones para que los viajeros demuestren su valor y sus capacidades de sacrificio. En una ocasión, doscientos pasajeros anónimos escribieron una de las páginas más gloriosas en nuestros anales ferroviarios. Sucede que en un viaje de prueba, el maquinista advirtió a tiempo una grave omisión de los constructores de la línea. En la ruta faltaba un puente que debía salvar un abismo. Pues bien, el maquinista, en vez de poner marcha hacia atrás, arengó a los pasajeros y obtuvo de ellos el esfuerzo necesario para seguir adelante. Bajo su enérgica dirección, el tren fué desarmado pieza por pieza y conducido en hombros al otro lado del abismo, que todavía reservaba la sorpresa de contener en su fondo un río caudaloso. El resultado de la hazaña fué tan satisfactorio que la empresa renunció definitivamente a la construcción del puente, conformándose con hacer un atractivo descuento en las tarifas de los pasajeros que se atrevan a afrontar esa molestia suplementaria.

—¡Pero yo debo llegar a T. mañana mismo!

—¡Muy bien! Me gusta que no abandone usted su proyecto. Se ve que es usted un hombre de convicciones. Alójese por de pronto en la fonda y tome el primer tren que pase. Trate de hacerlo cuando menos; mil personas estarán para impedírselo. Al llegar un convoy, los viajeros, exasperados por una espera demasiado larga, salen de la fonda en tumulto para invadir ruidosamente la estación. Frecuentemente provocan accidentes con su increíble falta de cortesía y de prudencia. En vez de subir ordenadamente se dedican a aplastarse unos a otros; por lo menos, se impiden mutuamente el abordaje, y el tren se va dejándolos amotinados en los andenes de la estación. Los viajeros, agotados y furiosos, maldicen su falta de educación, y pasan mucho tiempo insultándose y dándose de golpes.

—¿Y la policía no interviene?

—Se ha intentado organizar un cuerpo de policía en cada estación, pero la imprevisible llegada de los trenes hacía tal

servicio inútil y sumamente costoso. Además, los miembros de
ese cuerpo demostraron muy pronto su venalidad, dedicándose a
proteger la salida exclusiva de pasajeros adinerados que les
daban a cambio de ese servicio todo lo que llevaban encima. Se
5 resolvió entonces el establecimiento de un tipo especial de escuelas, donde los futuros viajeros reciben lecciones de urbanidad y
un entrenamiento adecuado, que los capacita para que puedan
pasar su vida en los trenes. Allí se les enseña la manera correcta
de abordar un convoy, aunque esté en movimiento y a gran
10 velocidad. También se les proporciona una especie de armadura
para evitar que los demás pasajeros les rompan las costillas.

—Pero una vez en el tren, ¿está uno a cubierto de nuevas
dificultades?

—Relativamente. Sólo le recomiendo que se fije muy bien en
15 las estaciones. Podría darse el caso de que usted creyera haber
llegado a T., y sólo fuese una ilusión. Para regular la vida a bordo
de los vagones demasiados repletos, la empresa se ve obligada a
echar mano de ciertos expedientes. Hay estaciones que son pura
apariencia: han sido construídas en plena selva y llevan el nom-
20 bre de alguna ciudad importante. Pero basta poner un poco de
atención para descubrir el engaño. Son como las decoraciones
del teatro, y las personas que figuran en ellas están rellenas de
aserrín. Esos muñecos revelan fácilmente los estragos de la intemperie, pero son a veces una perfecta imagen de la realidad: llevan
25 en el rostro las señales de un cansancio infinito.

—Por fortuna, T. no se halla muy lejos de aquí.

—Pero carecemos por el momento de trenes directos. Sin
embargo, bien podría darse el caso de que usted llegara a T.
mañana mismo, tal como desea. La organización de los ferroca-
30 rriles, aunque deficiente, no excluye la posibilidad de un viaje sin
escalas. Vea usted, hay personas que ni siquiera se han dado
cuenta de lo que pasa. Compran un boleto para ir a T. Pasa un
tren, suben, y al día siguiente oyen que el conductor anuncia:
«Hemos llegado a T.» Sin tomar precaución alguna, los viajeros
35 descienden y se hallan efectivamente en T.

—¿Podría yo hacer alguna cosa para facilitar ese resultado?

—Claro que puede usted. Lo que no se sabe es si le servirá de
algo. Inténtelo de todas maneras. Suba usted al tren con la idea
fija de que va a llegar a T. No converse con ninguno de los pasa-

jeros. Podrían desilusionarlo con sus historias de viaje, y hasta se daría el caso de que lo denunciaran.

—¿Qué está usted diciendo?

—En virtud del estado actual de las cosas los trenes viajan llenos de espías. Estos espías, voluntarios en su mayor parte, dedican su vida a fomentar el espíritu constructivo de la empresa. A veces uno no sabe lo que dice y habla sólo por hablar. Pero ellos se dan cuenta en seguida de todos los sentidos que puede tener una frase, por sencilla que sea. Del comentario más inocente saben sacar una opinión culpable. Si usted llegara a cometer la menor imprudencia, sería aprehendido sin más; pasaría el resto de su vida en un vagón cárcel, en caso de que no le obligaran a descender en una falsa estación, perdida en la selva. Viaje usted lleno de fe, consuma la menor cantidad posible de alimentos y no ponga los pies en el andén antes de que vea en T. alguna cara conocida.

—Pero yo no conozco en T. a ninguna persona.

—En ese caso redoble usted sus precauciones. Tendrá, se lo aseguro, muchas tentaciones en el camino. Si mira usted por las ventanillas, está expuesto a caer en la trampa de un espejismo. Las ventanillas están provistas de ingeniosos dispositivos que crean toda clase de ilusiones en el ánimo de los pasajeros. No hace falta ser débil para caer en ellas. Ciertos aparatos, operados desde la locomotora, hacen creer, por el ruido y los movimientos, que el tren está en marcha. Sin embargo, el tren permanece detenido semanas enteras, mientras los viajeros ven pasar cautivadores paisajes a través de los cristales.

—¿Y eso qué objeto tiene?

—Todo esto lo hace la empresa con el sano propósito de disminuir la ansiedad de los viajeros y de anular en todo lo posible las sensaciones de traslado. Se aspira a que un día se entreguen plenamente al azar, en manos de una empresa omnipotente, y que ya no les importe saber a dónde van ni de dónde vienen.

—Y usted, ¿ha viajado mucho en los trenes?

—Yo, señor, sólo soy guardagujas. A decir verdad, soy un guardagujas jubilado, y sólo aparezco aquí de vez en cuando para recordar los buenos tiempos. No he viajado nunca, ni tengo ganas de hacerlo. Pero los viajeros me cuentan historias. Sé que los trenes han creado muchas poblaciones además de la aldea de F.,

cuyo origen le he referido. Ocurre a veces que los tripulantes de un tren reciben órdenes misteriosas. Invitan a los pasajeros a que desciendan de los vagones, generalmente con el pretexto de que admiren las bellezas de un determinado lugar. Se les habla de
5 grutas, de cataratas o de ruinas célebres: «Quince minutos para que admiren ustedes la gruta tal o cual,» dice amablemente el conductor. Una vez que los viajeros se hallan a cierta distancia, el tren escapa a todo vapor.

—¿Y los viajeros?

10 —Vagan desconcertados de un sitio a otro durante algún tiempo pero acaban por congregarse y se establecen en colonia. Estas paradas intempestivas se hacen en lugares adecuados, muy lejos de toda civilización y con riquezas naturales suficientes. Allí se abandonan lotes selectos, de gente joven, y sobre todo con mu-
15 jeres abundantes. ¿No le gustaría a usted acabar sus días en un pintoresco lugar desconocido, en compañía de una muchachita?

El viejecillo hizo un guiño, y se quedó mirando al viajero con picardía, sonriente y lleno de bondad. En ese momento se oyó un silbido lejano. El guardagujas dió un brinco, lleno de inquietud,
20 y se puso a hacer señales ridículas y desordenadas con su linterna.

—¿Es el tren?—preguntó el forastero.

El anciano echó a correr por la vía, desaforadamente. Cuando estuvo a cierta distancia, se volvió para gritar:

—¡Tiene usted suerte! Mañana llegará a su famosa estación.
25 ¿Cómo dice usted que se llama?

—¡X!—contestó el viajero.

En ese momento el viejecillo se disolvió en la clara mañana. Pero el punto rojo de la linterna siguió corriendo y saltando entre los rieles, imprudentemente, al encuentro del tren.
30 Al fondo del paisaje, la locomotora se acercaba como un ruidoso advenimiento.

PREGUNTAS

1. ¿Cómo llegó el forastero a la estación desierta?
2. ¿Qué le había fatigado?
3. ¿Qué hora era cuando consultó su reloj?
4. ¿Ante quién se halló el forastero al volverse?
5. ¿Qué llevaba el viejo en la mano?
6. ¿Por qué necesita el viajero salir en seguida?

7. ¿Por qué sabe el viejo que el viajero lleva poco tiempo en el país?
8. ¿Qué aconseja el viejo que haga el viajero?
9. ¿Por cuánto tiempo debería contratar el cuarto? ¿por qué?
10. ¿Por qué es famoso el país?
11. ¿En qué aspecto de los ferrocarriles se han hecho grandes cosas?
12. ¿Qué comprenden las guías ferroviarias y para dónde se expenden boletos?
13. ¿Qué es lo único que falta?
14. ¿Qué esperan los habitantes del país y qué les impide la crítica?
15. ¿Hay algo que indique que pasa un tren por la ciudad?
16. ¿Qué hay en otras poblaciones?
17. ¿En qué se empeña el viajero y por qué debería darse por satisfecho según el viejo?
18. ¿Con quiénes puede el viajero hablar en la fonda?
19. ¿Por qué han adquirido éstos grandes cantidades de boletos?
20. ¿Con qué va a ser construído el próximo tramo de los ferrocarriles nacionales?
21. ¿Qué tienen que tomar en cuenta los viajeros?
22. ¿Qué hace la empresa en su afán de servir a los ciudadanos?
23. ¿Por qué necesitan los trenes expedicionarios un vagón capilla ardiente y un vagón cementerio?
24. ¿Cuál es una razón de orgullo para los conductores?
25. ¿Qué trayectos recorren en ocasiones estos trenes forzados?
26. ¿Dónde se colocan los viajeros de primera?
27. ¿Dónde sufren por igual todos los viajeros?
28. ¿Cómo surgió la aldea de F.?
29. ¿Qué hicieron en una ocasión doscientos pasajeros anónimos?
30. ¿Qué advirtió a tiempo el maquinista?
31. ¿Qué hizo él en vez de poner marcha atrás?
32. En vez de construir el puente ¿qué ofreció la empresa a los viajeros?
33. ¿En qué se ve que el viajero del cuento es un hombre de convicciones?
34. ¿Cómo se impiden mutuamente los viajeros el abordaje cuando llega el tren?
35. ¿Por qué ha resultado inútil organizar un cuerpo de policía en las estaciones para vigilar el abordaje?
36. ¿Qué es lo que se enseña en las escuelas especiales para los futuros viajeros?
37. ¿Por qué es necesario fijarse bien en las estaciones?
38. ¿Cómo son las estaciones de pura apariencia?
39. A pesar de la deficiente organización de los ferrocarriles ¿qué posibilidad no está excluída?
40. ¿Qué puede hacer el viajero para facilitar la llegada a su destino?
41. ¿Por qué hay espías en los trenes?
42. ¿Por qué no debería el viajero mirar por las ventanillas?
43. ¿De qué están provistas las ventanillas?
44. ¿Desde dónde están operados estos aparatos?

45. ¿Qué hacen creer?
46. ¿Qué ven pasar los viajeros?
47. ¿Por qué hace esto la empresa?
48. ¿A qué se aspira?
49. ¿Qué clase de empleado es el viejo?
50. ¿A qué invitan los tripulantes a los pasajeros?
51. ¿Qué pasa cuando los viajeros se hallan a cierta distancia?
52. ¿Qué hacen los viajeros abandonados?
53. ¿Qué ruido interrumpió la conversación?
54. ¿Por qué tiene suerte nuestro viajero?
55. ¿Qué se acercaba al fondo del paisaje?

VOCABULARY

The vocabulary does not list those words and forms that, in the opinion of the editors, are already familiar to students at the intermediate level. The omissions are: (a) the first 1500 words of M. A. Buchanan's *A Graded Spanish Word Book* (Toronto, 1936); (b) easily recognizable cognates; (c) cardinal and ordinal numbers; (d) days of the week and the months; (e) adverbs in -**mente** when the corresponding adjective appears; (f) common diminutives, augmentatives, and superlatives in -**ísimo**; (g) past participles of listed infinitives; (h) words and phrases explained in the footnotes; and (i) well-known proper and geographical names. We have not omitted any of these classes in a rigid manner since, whenever we doubted whether the student would understand a term or not, we preferred to include it in the vocabulary.

The gender of nouns does not appear in the case of: (a) masculine nouns ending in -e, -ín, -ista, -o, -ón (excluding nouns ending in -azón and -ión which are usually feminine), and -r; and (b) feminines ending in -a, -azón, -dad, -ez, -ión, -tad, -tud, and -umbre. All verbs are listed under infinitives. Prepositional usage is given with most verbs. Radical changes in verb conjugations are indicated thus: (ue), (ie, i), etc. Popular usage is given with equivalents in standard Spanish. A dash means repetition of the key word. Parentheses enclose alternate usage.

The following abbreviations are used: *adj.* adjective; *adv.* adverb; *art.* article; *aug.* augmentative; *dim.* diminutive; *Eng.* English; *f.* feminine; *Fr.* French; *impers.* impersonal; *inf.* infinitive; *m.* masculine; *past part.* past participle; *pers.* person; *pron.* pronounced; *sg.* singular; *subj.* subjunctive.

A

abajo down; **allá —** down there; **— de** below; **hacia —** down, downward

abalanzarse (**sobre**) to rush upon

abandonar to abandon, give up

abandono sloppiness

abanicar to fan, brush over

abasto slaughter house; **no dar —** not to meet the demand

abatido dejected, downcast, discouraged

abatimiento dejection

abatir to strike down, fell; to discourage, break up; **—se** to calm down

abierto open, opened; **a grito —** at the top of his voice

abismo abyss, gulf, gorge

abochornarse to be dissatisfied (angry, impatient) with oneself; to become embarrassed

abollado dented

abominar to hate

abordaje getting on, boarding

abordar to get on, board; to speak to, address, approach

abordo aboard, confined to the ship

aborrecer to hate

aborrecido hated, hateful

abra valley

abrazar to embrace

abrigar to foster, inspire

abrir to open; **abrírsele** to open; —**se paso** to break through, push through; **en un** — **y cerrar de ojos** in a jiffy; —**se campo** to make way for oneself

abrumado weighed down, overwhelmed

abrumador crushing

abstenerse (de) to abstain (refrain) from

abstraído absorbed

abultamiento bulge

abundar (en) to be rich in

abundoso thick

aburrirse to get (become) bored

abusador annoying person, one who takes undue advantage *or* goes too far

acabar to finish; — **de** + *inf.* to have just + *past part.*

acariciar to caress, pet

acaso perhaps, perchance, for example

accesoria outbuilding

acción action; **en** — swinging free

accionar to act, perform

accionista stockholder

acelerar to hurry

aceptar to take, accept

acera sidewalk

acercar to put (push, bring) near; —**se (a)** to approach, come (go) up, draw near

acero steel, blade, razor-edge

acertar (ie) to come through; — + **a** + *inf.* to chance to + *inf.*

aciago terrible, unfortunate

acodado leaning on elbows

acodarse to double back, turn sharply

acoger to receive

acometer to carry out, attack, set about

acomodarse to accommodate oneself, to arrange, make oneself comfortable, settle down

acompasadamente rhythmically

acompletar to complete, make up

acongojado worried, sorrowful

aconsejar to advise, prescribe

acontecimiento happening, event

acordarse (ue) to recall, remember

acorde chord; — **con** in agreement with

acortar to shorten, take up

acosado beset, surrounded, plagued

acostar (ue) to lay down, lay on its side; —**se** to lie down

acróbata *m.* acrobat, juggler; **automatismo** — mechanical balancing movements

acto action, act

actuación activity, behavior

actual present

acuario aquarium

acuchillado pierced

acudir to come, appear

acuerdo agreement, accord; **de** — **con** depending on, according to

acunado lulled

acurrucado huddled up, crouched

acurrucarse to cuddle up, snuggle up

acusado accused man

acusador accusing

achatado flattened, stubby

achicharrado burned up, scorched, sun-baked

adarme bit

adecuado fitting, proper, well placed

adelantado; por — in advance

adelantar(se) to advance, step up, step forward

adelgazarse to become thin

ademán *m.* gesture

adentro inside; **para** — to herself; **hacia** — in, inside

adherir (ie, i) to cause to stick, make stick

adiestrarse to be skilled, become skilled

adinerado wealthy

adivinar to guess, make out, hit upon, divine

adquerir (**ie, i**) to acquire, get, attain

adquisición acquisition; **de — reciente** recently acquired

adueñarse to become the owner, take possession of

adulón flatterer

adusto stern

advenimiento miracle

advertencia warning, advice

advertir (**ie, i**) to instruct, ask, request; to notice, remark, observe

afamado famous

afecto(**s**) affection; **los —s familiares y profesionales** family ties and professional interests

afeitada shave

afeitar to shave

afeites *m. pl.* make-up, complexion

afición interest

afiche poster

afigurarse = figurarse

afilado sharp

afinar to become refined

afirmar to affirm, state

aflojar to relax

afluir to flow from; to come in droves

afortunado lucky, fortunate

afrenta insult, affront, slight

afrontar to face, put up with

afuera outside

afusión shower bath

agarrado gripping, holding onto

agarrotado held, possessed, seized, gripped

agencia: por — de because of, on account of

agente agent, policeman; representative

agitar to move, wave, agitate, shake; **—se** to move

agolparse to crowd, accumulate

agonizar to suffer, lie in agony

agotar to exhaust, wear out

agraciado nice, attractive, charming

agradablemente agreeably, pleasantly

agradar to please

agradecer to thank

agradecimiento gratitude

agrandado big

agrandar to enlarge, make larger, make worse; **—se** to become large

agregado farmhand, tenant farmer

agregar to add

agriarse to be spoiled; to be out of the question; to become embittered

agrietado cracked

aguacero shower, rainstorm

aguantar to stand, bear, put up with, suffer, go through

aguardar to wait for; **—se** to be expected, be in the offing

aguazón flood

agudeza sharp pain

agudo sharp, keen

agüen = ah, bueno O.K., all right

agüería witchcraft

aguijoneado spurred on

agujerillo peephole

agujero hole

ahí there; **por —** around someplace, around there; **de por —** from over there

ahogadamente almost stifled

ahogar to drown, drown out, smother

ahorcar to hang

ahorrar to save

ahuecar(**se**) to hollow out; reflect, recede into, become

áhura = ahora

ai = ahí

aire breeze, wind, air; appearance, bearing; **con —s de** with an appearance of

airoso haughty, haughtily, gallant(ly)

aislado alone, by oneself; single, isolated

ajado weather-beaten

ajeno strange, alien, disinterested; **una milpa —a** another's planting; another's cornfield

ajuera = afuera

ajustado tight-fitting

ajustar to fit on, buckle on, fasten

alabado praised ¡**bendito y —!** Lord in Heaven!

alambrado wire fence

alambre wire; **— de púa** barbed wire

álamo poplar

alante = adelante in front

alardear to make a display of
alardes *m. pl.* display
alargar to stretch out, extend
alarido cry, shout
alarmado surprised, alarmed
alazán sorrel
alba dawn; *symbolically,* youth
alboreo dawn
alborotado swirling
alborozarse to become gay or exhilarated
alcanzar to reach, overtake; — (a) + *inf.* to succeed in -ing
alcatraz *m.* pelican
alcoba bedroom
alcoholaturo; — **de brionia** alcohol mixed with bryony
aldea village
aldeana village girl
Alejandro de Macedonia *Alexander, King of Macedonia and conqueror of Asia* (356–323 B. C.)
alejar to put aside; —se to leave, walk off, go off, walk away
alemán German
aletear to flutter, beat out; to offer
aleteo fluttering of wings
alfarero potter
alguito somewhat, a bit
aliento breath, warm breath
alimentar to feed; —se de to feed on
alimento food, nourishment, a living
alineado lined up
alisar(se) to smooth, smooth down
alivio relief
almidonado starched
almohada pillow
almorzar (**ue**) to lunch, breakfast
almuerzo lunch
alojamiento lodging
alojarse to stay, find lodging, take lodging
alpargata sandal
alpargatica small sandal
alquilar to rent
alquiler rent, rental
alrededor: a su — around her
altanero haughty
alterado torn up
altercado argument, quarrel
altivo haughty
alto: lo — the top; **los** —s upstairs

alud *m.* avalanche
aludido one referred to
alumbrar to illuminate
alusión reference, remark, allusion
alusivo suggestive
aluvión flood
alzadamente audibly
alzaprima spur-holder
alzar to raise; —se to rise up
allá: — **ella** that's up to her, that's her business; — **arriba** up there
amabilidad friendliness
amable kind, nice
amachinao = amachinado: estaba — **con** he was living with
amaestrado trained
amainar to slacken, let up
amanecer early morning, dawn; *v.* to dawn, to wake up, be at dawn
amante *m.* or *f.* lover
amarillento yellowish
amarillo yellow
ámbitos *m. pl.* surroundings
ambuleto = amuleto
amenazador threatening
amo boss, owner, master
amoldarse to adjust oneself
amontonamiento building up; accumulation, cluster
amontonar to store up, build up, pile up
amontonáu = amontonado
amor sweetheart, darling
amostazarse to be annoyed
amotinado mutinous, milling about
amparo protection
amplio ample
amuleto amulet, talisman, lucky charm
anacrónico out-of-date
anales *m. pl.* annals
análisis *m.* investigation
anarquía anarchy, disorderliness
anca croup, haunch
anciano old man; elderly, old
andavete run along
andén *m.* platform
andrajos *m. pl.* rubbish, tatters
andrajoso ragged
anfibio amphibious
angelito angel
angosto narrow

ángulo angle; — **oblícuo** oblique angle, slant

angustia sorrow, anguish, suffering

angustiado anguished, sorrowful

anhelado longed-for, much desired

anhelo longing

ánima spirit, ghost

animalidad bestiality, brutishness

animar to animate, create life in; —se to become animated, brighten up

ánimo spirit, courage; mind

aniquilar to upset, spoil

Ancash *state in Peru north of Lima*

anoche last night

anochecer nightfall; *v.* to grow dark

anómala unusual, extraordinary, strange

anomalía strange characteristic

anomás as soon as

anónimo nameless, anonymous

anotar to write up, make out

ansiedad anxiety

ansina = así

ansioso anxious, eager

ante in front of, before

antebrazo forearm

antecámara antechamber

antecesor ancestor

antecomedor serving room

antelación: con — beforehand

antemano: de — beforehand

anteojos *m. pl.* glasses, eyeglasses

anterior one before; earlier

antes rather; — **de** before

antipatía hatred, antipathy

antisemita anti-Semitic

antiserrano anti-Indian

antojarse to fancy oneself, believe oneself, imagine oneself

antropoide anthropoid *or* manlike ape

anudar to tie; —se to twine oneself about

anulado frustrated

anular to annul, do away with, eliminate

anunciar to announce, call out

anuncio indication

añadir to add, attack

apacible peaceful

apaciguarse to calm down

apagar to put out, muffle; —se to go out, become extinguished

aparato apparatus, device

aparatosamente in a dazzling way

aparcero partner

aparición appearance

apariencia appearance

apartarse to go away, move away; **apartate** scram!, keep away! (*This is the* voseo *form and is pronounced* apartáte.)

apedrear to stone

apelotonado circular, ball-shaped

apenas just, scarcely; — **si** hardly, scarcely

apero gear, equipment

aplanar to play stretched out (*on the floor or the ground*)

aplastado crushed

aplastante crushing

aplastar to crush

aplauso(s) applause

aplazar to postpone

aplicarse to apply, put on

apoderarse de to take possession of, take over

apodo nickname

apóstrofe digression, digressive remarks

apoyo support

apreciar to estimate, calculate; to appreciate, value highly, esteem

aprehendido arrested

apremiante pressing, urgent

apremiar to rush

aprendido learned, studied

apresuradamente rapidly

apresurarse to hurry, hasten

apretar (ie) to press, squeeze; to clench, tighten, bring together; to drive

aprobado approved

apropiado suitable

aproximarse to approach

apuntado aimed, intended

apuñalar to stab

apurar to hasten, hurry

ar = al

araña chandelier

arbusto shrub

arcilla clay; — **bruja** magic clay

arco bow

arder to burn
ardiente burning
arena sand
arengar to harangue, urge, deliver a speech
argentino Argentinean
argumentar to argue
aridez dryness, aridity
ariete battering-ram force
arisco shy, touchy
arlequín harlequin
armada Navy
armadura armor
armario closet, wardrobe, cupboard
arrabal *m.* quarter, district, poor district, slums
arrancar to tear (out), tear from; to start; — de cuajo to tear off violently and completely
arrasar to destroy, drive mad
arrastrar to drag, drag down, sweep away, carry off; — el ala to pursue, chase after
arrear to urge on, herd; to saddle
arrebatar to snatch
arrebato sudden inspiration, sensation, emotional fit, feeling, emotion
arreciar to get worse
arreglarse to be arranged, be fixed up, be settled
arrestar to arrest
arresto arrest, offense, demerit
arribar to arrive
arriesgar to risk
arrimar to slip, press; —se to step forward, approach
arrinconar to corner
arrojar to throw; —se sobre to throw oneself on, attack
arropado dressed, attired
arroyo rivulet
arruga wrinkle
arrugar to wrinkle, rumple, muss; — el gesto to scowl
Artemisa *A small town southwest of Habana, Cuba*
articular to say, pronounce, articulate
asado roast
asaz quite, enough
ascender to progress, rise
asediar to beset, possess
asegundar to repeat, second

asentar (ie) to strop
aserrín sawdust
asesinato assassination
asesino assassin, murderer
asestar to deliver, let fly
asfixiante stifling
así thus, this (that) way, so it was; if, even if; just like that; — como just in any old way
asiento seat
asilo asylum
asir to seize, grab; —se de to seize, grab
asoleado lying in the sun
asomar to show, appear; —se to appear at, peek in, look in
asombrado frightening, terrifying, stunning, shocking
asombro astonishment
asombroso astonishing
áspero rough
aspiración inhalation
astucia cleverness
asunto matter, affair; en todo el — in the bargain
asustado frightened
atadura knot
ataque fit, attack
atar to tie
atardecer evening, twilight
atareado busy
atarraya casting net, hand net
ataviado dressed; — de fiesta dressed in fiesta costume
atávico atavistic, reverting to ancestral type
atemorizado fearful
atender (ie) to take care of, attend, tend, pay attention to
atento attentive
ateo atheist
aterrado buried
aterrador terrifying
atinar (a) to succeed in
atisbar to scrutinize, look intently, spy
atontado benumbed, stupid, dazed
atosigado harassed, pressed, urged on
atracarse to crowd around
atraer to attract
atrancar to hold back

atrás back, backwards; **de —** hind; **más —** back up, stand back

atravesar (ie) to cross, come through

atreverse (a) to dare to

atrevido daring, bold, immodest, shameless

atribuir to attribute

atributo attribute, characteristic

atrofia atrophy, loss through disuse

atropellar to run over, attack, rush upon, rush at

atropello outrage, abuse, outrageous conduct *or* behavior

aturdido fussed, confused, bewildered, dizzy

audaz bold, audacious

audiencia hearing, trial, court

auditorio listeners

augurio omen, augury; **silencio de mal —** a foreboding silence

aula classroom

aullido howl

aumentar to increase in size

aumento increase, raise

aún, aun yet, still: **— cuando** even

aureolado de framed in, clothed in, characterized by

aurora dawn

auroral dawn

ausencia absence

ausentarse to be absent, be away

ausente absent

austral southern

automatismo involuntary action, mechanical action

avariento greedy

avaro miser

avatar incarnation

ave *f.* bird

Ave María Hail Mary, *an old-time greeting whose traditional answer is either* Sin pecar *"without sin" or* Sin pecado concebida *"conceived without sin."*

avenirse (con) to suit, be in accord with

aventarse (ie) to rush, jump

aventurar to venture

aventurero adventurer, lover of adventure

avergonzado ashamed

avergonzarse (ue) to be ashamed

averiado in bad condition, damaged

averiguar to find out

ávido eager, anxious

avisar to advise, call, let someone know; **avisado que fué el cuartel de bomberos** when the fire station was called

avivar to awaken

axila armpit

azabache jet

azada hoe

azadón hoe

azadonar to hoe, break up

azar chance, luck, hazard

azogado restless

azogue quicksilver

azoramiento confusion

azotar to batter, patter; to beat against the shore

azote whipping

azular to make blue, give a bluish cast

B

Baal Shem-Tob *or* "Master of the Divine Name," *Name given to Israel ben Eliezer* (1698–1759), *the founder of the Hebrew sect, the Hassidim or "the pious ones"*

babosa dope, silly fool

babosada foolishness, stupid remark, silly idea

baboso stupid, silly, dumb, dumbbell, dope

bache hole, mudhole

badana leather strap, razor strop

Badulaque "Shiftless," *a nickname*

Baedeker Baedeker guidebook

bailarina dancer

baile dance

bajar to come (go) down; to lower, let down

bajero low, low-hanging

bajo under, below, low; **por lo —** in a low voice

bala bullet, shot

balance rocking chair, rocker; sway; movement of a ship

balancear(se) to sway

balandra sloop

balaustrada railing, balustrade

balbuceo stammering
balde: de — free, gratis
baldosa stone
balido bleats, wails; toot, tooting
balsa flatboat, barge
bananal *m.* banana grove
banano banana tree
banca bench, pew
banco bank; bench, display table
bandada group, sprinkling
bandido bandit
bañarse to bathe, go swimming
barajar to mull over
barato cheap
barba beard, whiskers; chin; con toda la — first class, expert
barbarie *f.* barbarism, lack of civilization
bárbaro barbaric
barbechar to plow
barbero barber
barcelonés inhabitant of Barcelona
barco ship
barniz *m.* varnish
barra bar, poker; las —s benches, court
barro clay, mud
barroso muddy
barrio neighborhood
barrote bar, picket
barsa = balsa raft
bastimentero grocery boy, delivery boy
basto coarse, rough
bastonero dance caller, master of ceremonies
basura garbage, refuse, flotsam and jetsam
bata dressing gown, bathrobe
batir to work up
bebé *m.* baby
belfo lower lip
belleza beauty
bendito blessed; ¡— y alabado! Lord in Heaven!
benévolo benevolent, kindly
'ber = haber
beso kiss
bestezuela little animal
bestializar to brutalize, turn men into beasts
'bía = había

biblia bible; —s Scriptures
bibliófilo bibliophile, lover of books
bicornio two-horned animal
bien well; muy — O.K., aye, aye, sir; all right; o — or rather; no — scarcely; *m.* honey, dear, darling
bienestar well-being
bienhechor beneficial, pleasant
'biera = hubiera
bifronte two-faced
blancura whiteness, white substance
bloque block
blandir to brandish, wave about
boca mouth
bocanada puff, cloud
boga vogue
bolada opportunity, chance
boleto ticket
bólido shooting star; como un — like a shot, like a flash
bolita little ball, marble, mothballs (*Mothballs or* naftalina *are sold by street vendors in Lima, Peru.*)
Bolívar *m.* The Hotel Bolívar, *a popular hotel in Lima, Peru, located on the Plaza San Martín*
bolsa pocket, bag
bolsillo pocket
bomba pump
bombero fireman
bombo bass drum
bono bond
boquiabierto: quedarse — to be dumbfounded
borde edge, border, threshold
bordo: a — aboard, on board
borracho drunk, drunkard
bosque woods, forest
bostezo yawn; heavy *or* deep breathing
bota boot; — de potro gaucho boot (*made from the intact skin of the lower leg of a horse*)
botar to throw away; kick out
bote boat; de — en — full, packed
botica drugstore
botín shoe
bracear to stroke; to swing one's arms, move one's arms; to swim
bramar to roar
bramido roar
brasa live coal

bravo severe, fierce

brazada armful, load

brillo shine, shimmer, light, gleam; —s de bronce shiny brass

brinco jump; pegar un — to jump up

brindar to offer

brío enthusiasm, drive

brioso spirited

Broca, Paul (1824–1880), A famous French physician known for his studies in anthropology and criminology

brocha brush

broma joke, trick, hoax

bromuro bromide

bronce brass

brotar to gush, flow forth; to come forth

bruces: de — face down

brujo witch; — curandero witch doctor; adj. magic

brújula mariner's compass

brusco sudden, brusque; —a estrella de sangre a spattered bloodstain

brusquedad rudeness; con — brusquely, rudely, abruptly, directly, without beating around the bush

bruto stupid, dumbbell, dope

budista Buddhist

buenamoza good-looking, attractive

buey m. ox

bulto shape, form

bullir to bubble up, boil, swarm

buque ship

burbuja bubble

burbujar to bubble

burdel m. house of prostitution

burlón, burlona jokester, playful, fond of making jokes; sly, mocking

burro burro, donkey

busca search

buscador seeker

buscapique: como — like a shot

búsqueda search

busto bust, breasts; trunk of body

butaque small chair

C

cabal complete

cábala cabala, mystic occult theosophy of the Hebrews

caballada herd of horses

caballo: a — on horseback

cabecera bedside, head of the bed

cabo corporal; — Fogonero de Segunda Clase Fireman Second Class, a naval rating

cabortero skittish

caburéi m. caburé, a small bird of prey known for its magic properties and found in the River Plate region

cacerolita dim. of cacerola little pan; tin cup (for begging)

cachas: las dos — the handle

cachimbazo mess (of fish)

cada: — cual each one; — quien each one, each person; — vez más more . . . than ever, more and more

cadáver body

cadávere = cadáver

cadena chain

caderona big-hipped, hippy, broad-beamed

caer to fall, transfer to, become; —se to fall down; —se en la cuenta to realize; no le caía mal it was not unbecoming

cafetín small café

caiban = caían

cajón box; drawer

cal f. lime

calabozo cell

calado soaked, drenched

calcáreo limestone, calcareous

calcular to estimate, guess

cálculos m. pl. estimate

caldera boiler

calentano lowlander, inhabitant of tropical coast

calentar(se) (ie) to get angry

cálido warm

caliente angry, sore

calmar to calm

caluroso hot

calvo bald

calzada pavement

calzoncillo cotton trousers (worn underneath the chiripá, frequently embroidered and then called — cribado)

calzones m. pl. pants, trousers

Callao, El *A city on the Pacific coast of South America that serves as the port for the capital city of Peru, Lima, located about six miles inland*

calle *f.* street, row

callejón alley

cambeye = **cambie**

cambio change; **en —** on the other hand; **a — de** in return for

camisa shirt

camiseta undershirt

camisón nightgown

campana bell

campesino country, rustic, farmer

cana gray hair

cancha cleared circle, space; **abrir —** to make way, give space, clear the way

candela fire

canela cinnamon tree, *small South American variety*

canoso gray, graying

cansancio exhaustion

cansino tired

cantina: comida de — poor *or* skimpy meal

cantinela singsong

cantor singer

canturrear to hum, sing in a low voice

cañada dell, ravine, gully

cañetano *Native of Cañete, a port on the Peruvian coast south of Lima and known for cotton and sugar exports*

caño nozzle

capa cape, coat; covering; curtain

capacitar to prepare

capataz *m.* foreman

capaz capable

capilla chapel; **— ardiente** funeral chapel

caprichoso capricious, whimsical, playful

capuera second growth, thicket; **— de canela** stand of cinnamon trees

cara face; **de —** a facing; **hacer —** to face, stand up to

carácter nature

caracha skin disease, itch, mange

carbón coal

cárcel *f.* prison

carcelario prison, pertaining to a prison

carecer to lack

carga freight; duty; job, charge

cargar to carry

cargo charge, accusation

caricia caress, kiss

carnaval *m.* carnival, mardi gras

carnicería meat market, butcher shop

carnicero butcher

carnoso full; fleshy; large

caro expensive, dear

Cárpatos, Los Carpathian Mountains

carrao *A bird so named, native to Venezuela*

carraspear to clear one's throat

carrera career, profession; **a toda —** rapidly, swiftly; **a la —** in a jiffy

carrero carter, driver

carrizo reed

carro car, auto; cart

carromato fire truck

carteo card game

cartonería drawing paper store; **papelería y —** stationery store

casa house, home; **a — del ingeniero** at the engineer's; **— mala** house of prostitution; **— de empeños** hock shop, pawn shop

cascada waterfall

cáscara bark

casco hoof

caserío settlement

caso case, affair, matter; **hacer —** to pay attention; **en todo —** at any event

castaña brown, chestnut

catarata waterfall, cataract

catre cot

caucho rubber

caudaloso raging

caudillo leader

causa cause, trial; **a — de** because of, on account of

cautela caution

cauteloso cautious(ly)

cautivador charming

cautivar to capture, kidnap, abduct

caza hunt; **de —** hunting

cazar to catch, hunt; to pursue, chase

cebadera bag; **— pitematate** woven maguey fiber bag

ceder to give up, withdraw, cede, give way

cegador blinding

cegar (ie) to stop up, close up

ceguera blind anger

ceja eyebrow

celebrar to celebrate, applaud, laugh at

celeridad speech, swiftness

celeste heavenly; **azul —** sky blue

cementerio cemetery

cena dinner; supper, evening meal

cenar to dine; to eat supper

ceniciento gray, ash-colored

ceniza ash

centavito *dim. of* **centavo** penny, just a penny, cent

centavo cent

centenar hundred

centésimo hundredth

ceñir (i) to wear

cerbatana praying mantis

cercar to surround

cerciorarse to make sure

cerco fence, enclosure, hedge; **—** vivo hedge

cerda mane, bristle

cerebración cerebration, brain action

cerebral brain

cerebro brain

cerdo pig

ceremonioso formal, ceremonious

cerrado thick

cerradura lock

cerro hill; **El Cerro,** *a poor district of Habana, Cuba;* **Cerro Azul,** *coastal town south of Lima, Peru*

césped *m.* grass

cetrino jaundiced; ugly, unsightly

ciego blind; sluggish, slow-moving

cielo Heaven, ceiling, overhead

cifra number

cigarrillo cigarette

cigarro cigar

cima top

cinacina bramble

cincelar to engrave; to chisel (out)

cinchar to tighten a cinch of a saddle

cinto belt

cintura waist

circo circus

circunspección prudence; **con —** prudently, carefully

circunstancias: en — en que when, while

circunvolución convolution *or* fold in the brain

cisne swan

clandestino clandestine, concealed, secret

clarito very clear

claro clear; **¡—!** Of course!, To be sure!

clase *f.* class, rating

claudicación halting pace; limping, imperfect gait

clavar to nail, fix intently, stick

clave *f.* clue

clavel *m.* carnation; **— del aire** A *parasitic flowering plant comparable to our Spanish moss that frequently hangs or is hung from the limbs of trees*

clavo nail; hook

clienta, cliente client, customer

clientela customers, clientele

clima *m.* climate

cobardía a dirty, cowardly trick

cobija blanket; poncho

cobijador protecting

cobijar to protect, cover, warm

cocimiento concoction, brew

cocinero cook

coco coconut; noodle, bean, skull, dome; **abrirle el — a alguien** to crack somebody's skull

cochero driver

cochinada mess; **¡buena —!** a fine mess

coger to get, obtain, take, pick up, catch, grab a hold of

cojo lame

cola tail

colaborador contributor

colar(se) (ue) to slip through

colega colleague

colegio school

cólera anger

colérico angry

colgado de hanging onto (from)

colgar (ue) to hang up, hang down, hang; **—se del cuello** to throw one's arms around

colina hill
colmar to shower, bestow liberally
colmena hive, swarm
colmillo fang
colonia settlement
colorado red, ruddy-faced; **ponerse**
— to flush
collar necklace
comal *m.* griddle
combustible fuel
comentario comment, remark
comer to eat; —se to eat up; ¡**Coma**
güevo! Go chase yourself!
cometer to commit, utter
comezón *f.* itching, tingling; tension
comienzo beginning
comisario police commissioner
comisión mission, duty; committee
comisura corner
como as, like, since; ¿**Cómo?** How,
How come?, What do you mean?;
— **no** of course; — **quiera** any
which way; ¿**Cómo que . . . ?**
So . . . ?; — **para** enough to,
sufficient to
cómodo comfortable
compacto thick
compartimiento compartment
compás *m.* compasses, calipers, di-
viders; al — de in time with, in
rhythm with
compendiado contained
compensar to compensate, make up
for
complacerse to take pleasure
completar to complete, carry out
complot *m.* plot
componedor composing stick
componerse to fix up
comprador purchaser, buyer
comprender to understand; to include
comprobar (ue) to find out
comprometer to compromise, put in
a bad light, embarrass
comprometido asked for, promised,
ordered
compromiso engagement
compungido sad
computar to compute
comunidad community, interdepend-
ence; coexistence

concentrarse to hesitate
concepto idea
conciencia conscience; a — to his
satisfaction; de — conscientious
concienzudamente conscientiously
concurrencia bystanders, people
present, onlookers
concurrir concur, agree, add up
condenación condemnation, verdict
of guilty
condensarse to become acute
conferenciar to confer
confiado trusting
confidencia confidential information,
secret
conformar to suit; —se to decide to,
agree to
confraternizar to fraternize
confundido confused
conglomerado crowding, tussle
congreso congress, meetings (*of a
society*); — **Eremítico** Congress of
Religious Hermits; — **Talmúdico**
Congress of Talmudists
conjetura conjecture, guess, surmise
conjeturar to conjecture, surmise
conjunto combination, collection
conjuro conjuration, magic word,
power
cono cone, hill
conquista conquest
consecuencia: en — consequently;
a — de as a result of
conseguir to succeed in, get, obtain, win, conquer
conserje bailiff
conserva conserve, preserve
conservación self-preservation
considerar to consider
constancia determination, dogged-
ness
constante steady
constar de to consist of; to contain
constituir to constitute, make up
construir to construct
consuelo consolation
consuetudinario habitual
consumidor consumer
consumir(se) to be consumed, wear
out, wear down
contante: — y sonante in cash, cash
on the barrelhead

contentarse to be contented

contextura make-up, nature

contiguo next door

contingente contingent; — de sangre class

contorno outline

contorsionarse to wind

contraer(se) to contract, catch

contraído drawn back, tense

contratar to engage, take

conuco cornfield

convencido convinced

convenientemente in a proper fashion

convidar to invite

convivir to exist together, live side by side

convoy m. train

convulso convulsed

copa glass, goblet, chalice

copetudo important

copiosamente abundantly, largely, to a great extent

copioso abundant

coquetear to flirt

coquetona flirt, coquette, playful

coraje anger

corazonada presentiment, foreboding

corbata tie

corcovo bucking, rearing

corneta horn; m. bugler

coro group

coronar to crown, reward

coronita dim. of corona spray of flowers

correccional correctional

correcto correct, well-behaved, well-bred

corredor corridor, hall

corregir (i) to correct

correspondido accepted, led on

correspondiente customary

corriente f. flood, current

cortada haircut

cortado cut; set up, decked out

cortante cutting, biting

corteza bark

cortina curtain, shutter; — metálica steel window, shutter (In Spanish-speaking countries, a corrugated steel shutter or curtain is pulled down over a storefront at night)

corva calf of leg

corvo curved machete

coser to sew

cosmorama cosmorama, an exhibition of world views seen through a lens

cosquillear to tickle

cosquilloso ticklish

costado side

costar (ue) to cost, be hard for

costear to go alongside of, skirt

costilla rib

costoso expensive, costly

costra shell

costumbre custom, habit, mannerism, peculiarity; de — customary; —s consentidas y continuas typical and continuous habits

costura sewing

costurera seamstress

coy m. hammock

coz m. kick

cráneo head

crapuloso filthy, dirty

crecer to grow, increase, grow up; to become swollen

crecido grown, swollen, bloated; no muy — not very long

creciente increasing, growing; f. flood, flash flood

crecimiento growth

creencia belief, thought

crepúsculo twilight, evening; mantiene en — pushes to one side

crespo stiff

cresta summit, crest

cretino idiot

cretona cretonne

cría breed, breeding; colt

criada maid

crianza upbringing

crimen m. crime

crines f. pl. mane

criollo Creole, i. e., native or typical of Spanish America. The vals criollo, for example, is the typical Peruvian waltz well known elsewhere in Spanish America

cristal m. pane, glass, crystal

cristianismo Christianity

crucero cruiser

crudo crude, bright, dazzling

crujido creaking

crujir to crack, crackle, creak

cruz *f.* cross, withers; **haciendo —** forming a cross; **en —** crossed, intervening, interfering

cruzar to cross, go through; **—se con** to come face to face with

cuadra block

cuadrúmano four-handed

cuádruple quadruple

cuajo: arrancar de — to tear off violently and completely

cual: el (*and other forms of the art.*) **—** which; as if, as though, like, as

cualidad quality, good quality

cualquier(a) any, anybody

cuando when; **de — en —** from time to time; **¿Hasta —?** How long must I wait?

cuanto all that, everything that; **en — a** as for, as far as . . . is concerned; **en —** as soon as; **unos —s** a few

cuartel *m.:* **— de bomberos** fire station

cuartelero quartermaster of the watch

cuarto quarter, fourth; room; **—s** body

cuartucho little room

cubetazo bucketful

cubículo cubicle, tiny room

cubierto covered; **a — de** protected

cuclillas: en — kneeling, squatting

cuco bogieman

cuchicheo whispering

cuchiyo = cuchillo

cuello collar; neck

cuenta account; bead, bead-like; **darse —** to realize; **—s** reckoning, explanations; **más de la —** more than necessary; **caer en la —** to realize

cuento story; **traer a —** to bring forth

cuerda cord, string, rope; **dar —** to wind (up)

cuerdo intelligent

cuerno horn, hunting horn

cuero leather

cuerpo body; **— cinco** 5-point, i. e., *a very small type*

cuestión item, charge; **por — de** by a matter of

cuidado care; **tener —** to take care of; **no tener —** not to worry

cuidadosamente carefully

culebra snake; **— de brillo** serpentine shimmer

culebrear to wind back and forth

culminar to end (up), come to an end

culto cultured, civilized

cumbre top

cumpleaños *m.* birthday

cumplir (**con**) to attend to, take care of, carry out the orders (wishes) of, fulfil, live up to, carry out duties, live up to one's obligations, attain, reach

cundir to fill

cupé *m.* coupe

curar to get well

curioso funny, queer; onlooker, passerby, bystander

curpa = culpa blame

curpable = culpable worthy of blame

curtido tanned

curtiembres *f. pl.* tanning waste

curveante curving

CH

chaleco vest

chalet *m.* hut, cottage

chamuscar to sear, scorch, singe

chancar to crush, mash

chapuzón splash

charco puddle

charla conversation

chasquear to click

chasquido cracking sound, sharp noise of one object striking another

cheque check

chica girl

chico kid, urchin; son; boy

chicharra cicada

chiflar to whistle

chilar farm; chile patch

chillar to chirp, scream, cackle, squeal

chillón gaudy
chimango vulture
chimbera chimbera, *small, minnow-like fish used as bait;* mess, swarm *or* school of chimberas
chimbolero string
chimenea fireplace
chimpancé *m.* chimpanzee
china girl, half-breed girl
chinchorro hammock
chino Chinese; **Soy como los —s** I am patient and long-suffering like the Chinese; half-breed; provincial, hick. *The police in Buenos Aires are frequently burly, tough ex-farmers of unquestioning obedience*
chiquito *dim. of* chico tiny
chirca chirca, *a small tree of the spurge family*
chirona jug, prison, cooler; **ir a —** to do time
chirriante creaking
chirriar to creak
chirrido creaking
chisme affair, reason, pretext
chispa spark
chisporroteante sputtering; quivering
chivo dice; goat
chocolatera chocolate pot; *a nickname given by sailors to their ship*
cholita Indian girl
cholo mestizo; Indian
Chopin, Frédéric (1809–1849) *A Polish composer and pianist*
chorrear to gush forth, flow freely
chorro stream, gush; **a —s** abundantly
choza hut
chubasco torrent, downpour, squall
chucho shiver

D

dantesco Dantesque, *reminding one of Dante's Inferno*
dañar to cause damage
dar to give, cause; **—le su paseo por Lima** take him on a sightseeing trip around Lima; **— a** to open on, face on; **— con** to hit upon,

discover; to catch up with; **— vuelta** to turn; **— la vuelta** to turn, to walk (go) completely around; **la cosa sólo daba para** the matter was only good for; **— a entender** to reveal; **— caza** to hunt; **— vueltas** to turn over; to press; to step on; **— abasto** to satisfy the demand; **—se por vencido** to admit defeat, give up; **—se la pena de** to take the trouble to; **— por +** *past part.* to consider **+** *past part.;* **—se por satisfecho** to content oneself with; **—se el caso** to happen
dársena dock
dato fact
debatir(se) to argue, discuss, struggle
deber *m.* duty; *v.* to be supposed to, should, ought to; owe; must, to have to; **debería +** *inf.* I (you, she, he) ought to **+** *inf.;* **debiera +** *inf.* I (you, she, he) ought to **+** *inf.;* **debo +** *inf.* I must
debilitar to weaken
decaer to decay, decline
decantado highly esteemed, much praised
decencia decency
decepcionado disappointed, disillusioned
decir to say, tell; **es —** that is to say
declaración statement, testimony
declinar to diminish, go down, fade
decrecido diminished, decreased
dedo finger; **— gordo** thumb
deducir to surmise, deduce
definir to mark out, outline
defraudar to disappoint
deglución swallowing
degollar (**ue**) to stifle, cut off; to cut a throat
degradante degrading
dejadez neglect, carelessness, slovenliness
dejar to let, permit; to leave (behind); **—se** to take off, remove; **—(se) de** to stop, leave off, fall short of, fail to
dejo tone

delante (de) before, in front of; **tener por —** to have ahead, have in store; **— suyo** in front of him
delantera advantage; **tomar —** to get ahead of
delator stool pigeon, informer
delegado delegate
deletrear to spell (out)
deleznable perishable
delgado skinny, lean, thin
delicado delicious
delicioso delightful
delirar to be delirious, be out of one's head
delirio delirium, raving
demencia madness
demora delay
demorar to delay
dende since; **— antes** for a long time
denominado called
dentrar = entrar
denunciar to denounce, show plainly
departamento room
dependiente clerk
depositario (de) responsible for, in charge of
depósito storeroom
derretir (i) to melt, liquefy
derribar to cut down
derrotado defeated
desacatarse to be guilty of disrespect
desafiar to challenge to a duel
desaforado unusual, extraordinary; crazy
desafortunado unhappy
desagradable unpleasant, disagreeable
desagradado displeased
desagrado displeasure
desahogarse to erupt, burst forth, express one's feelings, unburden oneself
desahogo: cuartito de — toilet, bathroom
desahojar to tear the leaves from
desalentado dismayed
desalojar to leave, dislodge, chase away
desamparado unprotected
desánimo downheartedness
desaparición disappearance

desarmar to disarm; to take apart
desarrollarse to unfold, develop
desatado undone, loose
desatinadamente in great confusion
desbandarse to flee in all directions
desbarajuste confusion
descalzo bare
descamisado shirtless
descampado clearing
descanso rest
descarga unburdening, outburst
descargar to discharge, give
descargo: a su — in his own favor
descascarado barkless, smoothed
descender (ie) to go down, get out; to leave the train
descendiente descendant
descifrar to solve; to read music
descompuesto in bad shape
desconcertado upset, disturbed, disconcerted
desconocido stranger, unknown person
desconocimiento lack of familiarity, ignorance
descubrir to discover, find out, find, come across
descuidar to neglect, overlook, forget
desde since, from; **— luego** at once, immediately, of course, nonetheless
desdén disdain; **—es** scorn
desdeñable: nada — not to be scoffed at, not to be underestimated
desdibujarse to become hazy
desdoblarse to unfold
desechar to reject
desembocadura mouth
desembocar (en) to rush into, turn into
desempeñar to carry out, free, extricate, redeem
desengaño disappointment, disillusionment
desensillar to unsaddle
desenvolver (ue) to cast, develop; **—se** to develop, unfold
desesperado desperate
desesperar to despair, lose hope
desfallecido faint, exhausted

desfigurado deformed; transformed
desfilar to pass, file, march
desgañitarse to shriek, scream
desgarrador heartrending
desgracia misfortune, trouble
desgraciao = desgraciado wretch
desgraciarse to get into trouble, get in Dutch
desgraciadamente unfortunately; too bad, tough luck
desgraciáu = desgraciado beggar, wretch
desgreñado disheveled
deshacer to untie, undo; —se to fall apart, undo, disappear; —se de to get rid of
deshilachado torn
deshojar to tear the leaves from
desierto desert, lonely, deserted, bleak
designio plan
desilusionar to disillusion
desintegrarse to disappear, fade
deslizar(se) to glide, slip
deslumbrante dazzling, awe-inspiring
desmayar to die out, fade away
desmedido unusual, extraordinary
desmelenado tousled, disheveled
desnarigado without a nose, noseless
desnivel m. step
desnudar to unsheathe
desnudo naked, bare
desolado desolate, abandoned; disconsolate
despachar to wait on, serve, take care of
despacho office
desparramar to spread
despavorido frightened
despedirse (i) (de) to take leave of, say goodby to, say goodnight to; to send off, send up; to give off
despeñarse to descend abruptly (rapidly)
desperdiciar to waste
desperezarse to stretch
despertar (ie) to awaken; m. awakening
despojar to take away, despoil
despojo despoliation, force, taking

away or stripping one of his property, plunder, thievery; ¡Sicarios del —! Paid thugs!
desportillado dented, broken
despreciar to scorn, turn down
desprender(se) (de) to come forth from; to leave; to dislodge; to break loose from; to drop from
desprendido (de) separated from, fallen from, torn from
desquitarse to take revenge, get even, retaliate
destacamento company (of firemen), detachment
destacarse to stand out
destar = de estar
desteñirse (i) to change color, fade
destinar to intend
destronar to dethrone, drive away
destructor destructive
desuncido unyoked
desvaído dull, lusterless, drab
desvanecer to dissipate; to cause to vanish, drive away; to eliminate
desvelo sleeplessness
desventurao = desventurado poor devil
detener (ie) to stop, detain; —se to stop
detenidamente carefully
detenido retarded
determinado certain
devolver (ue) to return, give back
día m. day; — más, — menos sooner or later; — de fiesta holiday; — de los Reyes Magos Twelfth Night or January 6, the day of the visit of the three Wise Men (or Kings) to the Christ child. In Spanish-speaking countries it is the day for exchanging gifts comparable to our Christmas
diablesco devilish, diabolical
diablo devil; todo fué el — the devil is to blame for all that happened; ¡qué —s! By God!
diagua = de agua
Diana statue of Diana, goddess of the hunt
diario m. daily, paper, newspaper; adj. daily
dibujo figure, impression

dicha luck, happiness
diccionario dictionary
diciembre December
diestro skilled
dificultosamente with great difficulty
difunto late
digno worthy, dignified
dijiste = dijiste
diluirse to fade, dissolve
dioro = de oro
dir = ir
discreto discreet, modest, humble
disculparse to excuse oneself
discutir to argue; to discuss, talk about
disfrutar to enjoy
disgustar to quarrel, have trouble
disimular to dissimulate, hide one's real feelings
disimulo dissimulation, deception
disiparse to vanish, disappear
disparar to shoot; to shower, give in abundance
disparatado crazy, mad, wild
disponerse a to get ready to, prepare to
dispositivo device, contrivance
dispuesto willing, ready
disquisitivo disquisitive, ability to organize speech
distinguir to distinguish; —se to make out; to tell the difference
distintivo mark, distinction
distinto different; distinct
distraer to distract
distraído carefree, absent-minded
divagación wandering, imagining, thought, musing
divagar to wander
divertido amused, happy; **es muy —** it's loads (lots) of fun
divertirse (**ie, i**) to have fun, have a good time
divisar to see
divisibilidad divisibility, compartmentalization
divulgar to reveal
doblar(se) to double over, bend, fold, turn, jerk, yank; **— el lomo** to give in, submit, conform; **— la esquina** to turn the corner

doble double, twin; **— de todo two** of everything
doblegado doubled over
doblegar to daunt, discourage
dolor pain, grief
dolorido pained, grieved
dominado slave
dominar to dominate, look out over; **—se** to be visible
dominio mastery, domain; **— popular** public domain, public property
donde where; **— + a proper noun is the equivalent of** en casa de **used in Spain or** chez **in French: — Giacoletti** Giacoletti's; **— el Comandante Salas** in Commander Salas's office
doradillo palomino, honey-colored
dorado golden, gilded; **—s** gold braid, *arm insignia worn by higher enlisted ratings in the Peruvian Navy*
dorar to gild, tint with gold; **—se** to become a golden brown
dormido asleep; quiet, peaceful
dormilón sleepy
dormitar to sleep lightly *or* fitfully; **—se** to doze off
dormitorio room, bedroom
dorso back
dotor = doctor
dril m. drill, duck
drogado doped, drugged
ducha shower
ducharse to take a shower
duende spirit
dulce sweet; **— como una esperanza** sweet as a dream; **—s** candy
dulzura gentleness
dúo duet
Dupin, Auguste *The fictional detective hero created by Edgar Allan Poe. He appears in* Murders in the Rue Morgue, The Mystery of Marie Roget, *and* The Purloined Letter
duplicado: por — two of them at that
duradero lasting
dureza hardness
durmiente sleeper, tie

E

e and; = **de**

echar(se) to throw (oneself), cast; lie down; — **a** + *inf.* to start to + *inf.*; — **mano a** to lay hold of; — **una mirada** to glance; — **a perder** to spoil, wreck, ruin; — **para atrás** to lean back; — **al mundo** to give birth; — **hacia atrás** to press backward, back up

edén *m.* Eden, paradise

educación upbringing, training

educar to bring up, raise

efectivamente in reality, in fact, actually

efecto: en — in fact, indeed, of course

efímero ephemeral, transitory, short-lived

eje axis, axle

ejemplar *m.* specimen, copy; *adj.* marvelous

ejercitar to tax, exercise

elástico elastic, supple

elección choice, selection

elegir to choose

elevación level, height

eludir to avoid

embalado packed, wrapped

embalsamado embalmed

embarcar to set out upon, begin to talk about

embargo: sin — however

embestida attack

emborracharse to get drunk

emborronado darkened

embozado muffled up

eme *f.* sound of letter "m"

eminente raised, elevated, lofty

emitir to utter, emit, come forth with

empanadita *dim.* of empanada turn-over; — **de picadillo** meat turn-over

empanzonado bloated

empañarse to become dim

empapado wet, soaking, drenched

empapar to soak, drench

empecinamiento stubbornness

empedrado stone pavement

empeñarse (en) to insist upon

empequeñecerse to grow smaller

empequeñecido dwarfed, feeling small

empeño persistence; **casa de** —**s** pawn shop, hock shop

empleo use, employment, job

emponchado dressed in a poncho

empotrado motionless, statue-like

emprender to undertake, begin; — **carrera** to set out running

empresa undertaking, job, company

emprestar to lend

empujar to push (away *or* aside)

empujón shove

empuñadura handle, grip

empuñar to grip, hold, clench

enamorar to be in love with

enardecido angered

encaje lace; groin, hips

encaminar to direct

encandilado bewildered, dazed

encanto charm; **por** — by magic

encarcelar to put in prison, imprison

encargo order

enceguecedor blinding

encendido fiery, illuminated, flushed, lit up

encerrado locked up

encima (de) above; **llevar** — to have on one's person

encogerse: — **de hombros** to shrug one's shoulders

encolerizarse to become angry

encorvar(se) to bend over

encuclillado kneeling

encuentro reception, meeting; **a su** — to meet her

endemoniado devilish

enderezar to straighten

endomingarse to get all spruced up, dress in one's Sunday best; to take on a new air

endulzado sweetened

endurecer to become harder; to grow more severe (strict)

endurecido hardened, steeled

enemistad enmity, unfriendliness

enervamiento weakening, weakened condition

enfermarse to get sick

enfriar to cool off

engaño trick
engolado deep, deep-throated
engordar to get fat
engranar to link, flow through
enhiesto rigid
enjabonar to soap, put soap on
enjugarse to wipe off
enlazar to link together
enloquecido maddened
enmascarado masked
enmohecido rusty
enmudecer to be silent
enojado angry
enredadizo entangled
enredarse to get tangled up
enrojecer to become red
enronquecer to grow hoarse
ensanchar to broaden, widen, open up
ensangrentado bloody
ensayar to attempt, practice
enseñanza teaching
ensillar to saddle
ensombrecer to darken
ensordecedor deafening
ensueño dream
enteco sickly, thin
entendimiento understanding
enterar to explain
enterrar (ie) to bury
entonarse to get worked up
entreabrir to half open
entreacto intermission
entregado: bailaba como —a she danced like one possessed; venadita —a a captured doe
entregar to deliver; —se a to set about, give oneself over to; —se give up, admit something
entremezclarse to become mixed or confused
entrenamiento training
entretanto meanwhile
entretenerse (en) to try to
entrever to make out, distinguish
entumido benumbed, weakened
entusiasmo enthusiasm
entusiasta enthusiastic
enumerar to enumerate, list
envejecer to age, cause to grow or appear old
envión m. swing

envolver (ue) to envelope, surround, wrap (up)
envuelto wrapped, enveloped
¡epa! Hey, there!
epidérmico skin
equino horse
equivaler to be the same as
equivocarse to be mistaken, be wrong
er = el
Eremítico Heremitical, Talmudic
erguirse to straighten up, become erect
erigido erected, set up
errar to wander, miss
erudición erudition, research, learned study
escala stop
escalera ladder, stepladder, stairway, staircase
escalerita dim. of escalera stepstool, stepladder
escalinata step, stoop
escalofriante chilling
escalón step
escamotear to make off with, sneak away, pilfer
escape exhaust, release
escarbar to dig around
escarlata scarlet
escarmentar to learn a lesson
escenario scene
escoger to choose, pick out
escondite hide and go seek
escopeta shotgun
escrito writing
escritorio office, desk
escritura writing
escuadrón squadron; mounted police
escuálido filthy, dirty, wretched
escudo shield: en — as a shield
escudriñar to scrutinize, observe minutely
escuela school; — Naval Naval Academy. *In Peru this school is located at La Punta near Callao, and here enlisted men as well as future officers receive training*
escultura sculpture, statue
escupir to spit; — el asado a alguien to go out with another person's girl, to two-time

escurrirse to trickle; to slip out of, slip away

ese that; *f.* the letter "s"; dagger hilt *or* guard *or* handle, *so named because of its shape*

esfera sphere, world

esforzarse (ue) to make an effort

esfumarse to fade, become hazy

esgrimir to wield

esmerarse to take pains

esmero: con — painstakingly

espacioso drawn out

espadín short sword, rapier

espalda back; **de —** a back to; **a sus —s** at his back; **de —s** facing the other way

espantar to frighten; **me se espantaron las ganas** I got cold feet

espantoso terrifying

espectador spectator

espectral ghostlike

espectro specter, hobgoblin, phantom

espejismo mirage

espejo mirror

espejuelo sequin

espera wait

esperanza hope

espeso heavy

espía *m.* spy

espiar to watch closely, scrutinize

espinazo spine

espiración breath, exhalation

espiral spiral, circular

espíritu *m.* mind

espuela spur; **— nazarena** wheelspur

espuma foam (*from waves*), lather

esquilado clipped

esquilador clipping boy, groom

esquina corner

esquinado corner

estabilizarse to stabilize; to regain normality

establecimiento establishment

estación station; **— de servicio** gas station, service station

estallar to break out; to spatter

estampa appearance

estampita *dim. of* **estampa** holy picture, religious print

estancia farm

estar to be; to lie buried; **—se** to spend; **— por +** *inf.* to be about

to + *inf.*, to be on the point of + *pres. part.;* **— para +** *inf.* to be in a mood for; **— al +** *inf.* to be about to; **está de más decir** it goes without saying

estatura stature, height

estáu = estado

este this; uh, why *or any hesitation form used in English*

estelar stellar

estera mat

estero estuary, inlet, tidal basin

estilo manner; **algo por el —** something like that

estipulado stipulated, requested

estirar(se) to stretch out

estirpe *f.* lineage

estival summer

estómago stomach

estornudar to sneeze

estrado platform

estragos *m. pl.* havoc

estrechamente austerely, rigidly

estrechar to make closer

estrella star, starfish; **— de sangre** bloodstain

estrellar to break to bits; **—se** to break, crumble, touch, thrust out

estrellemar *f.* starfish

estremecerse to shake, bounce

estremecido shaken, shattered

estrépito din, noise

estreyemar = estrellemar

estriado grooved, striated

estribar (en) to lie in, be based on

estribo running board

estruendo din, clatter

estruendoso thunderous, noisy

estrujón pressure, crush, squeezing

estuario estuary

estudio study, office, étude

etapa stage, step

eucalipto eucalyptus tree

evadirse to escape

exaltación ecstasy, ecstatic joy, abnormal optimism

exaltarse to become excited, become worked up

examen *m.* examination; visit, tour

exánime weak, lifeless, limp

excepción: a — de except

exceso excess

exclusivista exclusive, selfish
excursión expedition
excusa excuse; **pedir —s** to beg one's pardon
exigir to order
éxito success
exitoso successful
expansivo expansive, friendly, open
expedición sale
expediente file (*of charges or documents in a trial*)
expender to sell
experiencia experiment
experimentar to experience
explicación explanation
extasiado in ecstasy, overjoyed
extender (ie) to spread on, apply
extensión extent, depth
exteriorizar to show, reveal
extraer to extract, take out
extrañar to be surprising, be strange; **—se** to be surprised
extrañeza surprise, wonderment
extraño strange, outlandish; foreign
extraviado lost
extremidad limb
extremo extreme, end, tip; **en —** extremely, completely

F

Fa: llave de — key of F
fabril factory
facción feature; **de —** on duty
facón knife
faconero knifeman, a knife wielder
facha appearance
fachada front, façade
faena chore, duty, job
falda skirt; side of a hill; **a media —** halfway up
faino rustic, uncivil, hick, fool
falso false, counterfeit; **voces —as** falsetto voices
faltar to be lacking; overstay leave; **le falta a Ud.** + *inf.* you still need to + *inf.;* **Faltaba ponerle la sábana** I still had to tie the sheet on him
fallado defective; barren, sterile
fallar to fail, miss, miss fire; **a Nar-**

váez le fallaban Narváez missed his
fallecimiento death
fama fame, reputation
fantasioso fanciful
fantasma ghost, fancy, hallucination
farmacia pharmacy, drugstore
farol *m.* street light
farolero kidder
fatiga exhaustion, fatigue, weariness
fatigar to tire, exhaust, wear out
fatigoso tired, fatigued
fauces *f. pl.* mouths
favor: por — please
faya = falla
fayanca: de — hastily, carelessly
fe *f.* faith
fealdad ugliness
fecha date
felino feline, catlike beast of prey
feo ugly, nasty; *adv.* badly
feroz fierce, terrible
ferrocarril railway, railroad
ferrocarrilero railroader, railroad employee
ferroviario railroad
fianza bond
fiarse (de) to trust
ficha guy, sharp operator
fiebre *f.* fever
fieltro felt
fiereza fierceness; **con —** fiercely
figurar(se) to figure, imagine, think; **se me figura** it appears to me
figurilla figurine
fijarse (en) to notice
fijo motionless, fixed; **idea —a** obsession
fila row, rank, file
filípica philippic, diatribe
filo blade, edge
filosofía philosophy
filosófico philosophical
filósofo philosopher
fin end; **al —** finally; **a —es de** at the end of
finca coffee plantation
fincar to rest, set, place
fino fine, sharp, slender, thin
firmamento sky
firmar to sign
firme strong, solid, stable, unyielding

fiscal *m.* prosecuting attorney
físico physical
fisonomía face
flaco skinny, thin, frail, feeble
flacura thinness, leanness
flanco flank, side
fleco ragged *or* torn edge of a leaf; **—s** downpour
flecha arrow
flequillo clump, bangs, fringe
flojera laziness
flojo loose, soft
floreado flowered
flotar to float
Fludd, Robert (1574–?) *An English philosopher and author of many works on religious topics, especially Rosicrucian doctrine*
fluir to flow
flus *m.* school (*of fish*)
foco focus, center
fogazón fiery mass
fogón fireplace
fogonero fireman
follaje foliage
fomentar to foster, stimulate
fonación sound production, phonation
fonda cheap restaurant, diner, greasy spoon, hotel, general store
fondear to cast anchor
fondiado = **fondeado**
fondo back, background, bottom, depths; **pieza del —** back room; **en el — del alma** deep inside; **de —** most important, leading
fonema *m.* phoneme, sound
forastero stranger
forcejeo struggle
formación formation, quarters
formal regular, methodical
formarse to arise, take place
fornido husky, well built
forro lining
fortalecerse to gain strength
forzado forced
fotógrafo photographer
fracaso failure
frágil frail
fragor crash, clamor
franco open(ly)
frasco bottle, flask

fregar (ie) to annoy, bother
frente: dar el — to turn toward; **— a —** facing each other
fresa strawberry
frialdad coolness
frijol *m.* bean
friolento chilled
frotar to polish, rub
fruto fruit, accompaniment, result
fuego fire; **hacer —** to fire; **de —** fiery
fuera de que except that, aside from the fact that
fuerza: a — de by dint of, by means of; **—s** employees, strength
fulgir to shine
fulgurante brilliant
función performance, duty
funcionario public servant
funda slipcover, holster
fundador founder
fundamental basic
furgón boxcar
furor fury
fusil *m.* gun
fusilamiento execution

G

gacho droopy
galería gallery, porch
Galilea Galilee
galón braid; **—es azules** blue arm insignia *worn by lower ratings in the Peruvian navy*
galope gallop; **a gran —** at breakneck speed
galleta cookie
gallina chicken
gamo fallow deer
gana desire, whim, fancy; **darle la — a uno** to feel like; **de mala —** unwillingly; **de buena —** willingly
ganado cattle, herd
garabatear to scribble
garantizar to guarantee
garganta narrows, throat
garito gambling den
garrocha club, stick, goad
garrón fetlock
garúa fine rain, drizzle
garza heron

gastarse to wear out (down)
gasto expense
gato cat; *A traditional dance of the River Plate area. Many regions have their own special gatos;* — **con relaciones** *the same dance with a pause for individual singing by the dancers*
gauchaje group of gauchos
gauchazo a real gaucho
gaucho gaucho, *the South American cowboy*
gemido chirping, groan
gemir (i) to wail, groan
gendarme policeman
gentío people, crowd, mass, multitude
gesto gesture, sign; **tuvo un — de impaciencia** showed his impatience
Giacoletti La Bodega Giacoletti, *formerly a well-known restaurant on Lima's San Martín Square. The restaurant is now the Bodega Romano*
gigante giant
gimnasia exercise, workout
girar to whirl, circulate
giratorio twisting, whirling, swirling
giro money order, check
gis *m.* whitewash
glacial cold, icy, frigid
globo balloon
glotonería gluttony
goce joy
Goicochea *A radio station in Lima*
goím (*Hebrew*) Christians
golfo gulf
golosina food
golpe blow, bump, stroke; **de —** suddenly
golpear to strike, beat upon, clap
golpecito *dim. of* golpe tap
gomero gum tree
gorjeo warble
gorra cap, peaked cap, officer's cap in navy
gota drop, droplet
gotazo huge drop
gotera gutter
gozosamente happily
gracia charm, wit, grace; **tener — to** be funny, be amusing; **—s** thanks

gracioso graceful, funny, amusing
gradería audience
grama grass
gramilla grass
grandazo *aug. of* grande large, tall
grandecito *dim. of* grande quite grown up
grandioso grandiose, imposing
grano bean, grain; **vamos al —** let's get to the point
grasa fat, grease; **— quemada** burning flesh
grasiento greasy
gratificar to give a reward, reward
gravedad seriousness
griego Greek
grieta crack, crevice
grillo cricket
gringo gringo, *A term applied to people of fair complexion. It can be scornful, but it can also be endearing. English-speaking people are the ones usually given this nickname although in some Spanish-speaking countries Italians are called gringos*
gris gray
gritar to shout (at)
grito cry, shout
grueso fat, stout, thick, heavy
grumo blob
gruñir to grunt, growl, grumble
grupa croup, back
gruta grotto, cave
guapo bully; **— electoral** election goon
guardagujas *m.* switchman
guardar to keep, put away, store; **—se** to keep to oneself
guardia guard, watch, policeman; **oficial de —** O.O.D. (*navy*), deck officer, watch officer; **corneta de —** watch bugler
Guayas *river in Ecuador that flows past Guayaquil and empties into the Pacific*
güevo = huevo; **¡Coma —!** Go lay an egg! Go chase yourself!
güey = buey
guía *f.* guidebook; **— ferroviaria** timetable
guijarro pebble

guiñada wink
guiñar to wink, blink
Guizar, Tito *A popular Mexican singer*
guitarrero guitarist
gustar *imp.* to be pleasing, please, like; **le gusta más** she prefers; to taste, experience
gusto taste; pleasure, flair; **a — de** according to the fancy of
gutural guttural, throaty

H

haber *imp. 3rd. pers. sg.* to be, *e. g.:* **había** there was (were); hay there is (are); **hay que** + *inf.* you (we'll) have to + *inf.*, it is necessary to + *inf.;* **hay** + *noun* + *inf.* there is (are) + *noun* + *inf.* **hay tantas cosas que comprar** there are so many things to buy; **— de** + *inf.* to be to + *inf.;* **he aquí** here you have
hábil skilled, skillful
habilidad skill
habituado accustomed
hacer to make, do; **— +** *inf.* to have + *past part.;* **hace ocho días a** week ago; **¡Qué le vamos a hacer!** What can we do about it? **No le hace** It doesn't matter; **— caso omiso de** to pay no attention to; **—se** to become; **—se a un lado** to step aside; **por lo que hace a** as for, as far as . . . is concerned
hacha axe
hachazo blow, slash
hálito aura, air
hall *m.* lobby (*pron.* jol)
hallazgo find, discovery
hamaca hammock
hambriento hungry
hartarse to have enough, satisfy oneself
harto de fed up with
Hasidim *a Hebrew sect founded in the 18th century and characterized by mystic tendencies and extreme piety*
hasta (que) up to, until, not until, even, only; **¿— cuándo?** How long

do we have to wait? *At times a preceding negative must be supplied in order to get the sense*
hato farm
hazaña deed, undertaking
hebilla buckle
hebra strip
hebraísta Hebrew scholar
hebreo Hebrew
hecho having become; deed, act, event; **— de sangre** murder
Heinicke, Samuel (*1727–1790*), *the founder in Germany of a systematic education for the deaf and dumb*
helar (ie) to freeze, grow cold
hembra female
heraldo herald, bearer of news
herencia heritage
heresiólogo heresiologist, *a scholar who specializes in the study of heresies*
Hermes statue of Hermes, messenger of the gods
hermosear to beautify
herrumbado rusty
hervir (ie, i) to boil (up), well up, swell up
hervor boiling, confusion, welling up
hey = he
hiato hiatus, break, blank
hierático priestly
higuera fig tree
hijito *dim. of* hijo little boy, son
hilera row, file, line
hilo trickle, thread, column
hinchar(se) to swell (out)
hipótesis *f.* hypothesis
hiriente cutting, wounding, insulting
hocico snout
hogar home
hoguera fire
hoja sheet, leaf, blade
hojarasca dead leaves
holá hello (*used on a phone*)
holgado large, spacious, wide
hombría manliness, masculinity
hombro shoulder; **al —** over the shoulder
homicida *m.* murderer
homicidio homicide, murder, killing
honorario honorarium, fee

hora hour; **veintiún horas** 2100 (*by ship's time*), 9 P. M.; = **ahora**
hormiga ant
hornilla fire pit of a boiler
horno oven
horrendo horrifying; **lo —** how horrifying
horroroso horrifying
hostigar to harass
hosco dark-colored
hostilizar to antagonize
huachito *dim. of* **huacho** lottery ticket, chance
huacho lottery ticket, chance
hueco hole, doorway; **hacer — con las manos** to cup one's hand
huella hoofprint, mark, trace
huerta garden
hueso bone
huída headlong flight
huir to flee, run off; **salir huyendo** to run off
humedad dampness
húmedo damp, wet; tearful
humillar to humiliate
humo mist, shadows, smoke
hundir to sink, bury; to smash, bash in; **—se (en)** to sink, bury oneself, disappear (into)
húngaro Hungarian
huraño shy
hurgar to dig about
huroneante ferret-like
hurto thievery

I

idear to invent, think up
identidad identity
idilio love affair, idyll
ignorar to be unaware, be ignorant of, not to know; **—se** to ignore each other
igualar to equalize, make alike
ije = **dije**
ilusión dream; **hacerse —es** to live in a dream
imagen *f.* image, picture
imbecilidad stupidity
imborrable indelible, permanently staining

impaciencia impatience
impasible impassive, unmoved
imperioso imperious, commanding
ímpetu *m.* force
implantado planted, fixed, put in place
imponente imposing
imponer to impose, lay down; **—se** to command respect, make a place for oneself
importar to matter; **no me importa** I'd just as soon
importe cost
impotente unrestrained, all-consuming, overpowering
impracticable impassable
imprenta print shop
impresionar to impress
imprevisible unforeseeable
imprevisto unknown, unexpected, unforeseen
improvisar to improvise, make up, think up, postulate
improviso: de — suddenly
impulsivo impulsive person
impulso impulse; **a —s de** driven by
inadvertido unnoticed
inalterable indifferent, unmoved
inamovible immovable
inaudito unheard of
incaico Incaic
incendiarse to be lighted
incendio fire
incinerar to burn up
inclinar to incline, bend, lean, turn; **—se** to bend over
incluso including
inconcluso unfinished, inconclusive
inconfesable unconfessable
inconsecuencia inconsistency
incontenible unstoppable
incontrado = **encontrado**
inconveniente difficulty
incorporarse to rise up, stand up
increíble unbelievable
incrustar to stick on
indagar to discover
indefectiblemente without fail
indefinido poorly defined, hazy, ghostly
indelicadeza faux pas, social blunder
indicio indication, sign

indiecita *dim. of* **india** little Indian girl
indignarse to become indignant
indiscutible beyond question, undeniable
indócil stubborn, unruly
indómito untamed
indumentaria outfit
inefable ineffable, unmentionable, unspeakable
ineludiblemente unavoidable
inequívoco unmistakable
inesperado unexpected
inexactitud falsehood
infamado fouled, filthy
infausto unlucky
infeliz unlucky; **un pobre —** a poor unlucky cuss
inferir (**ie, i**) to make, infer, insinuate
infinito endless
informes *m. pl.* information
infortunio misfortune
infranqueable impassable, closed
infundir to give, inspire
ingeniero engineer, *a professional title used to address people like* doctor *or* professor *among us;* **— de guardia** engineering officer on duty
ingenuamente innocently, childishly
ingrato unhappy, ungrateful, disloyal
ingresar (**a**) to go to, enter
iniciación beginning
iniciar to begin
inmensidá = **inmensidad**
inmensidad vastness, infinity, boundless space
inmiscuir to confuse, mix up; cave in, bash in, split open
inmóvil motionless
inmovilizarse to become motionless, become fixed
inopinado unexpected
inquieto restless
inquietud restlessness, anxiety
inquilino guest, roomer, lodger, inmate
inquisitivo inquisitive, questioning
inseguro unsteady
insinuar to suggest
insistencia persistence

insólito unaccustomed
insomne sleepless
insomnio insomnia, sleeplessness
instalarse to get in, place oneself
instinto instinct
intelectualizarse to become pensive, become moody
intemperie *f.* storm, weather, outside
intempestivo sudden, unexpected
intentar to try, attempt
intercalar to insert, stick in, intersperse
intermedio intervening, in between
interminable unending
internarse to go, penetrate
interpelar to question
interponerse to interpose
interrogar to ask
intervenir to intervene, influence
intimar: — silencio to order silence
intimidad intimacy
intimidar to intimidate, cause to be frightened
intransitable impassable
intruso intruder
intuir to know by intuition, foresee
inundar to flood, penetrate
inusitado unusual
invencible uncontrollable, unconquerable
inventar to invent
inverosímil unbelievable
inverso opposite
investigador investigator, detective
inviernazo terrible winter
ira ire, anger
irlandés Irishman
ironía ironical remark
irreconocible unrecognizable
irremediable hopeless
irrespirable unbreathable
irisado iridescent
irrumpir en to break into
itinerario route, schedule, timetable

J

jabón soap
jacal *m.* hut
jadeante puffing, out of breath

jadeo palpitation, puffing; tugging, pulling and hauling

jalar to pull, jerk

jaloncito tug

Jano Janus, *ancient Italian divinity represented as two-faced, looking both east and west*

japonés Japanese; **a la —a** in the Japanese style

jarro bowl, cup

jaula bird cage

jefatura headship

Jesús del Monte *A district in the city of Habana, Cuba*

jimagua twin

jinete horseman, rider

jinetear to ride

joder: ya jodí I struck it rich

Jóligu Hollywood

josco = hosco dark-colored

jua, jua hah, hah

jubilado retired

júbilo jubilation; **con —** joyfully

judío Jewish

jué = fué

juego gambling

juera = fuera

juerzas = fuerzas

juez *m.* judge

jugar (ue) to play, gamble; **—la** to shoot for it

jugo juice; **peras al —** canned pears

juguémola = juguémosla

juguete toy

juguetón playful nature; **—a** playful

juí = fuí

juicio judgement, opinion

juiciosamente judiciously

juído = huído

juimos = fuimos

juntitos together

juramento oath

jurar to swear

jurates = juraste

justificarse to justify, explain

justificativo justifying

K

kepis *m.* cap, military cap

L

laberinto labyrinth, maze

lacio straight

ladear to cause to tip

ladera slope

ladrar to bark

ladrillo brick

ladrón thief, robber

lago lake

laguna lake, lagoon; lacuna, loophole

laisla = la isla

lambe-tomates *m. pl.* apple polishers

lamentable unhappy

lamento sob

lamer to lick

lámina patch, spot; sheet *or* curtain of smoke

lana wool

lancha launch, motor launch; **— de servicio** service *or* work boat

lanzar to utter, emit; **— silbidos to** whistle

lápida tombstone

largar to let out, let fly, turn out, let loose; **—se** to run off, run away, beat it

largo long; **¡— de aquí!** Beat it!, Scram!, Get out of here!, **—amente** generously; **a lo — de** throughout

laringe *f.* larynx

laso weary, exhausted

lastimosísima very pitiful

lata tin

latido beat, pulsation

latir to beat

latita *dim. of* lata little can; **—s de conserva** little cans

lavada shampoo

lazo ribbon, length

lector reader

lectura reading

lechería dairy, milk bar

lecho bed

lechuzo male colt

legar to pass on

lejano distant, hazy, fleeting

lejitos a little way off; just outside of town

lenguaraz *m.* great talker

lento slow

lentra = le entra

Leusden, Johannes (1624–1699) *biblical scholar, author of* Philologus hebraeo-graecus generalis (1670)

levantarse to get up, set up, construct

levemente slightly

leyenda legend, story

liberado liberated, freed

libra pound

librar to liberate, get out

licencia permission

ligar to bind; sentence, give

ligeramente slightly, somewhat, to a certain extent

lijado worn down, filed down

Lima *capital city of Peru* (pop. 767,-054)

lima file

limeñita girl from Lima, Peru

limón lemon; lime

limosnero beggar

limpiar to clean (out), clear (out)

lindar (con) to approach, border on

lindazo beautiful

linfa water, surface

linterna lantern

lira lyre

lirio lily

liso smooth, flat

lista list

listón ribbon

Liverpool *port in western England* (pop. 789,532)

liviano light, slight

lividez whiteness, pallor, lividness

lo him, it; the; as much as: — del otro día what happened the other day; — de la muerte about his death; — mío my trouble; en — de don Luis on Don Luis's place

lóbrego dark, obscure

localizar to channel, direct, locate

locomotora locomotive

locuras *f. pl.* madness, crazy *or* wild ideas

lodazal *m.* bog, quagmire

lodo mud

lograr to succeed in, be able to

loma hilltop

lombriz *m.* worm

lomo back

lona canvas

loro parrot

losange diamond-shaped patches, cut-glass rhomboid *or* diamond-shaped windowpane

lote lot, group

luciente shiny

luciérnaga glowworm

lucir to appear, show off, display

lucha struggle, fight

luchar to fight, struggle

luego then, later, afterward, soon; — de after

luei = lo he

lujo luxury

lujosamente luxuriously

Lukankansa *a mythical figure in Afro-Cuban lore, a potter*

lumbre light, fire

lumbrera port(hole), air port

luminoso luminous, shining, brilliant

lustrada shoeshine

lustroso shiny, slippery

luz *f.* light

LL

llama light, flame, fire

llamada call; — telefónica telephone call

llamar to call, give warning

llamarada flame, flash; una — blanca a flash of light

llanto tears, weeping, grief

llanura plain

llave *f.* key; — inglesa spanner, wrench

llegada arrival

llegar to arrive, reach; — a + *inf.* to reach the point of + *pres. part.*

llevar to carry, take; to have; —se to take along, carry off; to manage, handle; to maintain; ¿Lleva Vd. poco tiempo en este país? You've only been in this country a short time, isn't that so?; — a cuestas to carry, have

lloroso weeping, full of tears

llover (ue) to rain

M

macizo solid, stocky

machetazo slash with a machete

machete machete, large knife

machorro barren

madera wood; cargo of timber

madrugada early morning

madrugador early riser, early bird

madrugarse to get ahead, get the jump on

maestra teacher

maestría skill, mastery

maestro chief petty officer

magnífico wonderful, swell, magnificent

Magos: los — the three Wise Men

magullar to press, massage, weigh down

maíz m. corn

maizal m. cornfield

malacara malacara, *a dark horse with a white stripe on his forehead*

malayo Malayan

malcriado rude, uncivil, smart

maldad bad (nasty) thing, dirty trick

maldecir to curse

maldito curse, damn

maléfico baneful, harmful, evil

malgastar to waste, misspend

malhumorado bad-humored, out of sorts

malogrado spoiled

malquerer to dislike, have a grudge against; m. dislike

malsano unhealthy

maluco bad, naughty

malva mallow

malvado fateful, accursed, vicious

malla net, mesh, maze

mamacita *dim. of* mamá mom, ma, mommy, dear mother

mamar to suck

mamotreto bulky tome

manada herd

mancha school (of fish); stain, mark, trace

manchar to stain, spoil

mandar to order; to send (up)

mandón commanding

manejar to manage, handle; —se to behave

manejo use, handling

manga sleeve; en —s de camisa in shirtsleeves

manglar clump of mangrove trees, mangrove trees

mango handle, grip

manguera fire hose

maniatar to tie, manacle, handcuff

maniático maniacal, insane

manifestar (ie) to show

manija door handle

maniobra maneuver

manjar morsel, tidbit

mano = hermano pal, brother, buddy

mano f. hand; echar — de to resort to, turn to

Manongo *nickname for* Manuel

manotear to thrash about

mansedumbre gentleness

manso gentle

mantel m. tablecloth

manto shawl

Manú-Puto *in Afro-Cuban mythology, the ancestor of white people*

manuscrito handwritten, marginal

manzana Adam's apple

máquina machine, sewing machine; — de escribir typewriter; — de coser sewing machine

maquinal mechanical; —mente unthinkingly, absent-mindedly

maquinista m. engineer

Maravillas *street in Lima, Peru*

marcar to mark

marco frame

marcha walk

marchante customer

marchar(se) to leave

mareo dizziness

mareño sea, marine

márgen f. bank; m. margin, leeway, space

Marina navy

marinera *A type of Peruvian popular song and dance known as a* cueca *in Chile*

marinero sailor; adj. marine, sea

marío = marido

mármol m. marble

martillo hammer

martirizado martyred

marrusa: dar una — to give the third degree, give a going over

mas but

más more; **— a —** all in all, all told; **— bien** rather; **cuando —** at most; **por — que** no matter how much

mascar to gnaw on

máscara mask

mata plant

matáu = matado

matata fiber bag

mate mate, Paraguayan tea

matemático mathematical

matojo clump of bushes

matungo skinny nag

mayor major, greater, larger; older

mayordomo boss, overseer, manager

mayormente: no . . . — not very much

mecánico machinist's mate

mecerse to rock, swing

mecida swinging

mediagua shack, leanto, hut

mediante by means of

medida measure; **a — que** as

mediecitas *dim. of* medias little stocking

mediecito *dim. of* medio half real *or* five centavos in Peru

medio half; **por todos los —s** by all available means; **en el —** in the middle of the group; atmosphere; **en — de** between

mediodía noon, high noon, midday

medir (i) to measure

meditabundo thoughtful, pensive

meditar to think

medrar to prosper, thrive

medroso fearful, terrified

mejilla cheek

mejorar to improve

melena hair, flowing hair

melodía melody

mendigo beggar

menear to shake

menor less, slightest, least; younger, youngest

menos less; **cuando —** at least; **un brazo —** missing one arm

mensaje message

mentar to mention, state, say

mente *f.* mind; imagination

mentira lie; **¡—!** It's not true!

mentiroso liar, deceitful, lying

menudo fine, sharp, small, tiny

mequetrefe joker, faker, fourflusher

mercaíto = mercadito purchases

mercado market

mercar to buy, purchase

merecedor worthy *or* deserving person

merecer to deserve; **—se** to deserve; **— la pena** to be worth while

merecido deserved; **no se las tenía —** as she didn't deserve them

merienda supper

mero mere; *an emphatic element whose meaning varies:* **siés la mera cosecha** Boy, that's a real harvest.

mesmamente just like

mesmo = mismo

mestizo half-breed

metáfora metaphor

metálico metal

metido occupied, busy

metódico methodical, efficient

metra marble

Metro *One of Lima's leading movie theaters, located on the Plaza San Martín*

metrópoli *f.* city

mey = me he

mi my; *do not translate before military titles like:* **mi teniente** Lieutenant

mí me; **¡A —, señor, a —!** I am the one, sir.

miedo fear; **dar —** to cause fear; **a él le dió —** he got scared

miembro limb, leg

milagro miracle

milenario age-old

milpa cleared field, patch

millar thousand

mimetismo imitation, mimicry

mina mine

mínimo tiny

ministerio navy department; **— público** attorney general's office

minucioso minute, detailed, thorough; determined

miope myopic, nearsighted

mirador belvedere, observatory

miramientos *m. pl.* special care
mirón onlooker
miserable wretch, beggar
Misiones *state in Argentina bordering on Brazil and Paraguay*
mitá = mitad
mochito one-armed, "stumpy"
moda: como de — a sort of
modelar to model
modo manner; de algún — somehow; a — de like; de todos —s just the same
mojar to wet; bathe; —se to get wet
molestia bother, inconvenience
molesto disturbed, annoyed, upset, ruffled
moneda coin
mono monkey, ape
monografía monograph
monstruo monster
monstruoso huge, large, monstrous
montar (en) to ride; —se to get on one's horse
monte thicket, brushwood, scrub growth, woods, timber; — arriba up into the wooded hills; en medio — in a thicket
montero huntsman
montículo mound, hill
montón pile
montoncito little clump
morboso morbid
mordido bitten
mordisco bite; a —s by biting
more geometrico Lat. of a geometrical type
moreno dark, brunette
morfología morphology, form and structure
moribundo dying person
morocha dark-skinned beauty
morro muzzle
mortecino pale
mortuorio deathly, mortuary
mosca fly
mostrenco ignorant, stupid
motor mover, prime mover, motive force
motorista: — de lancha motor-launch machinist
movedizo moving
mover (ue) to move; —se move,

shake; to stir, mix (up); to poke
móvil mobile, changing in expression; *m.* intention, purpose
moza girl, young girl; buena — good-looking, beautiful
Mozart, Wolfgang Amadeus (1756–1791), *an Austrian composer*
mucama maid
muchedumbre multitude
mudo deaf-mute; *adj.* mute, silent, quiet
mueble piece of furniture; —s furniture
mueca grimace, expression
muelle dock
muerto dead, dead man
muestra sample, sample panels (*diamond-shaped*)
mugido lowing, bellow, mooing
mugir to low, bellow, moo
mugriento dirty
mulatita *dim. of* mulata little mulatto girl
multiplicarse to multiply, increase
muncho = mucho
mundele *Afro-Cuban name for white person*
muñeca doll, wrist
muñeco puppet, figure, boy doll
muñón stump
muralla rampart
murmullo murmur
murmuración bickering
murmurar to murmur, whisper
muro wall
músculo muscle
músico musician
mutilar to mutilate, torture, maim, cripple
mutismo muteness, silence

N

nacimiento birth, root
nada nothing; y ellos — . . . and they act as if nothing had happened; y — más that's all; la — nothingness
naide = nadie
nalgas *f. pl.* buttocks, rump, backside, seat of the pants
narcotizado dopey, drowsy, listless

naricero nose-maker

narigueta nose; —s nose

nariz f. nose; las narices nostrils; por las narices right in his face; en las propias narices de right up next to

naturalmente naturally, of course

náuseas f. pl. nausea

navaja razor

navegar to sail, cruise

Navidad Christmas

neblina mist, steam

nebulosa nebula

negrito dim. of negro Negro boy

negrura blackness

nerviosidad nervousness

nevado snow white

nevar (ie) to snow

ni neither, nor; — un(a) not a; — que hablar que it goes without saying that

nicho niche; grave

niebla fog, mist

nieve f. snow

níquel m. nickel-plated

nivel m. level

no bien scarcely, hardly

noche f. night; era de — it was night; de — at night; de la — a la mañana suddenly, in a big hurry

Nochebuena Christmas Eve

nojao = enojado

nombramiento orders

nombre name; Nombre the Holy Name, or Jehovah

nomenclatura nomenclature, names

nostalgia longing

notoriamente notoriously, in a well-known manner, obviously

novedad novelty, newness; sin — all's well

noveno ninth

nu = no

nubarrón storm cloud

nube f. cloud; andar por las —s to be way up in the clouds

nuca neck, nape of the neck

nudillo knuckle

nudo knot; hecho — made into a knot

nues = no es

nuei = no he

nuevecito brand new

nuevo new; de — again

nulidad negative results

numerito dim. of número number, lil' number

numerado numbered

número number

nutrir(se)(de) to feed upon

Ñ

ñevado = nevado

O

obedecer to obey

oblicuo oblique(ly)

obra work, accomplishment; por — de through the combination of

obrar to work

ocasionar to cause

ocaso sunset

occidental western

octavo eighth; libro en — mayor a large-size book

ocultar to hide

ocupación job, task

ocuparse de to pay attention to, notice

odiado hateful

odio hatred

odioso hateful

ofensiva offensive, attack

oficial m. officer; — de Mar petty officer

oficialito minor officer

oficina office

oficio profession

óido = oído

oído ear; al — in his (her) ear

oír to hear, listen; ¡Oiga, doctor! Listen, doctor!

ojal m. buttonhole

ola wave

oleaje surge, swell, wave motion, murmur, noise

oler (ue) to smell, sniff; to give off an unpleasant odor, smell bad; — a to smell of (like)

olfatear to sniff

olfato sense of smell

olor fragrance, smell, odor

oloroso pleasant smelling, fragrant, smelly

olvidado forgotten, scorned

olla pot, stewpan

ómnibus *m.* bus

once eleven; **la del —** the woman in number 11

onda wave

ondear to wave, undulate, ripple

opaco dull, lusterless, lifeless

oportunidad: en — opportunely, when the time comes

oprimido held

optar to decide to

opuesto opposite

oración prayer(s); **como a la —** at about dusk

orden *m.* orderliness, order, law and order; *f.* order; **— General** orders of the day; **a sus —es** in his employ

ordenadamente in an orderly fashion

ordenar to order, put in order

orearse to air, be exposed, dry out

oreja ear, handle(s)

orfelinato orphanage

orgánico organic, natural

orgullo pride

orgulloso proud

oriándose = oreándose

originar to begin, originate

orilla shore

orillar to edge, border, land, get to shore

orina urine

osadía boldness, daring, crust

oscilar to sway, move back and forth

oscurecer to grow dark

oscuro dark

oso bear

otoño autumn, fall

otorgar to grant

oyente listener

oyí = oí

P

pa' = para: — que lo sepas I'll have you know

padecer to suffer

p'adentro = para adentro away on a trip

padrillo stud stallion

paga payment

pago district, region

país *m.* country

paisaje landscape

paisano compatriot, person from one's own district, fellow countryman

paja straw

pájaro bird

palabra word, spoken word

palabrearse to make a vow

palabriamos = palabreamos

paladar palate

palear to shovel

palenque corral fence

pálido pale

paliza beating, drubbing

palma palm, palm leaf

palmada pat on the back

palmo span; **de a — a** a span in length; **— a —** inch by inch

palmoteo pat

palo club, beatings, stick, log, tree; wood

paloma dove, pigeon

palomilla kid

palomita pigeon

palpar to feel

pan *m.* bread, loaf; **— de tierra** sod

pantalón (-es) pants, trousers; **— ajustado del español** tight-fitting knee breeches of Spanish style

pantano swamp

panteón mausoleum, tomb, burial vault

panza belly, paunch

pañuelo handkerchief

papa potato

papá daddy

papelería stationery store

papelote paper

paquete bundle, package

par pair, couple; *adj.* even; **de — en — wide**

parada parade; stop; bet; **no ir nada en la —** not to have anything at stake; **— de agua** high tide

paradisíaco blissful; **fruto —** fruit of paradise

paraje place

paralelo a spot opposite

paralizar to paralyze

Paraná *the Parana river in South America. It flows from Brazil, through Paraguay and Argentina into the Atlantic Ocean*

parar (se) to stop; to stand straight up, make erect; to parry; — **la olla** pay for running a home

parcialidad bias

pardo dark, brown

parecer to seem, appear; ¿**Qué le parece?** What do you think of it (that)?; **al** — apparently, seemingly; —**se a** to resemble, be like; **parece mentira** it does not seem possible

parecido similar

paredón bank

pareja couple, pair

parejero racer

parida: recién — who has just given birth to a child

parir to give birth, have a colt

parlotear to prattle, chatter

párpado eyelid

parque park

parquedad parsimony, stinginess, lack of generosity

parrilla grates

parroquiano customer

parsimoniosamente prudently

parte *f.* part; **por otra** — furthermore, moreover

participación part played

particularidad peculiarity, distinctive feature

partidario upholder

partido break, advantage; **sacar el mejor** — to get the best break possible; **tomar** — to favor

partir to cleave, split, cut open, lay open; to divide

pasada: de — in passing

pasador bolt

pasaje passage, fare, ticket; — **de ida y vuelta** round-trip ticket

pasajero passenger

pasar(se) to pass; to spend time, spend; to enter; to leak; **al** — as we passed; —**se de** to go beyond the limit

pasear to take a ride; —**se** to stroll

about; — **la vista por** to glance around

paseo trip, sightseeing trip, walk, ride

pasión feeling, emotion

pasividad unresponsiveness, passivity

pasmoso astounding, astonishing

paso step, gait, hoofbeat; **dar un** — to take a step

pasta dough, pastry, noodle; cake (*of soap*)

pastar to graze

pastelito *dim. of* **pastel** cake, pastry

pasto pasture

pastor minister, pastor

pastura fodder

pata leg

patada kick; a —**s** by kicking

patear to kick

patilla sideburn

patinadura movement, rustling

patrón owner

patroncito *dim. of* **patrón** boss

patrulla patrol, army squad

paviar = **pavear** to take pot shots

payasada clownish joke

payaso clown

payé *m.* lucky charm

pe *f.* sound of letter "p"

pecho breast, chest

pedazo piece; ¡— **de imbécil!** You dope!

pedido order

pedrada stoning; **No te vayan a dar otra** — Don't let them throw stones at you again

pedregullo rock bed, rocky ground

pegado (a) hanging close to, stuck to, close to

pegar to strike; —**se un tiro** to shoot oneself; —**se a** to stick to, take a fancy for, show a liking for, become attached to

peinar to comb

peinilla machete

pelado close-cropped

peleador fighter, contestant

peligroso dangerous

pelo hair

pelota football

peltre pewter

peluquería barber shop

peluquero barber

pella pellet

pena trouble, sorrow; **darse** — to worry; **a** —**s** with great difficulty

pendejo stupid fool, dumbbell, dope

pender to hang

pendiente hanging; *f.* slope, hillside

Pentateuco Pentateuch, *first five books of the Bible*

penumbra shadow, half-shadow, half-light, dim light

peñascal *m.* rocky crags

peoncito farm hand, hired boy

pera pear

percance misfortune, unforeseen difficulty, mistake

percatarse to perceive, notice; to realize

percibir to perceive

perdición ruin

perdurable lasting, permanent

perezoso lazy

perfilar to shape; to outline; to put finishing touches on

pericón pericon, *the traditional dance of the gaucho comparable to our square dance*

pericote mouse

perímetro perimeter, area, border, edge, boundary

periódico newspaper, daily; *adj.* periodic, staggered

periodista journalist, reporter

permiso: leave; **con su** — beg your pardon

permitirse to take the liberty of

perplejo perplexed, confused

perrito *dim. of* **perro** little dog, puppy

perro dog; **miserables** —**s de presa** lowly pack of bloodhounds

persa Persian

perseguir (i) to pursue, follow, hunt down, seek out, chase after, annoy, bother, run after

persiana shade, screen; gate

persistir to stay, remain

perspicacia perspicacity, acumen, sagacity

pertenecer to belong, have something to do with, pertain

pertenencia possession

perverso wicked

pesadilla nightmare, bad dream

pesadumbre sorrow

pesar to weight; **a** — **de** in spite of

pescante driver's seat

pescar to catch

pescuezo neck

peseta peseta, *Peruvian coin of twenty centavos*

peso weight, burden; peso, *a denomination of money found in many Spanish American countries as the national monetary unit*

pez *m.* fish

piadoso pious; **los Piadosos** *Hebrew sect known also as the Hassidim*

piapá daddy, pop, papa

picadillo ground meat

picado de viruelas pock-marked

picardía: con — roguishly

pidía = pedía

piecita *dim. of* **pieza** little room

piedra stone

piel *f.* skin

pierna leg

pieza room, piece, paper; item

pilar pillar

pilón bench, stool, fountain base

pino pine

pintar to paint; — **arena** to leave footprints in the sand

pintura paint; **sin** — unpainted

pinturería paint store

pinturero painter

pinzas *f. pl.* tweezers

pisada footstep

pisar to walk on, tread on, set foot in

piso floor

pisotón heavy step on another's foot, stomping

¡pisst! *Sound made to call someone's attention to something*

pistolero gunman, gangster

pitematate woven maguey fiber

Piura *A coastal city of northern Peru*

pizarra slate

placard Fr. shelf

placel *m.* empty lot, vacant lot

placenteramente pleasantly

placer pleasure

placidez calm
plácido peaceful
planchar to be a wallflower
planear to plan
plano plan, map, flat; de — flat
planta; — baja ground floor
plantar to plant
plata silver; de — silvery
platanar banana grove
plateado silver gray
plateadura silvery shine
plato bowl, plate
playa beach; — adentro across the
  beach
plaza public square, park
Plaza de Armas The main square of
  Lima, Peru
plazo term; a largo — long range
plegar (ie) to move, curl; to play
  over; to fold
plenilunar full moon
plenitud abundance, fullness, satisfaction
pleno full; en —a oración right in
  the middle of his prayers
pliegue fold
plomazón pile of lead
plomo lead, lead weight; a —
  straight overhead
pluma feather, pen
plumerito small plume
pluralizar to pluralize, use the plural
población town
poblado de peopled by
poco little; — + an adj. is equivalent to Eng. prefix un-: poco cultas
  uncomplimentary
poder (ue, u) to be able; puede que
  maybe
pogrom m. pogrom, massacre directed against the Jews
policía police; luces de — night
  lights, standing lights
policial police
policromo many-colored
polvo dust
pólvora gun powder, shot
polvoriento dusty
poner to put, place, set; to give;
  —se + inf. to begin to + inf.; —se
  en pie to stand up; —se to become,
  grow

por for, around, in, through, under,
  for the sake of, on account of
  (being); — entre out from among;
  ¿— qué? why?; — eso consequently, as a result, that's why; —
  más + adj. + que no matter how
  + adj.
porcelana china, porcelain
poro pore; se le metía por los poros
  it penetrated her pores
porrazo blow; de un — with one
  whack (blow)
portal m. arch, Part of Lima's Plaza
  de Armas is shaded by arches
  called Los Portales
portarse to behave
portazo; dando —s slamming doors
  behind him
porte bearing, behavior
porteras f. pl. threshold
portillo passageway
portón gate
pos = pues
posar to place; —se to stop, rest,
  light, settle
poseer to possess, have
poste post
postergar to postpone
posterior later
postizo false
postrer last
potente powerful
potrero pasture
potrillo colt
potro colt
práctico scant, narrow, slim
precaución precaution; sin tomar —
  alguna without being prepared at
  all
preciosidad beauty
precioso precious, nice
precipitadamente rapidly
precipitar to hasten, hurry; to drive;
  —se to arise, come into being
precisar imp. to be necessary
preclaro illustrious, shining
precursor preceding
prefijar to fix beforehand, deter-
  mine
prejuicio prejudice, form, habit
prejuzgar to prejudge, plan ahead
premeditar to plan

premuras f. pl. haste, pressing, business

préncipe = **príncipe**

prenda article of clothing

prendarse to take a liking to, fall for

prendido held, fixed, fastened

preparativo preparation

prepotencia shoving-around tactics, strong-arm behavior, prepotency

presa victim, prey; — **de** seized by

presagio forewarning, foreboding, announcement

prescindir de to get along without

prescribir to indicate

presentarse to present oneself, appear, show up, go

presentir (ie, i) to have a presentiment, have a feeling

presidio barracks

presión pressure

preso prisoner

prestar to lend; — **oído** to listen; —**se a** to be ripe for, call for, lend itself to

presto alert

presumido conceited

presumir to presume, imagine

pretender to attempt, try to, seek to

prever to foresee, foretell

previsible foreseeable

previsión foresighted act, provision

previsor foresighted

previsto foreseen

prietuzco dark-skinned, swarthy

primavera spring

primaveral spring

primera first class

primicia first fruit

primo cousin

principal m. ringleader

príncipe prince

principiar (a) to begin to

principio beginning; **desde un** — from the very beginning

prisa hurry, haste; **de** — quickly, in a hurry

prisma m. prism; flatiron-shaped building

probar (ue) to test

problema m. problem

procedente de hailing from, coming from

prócer leader

procesado accused, man on trial

proceso trial

procurar to cause, give rise to, beget, provide

prodigar to shower with, cover with, give profusely

prodigio marvel, feat, event

producir to produce; —**se** to take place

profanar to profane, violate

profetizar to prophesy, predict

profundo deep, profound

progresista progressive

prohibido forbidden

prójimo human, fellow being

prole f. progeny

promesa promise

prometer to promise

pronto quickly, soon; **de** — suddenly; **por de** — in the meanwhile; **al** — at first

propicio favorable, propitious, suitable

propiedad private property

propietario owner

propio (my) own; very, same

proponer to propose

proporcionar to provide

propósito purpose, intent

prosódico prosodic, poetic

protuberancia growth, knob, protuberance

proveer to provide

provenir de to stem from, be caused by

provocar to provoke, cause

proyectar to project, plan

proyecto plan

prueba proof; **viaje de** — test trip

psicología mind

púa barb

pucho butt; **sobre el** — right off, immediately

pudrir to rot; ¡**Pues ahí se pudran!** Well, let them rot there!

pueblero city boy, town dweller

pueblo town, people

puente bridge

puentecito little bridge

puerco pig

puerta door, gate, entrance, doorway

puerto port, harbor

pues then, well, please, why, since, for, *sometimes untranslatable*

puesta: — **de sol** sunset

puesto place; — **que** since

pulcritud neatness; perfection

pulga flea

pulido polished, shimmering, shiny; smooth

pulir to smooth, scrape

pulmón lung

pulpo octopus

pulsar to play, finger, touch lightly

pulla dig, crack

pullazo crack, remark

punta tip, top, point

puntapié *m.* kick

puntazo a jab from a sharp-pointed instrument

puntera toe

puntería aim; **hacer** — to aim

puntilla: de —**s** on tiptoe

punto point; **en este** — at this moment; **a** — **de** on the point of

puñado handful

puñal *m.* dagger

puñalada stab, dagger thrust; stab wound

puñetazo punch, sock

puño fist, handle, grip, closed hand

purgante physic

purito clear

Q

que that, who, which, *sometimes untranslatable*; **¡Qué + *adj.*!** How + *adj.!*; **¡Qué + *noun!*** What a + *noun!*; **¡Qué de + *noun!*** How many + *noun!*; **¿A que . . .** I'll bet

quebrada gully, gulch, stream

quebrar (ie) to break; — **la cola** to put an end to, break the back; to go broke, go bankrupt; —**se** to be broken

quebrazón breaking

quedar to remain, be left; **le queda la inquietud** she is still bothered (upset, disturbed); **para mejor** — to cap the climax, to boot; **le quedaría bien** it would look good on him; —**se** to remain, stand, be, be left

queja complaint

quejarse to complain, cry out

quel = que el

quemante burning, heated

quemar to burn; —**se** to be on fire

quemazón fire, bonfire

querer to want; to like, love; — **decir** to mean; — **mal a alguien** to take a dislike to someone

ques = que es

¿quiay? = ¿qué hay? What about it?

querío = querido

qui = que

quicio door frame, frame

quien who, whom, those who, people who; **cada** — each person

quieto still

quilla keel

quinta farm, country estate, villa

quinto fifth

quisites = quisiste

quitar to take away; —**se** to get rid of

quitasol *m.* parasol

quizá(s) perhaps, maybe; — **si** perhaps

R

rabia rage; **de** — angry

rabínico rabbinical, pertaining to rabbis

rabino rabbi

rabioso furious

rabo tail

racimo cluster, bunch of bananas

raciocinio power of reason

racha streak, interval

raíz *f.* root

rajar to split, tear, lay open

ralear to decimate, thin out, clear out

ralo sparse, thinned out

rama branch

ramada arbor, framework

rana frog

ranchero mess attendant, mess boy

rancho hut, ranch house, shack
rapar to shave; to clip, cut short, crop closely
rápidamente quickly, rapidly
ras: a — de along the surface of
rascacielos *m.* skyscraper
rascarse to scratch (oneself)
rasgo feature
rasguear to play flourishes on a guitar, strum
raso satin; **al —** outside, in the open air
rasgueo flourish
rastro trace
rastrojo(s) fodder, stubble
rato time, while; **al poco —** after a short time; **a cada —** every now and then; **a —s** every now and then; **al —** after a while
raya line; ray (*of light*)
rayar to stripe; **— el alba** to dawn
rayo lightning stroke, thunderbolt, ray
raza race
razón reason, excuse, information, source
razonador reasoner, calculator
razonamiento reason
razonar to reason
reaccionar to fight back
real *m.* real, *ten centavos in Peru*
realito *dim. of* real real *or* ten centavos
realidad reality, real life
realizar to carry out
reanudar to go back to, renew
reaparecer to reappear
rebanada chip, slice
rebelde rebel, revolutionary
rebenque whip
rebosante dripping
rebotar to strike
recado note, message
recalentado heated, extremely hot
receloso timid, suspicious, distrustful
recién *Before an inflected verb* just: **recién volvía** he had just returned; *before a past participle* newly, recently: **recién construído** recently built
reciente recent
recinto room

recio hard
recipiente bowl
reclamar to require, demand
recluta recruit, boot
recobrar to regain, recover; **—se** to recover consciousness, return to reality
recodo bend
recoger to pick up, obtain, get; to bend back, draw back
reconcentrado narrow, one-sided
recondite recondite, secret, abstract
reconocer to recognize, acknowledge
recordar (ue) to remember, recall, remind
recorrer to go over, cross, retrace, go back, walk about
recostar to rest; **—se de** to lean against
recova shed
rectificar to straighten
recto straight
recuerdo memory, souvenir
recuperar to recover, get back
recurrir to resort
rechazar to reject
red *f.* net; mesh, network; entanglement
redactar to edit
redactor editor
redomón bronco
redondear to complete, round out
redondo round
reducido reduced, small
reenganchar to re-enlist, sign up again
reflejar to reflect
reflejo reflex, automatic, expression
reflexión reflective power
reflexionar to reflect, think
reforzar (ue) to reinforce, strengthen
refugiarse to hide out
refulgente shining, shimmering
regado scattered, sprinkled about
regalar to give (*as a gift*), donate
regla rule; **en —** in due form
regresar to return, go back, come back
rehacerse to regain strength, vigor
reincorporado re-enlisted
reír(se) (de) (i) to laugh (at)
rejuvenecer to become (grow) young

relación relationship; recital; **gato con —es,** *A dance with a pause for each partner to recite original verse or* coplas
relacionado related
relampaguear to flash
relato description; **de — ejemplar** of exemplary conduct
relinchar to whinny
reloj *m.* clock, watch; **— de órdenes** engine order telegraph dial
relucir to shine
relumbrar to sparkle
relleno stuffed
remate sale
remedo imitation; **— del mar** sea-like expanse, small lake
rememorar to recall
remendado patched; **—s de milpas** a patchwork of cleared fields
remo oar; spindly leg
remolino swirl of hair
remontarse to rise (above)
remordimiento remorse
remover (**ue**) to stir up, move back and forth; to turn
remozado rejuvenated
remuneración reward
renacuajo runt
rencor rancor, anger
rencoroso spiteful
rendija crack
rendirse (**i**) to become exhausted
renovar (**ue**) to renew
renegrido blackish
renunciar to resign, give up
reo criminal, accused
reojo: de — out of the corner of the eye, with a sidewise glance
reparar (**en**) to pay attention to, note
reparto delivery
repasar to strop
repente: de — suddenly
repentino sudden, swift, spray
repetido repeated; **—as veces** repeatedly
repetir (**i**) to repeat; **—se** to be repeated
repleto crowded, full
replicar to answer, reply
reponer to answer, reply
represión scolding, bawling out

represa dam
representante representative
reprobar (**ue**) to reprove, criticize
reproche reproach
repuesto recovered
repulsión revulsion
requerir (**ie**) to summon
res *f.* animal
resaltar to stand out
resbalar to slip, slide; to run down
rescatar to rescue, save
rescoldo coal, ember
reseco parched, very dry
resentido hurt
resfalar = resbalar to slip
resguardo prevention; **se pone a — de** he seeks to prevent
residuo residue
resignar(se) a to be likely *or* apt
resistir to resist, object; **—se a + *inf.*** to refuse to + *inf.*
resolver (**ue**) (**se**) to be resolved, be cleared up, become, turn into
resollar (**ue**) to breathe
resonancia echo
resonar (**ue**) to sound, ring, resound
resoplar to puff
respaldo back
respingado turned up
respirar to breathe, take in, inhale
resplandor brilliant light, glow, brilliance
restante: en lo — afterwards
resto rest; **—s** remains
restregarse (**ie**) to rub; **— las manos** to rub one's hands with joy *or* satisfaction
resultado result
resultar to turn out, prove to be, be
retén *m.* catch; anchor
retintín tinkle
retirarse to leave
retiro retirement; home, house
retorcido twisting, writhing, squirming
retorcerse (**ue**) to twist, writhe, squirm, twist and turn, contort
retrasado retarded, late
retrato picture, photograph
retreta retreat, rest *or* free period
retroceder to go back, back up

retroceso backward step, retrogression

reunión *f.* group, gathering, party

reunir to unite, join, bring together

revelar to reveal, show

reventar (ie) to break out, cause to burst

revés *m.* blow

revirado: — **contra** entangled by, enmeshed in, trapped in

revista review

revolotear to flutter, swirl about

revolucionario revolutionary, leftist

revolver (ue) to stir

revulsivo revulsion; — **cutáneo** cutaneous revulsions, counterirritant, *skin irritations to counteract disease in another part of the body*

rey *m.* king; **los —es Magos** the three Wise Men, *who correspond in Spanish-speaking lands to our Santa Claus*

rezar to pray

rezongar to scold, gripe

riachuelo stream

ribeteado studded

ricuerdo = **recuerdo**

riel *m.* rail

rienda bridle

riesgo risk

rígido rigid, erect, straight and tall

rigor severity; heat

rigurosamente rigorously, completely, thoroughly

rincón corner

risa laughter; **—s** laughter

ritmo rhythm

ritual: de — customary

rivalidad rivalry

robar to steal, pilfer

robo robbery

roca rock

roce touch

rocoso rocky

rodaja spur wheel

rodar (ue) to roll, roll about

rodear to surround, go around, gather round

rodilla knee

roedor rodent

rojo red; **lo puso al — blanco** made him red with rage

rombo diamond-shaped panel

romper to break, upset; **—se to break**, be broken; **rompérsele to break inside of her**

ronco hoarse

ronda inspection, rounds; patrol

ropero clothesrack, hatrack

rosado rose-colored, pink

rosario rosary

rosetita *dim. of* **roseta** tiny rosettes

rostro face

roto broken

rotundo full, sonorous

rozado trimmed, cut down, cleared

ruana poncho

ruanito roan

rubio blonde

ruborizar to shame

rueda wheel, circle

rugoso wrinkled

ruído noise

ruidoso noisy

rumbiar to head for, set out

rumbo direction; **sus ojos cambiaron de —** his eyes became glassy; **— a** bound for, headed for

rústico rustic, countrified

S

S. A. = **Sociedad Anónima** stock company

sábana sheet

sabiduría knowledge, wisdom

saborearse to enjoy

sacar to take out, get out, take away, stick out; to swipe; to draw forth, draw out, bring forth; — **el cuerpo** to avoid; — **a patadas** to boot out, kick out

sacerdote priest

saciado satiated, exhausted

saco coat, suit coat

sacrificio sacrifice; murder, death

sacudir(se) to shake, beat, thump

sádico sadistic

sagrado sacred, grateful

sala room, living room; — **de conciertos** concert hall

salamandra *m.* firefighter

salida exit, departure, sally; — **de bromista** humorous remark

salir to leave, depart; ¡Sálgase de
ahí! Get out of there!

salobre salty, salt-caked (*because
of exposure or nearness to the
sea*)

saltar to jump

salto jump

saludar to greet, say "hello" to; to
acknowledge

saludo greeting; hacer un — to greet

salvaje savage

salvar to cross; —se to be overcome

salvo save, except; estar a — to be
safe

sangre *f.* blood; de — bloody

sanguijuela leech

santo saint's day; ¡— Dios! Good
Lord!; — y seña password

sapo frog

saquería sack factory

sardinel *m.* curb

satisfecho satisfied, contented

Scarlatti, Alessandro (*1659–1725*)
an Italian composer

secar to dry; —se to dry up, wither
away

seco dry; en — abruptly

secretaría clerk of the court

secretario clerk of the court

secuestrar to kidnap

secuestro kidnaping

sediento thirsty

seguir (i) to follow; to continue, remain; — + *pres. part.* to go on
-ing, keep on -ing

segunda second class

seguridad assurance

seguro sure; de — surely

selva jungle

sellado sealed

semblante face, countenance

semejante similar; *m.* fellow, com-
panion; ¡— + *noun!* Such a *noun!*

semilla seed

sensato meaningful

sentar (ie) to seat; —se to sit down

sentencia statement, saying, proverb

sentido direction

sentir (ie, i) to hear; —se to feel,
think; to be; to believe; to regret,
be sorry

seña sign; santo y — password

señal *f.* sign, signal

señalar to point out, indicate

separarse de to leave

Sepher Yezirah (Hebrew) "The
Book of Creation," *an early trea-
tise on religious matters*

sequía drouth

sér being

serenarse to grow calm

serenidad calm, serenity

sereno calm, peaceful, cool

serie *f.* series; una — de a bunch of

serio serious

seriote very serious

serpentina serpentine; las —s muertas del alla the crumpled serpentine of the morning after

servicial accommodating; La — The
Home of Good Service, *name of
a commercial establishment*

servilleta napkin

servir to man; — de algo to do any
good

setenta y dosava seventy-second

sevicia excessive cruelty

seya = sea

sian = se han

sicario paid assassin, gangster

siembra planting, crop

sien *f.* temple

sierra mountains

siés = si es

sigilo caution, secrecy, reserve

sigiloso cautious

silbar to whistle

silbato warning whistle

silbido whistle

silboso wheezing, whistling

silencio silence; quiet, silent; taps

silencioso silent, quiet

silueta form, figure

silvestre wild

simiano simian, *pertaining to apes*

simpatía attractiveness

simpático nice

simulacro sham, fake, put-up job

sino but, only, except

síntoma *m.* symptom, indication

sío = sido

siniestro disaster

sinó if you don't, if not

sinuosidad twist, turn

sinvergüenza smart aleck, little brat, shameless wretch

siquiera at least; **ni —** not even

siquis *f.* make-up

sitio place; **dejar —** to move about, change places

so *An epithet used before an adjective or a noun that increases the scorn and insult intended by the speaker:* ¡So gringo! You gringo, you! *Sometimes it is used like our* lousy *or* dirty

soberbio haughty, prideful

sobra: de — more than enough, over and above

sobrar to have in excess, be left over, have to spare; **nos sobra espacio** we have room to spare

sobre about, concerning; above; *m.* envelope

sobrecogedor pitiful

sobrellevar to suffer patiently

sobremesa after-dinner conversation

sobresaltado startled

sobresalto difficulty

sobrevenir to come to pass, happen, occur

sobrino nephew

socarrón mocking

sol *m.* sun, sol (*the Peruvian monetary unit*); **llave de —** key of C

solapa lapel

soledad lonely place, solitude, loneliness

soler (ue) to be accustomed to

solitario lonely

soltar (ue) to loosen; to slip in, stick in, drop in; to let loose, let out; **—se** to break loose, get away

soltura ease, agility, nimbleness

sollado crew's space, quarters, enlisted men's quarters

sombra shadow, shadowy figure

sombrerito *dim. of* sombrero little hat

sombrero hat, cap, sailor's cap; **— panza de burro** gaucho hat (*This type of hat was made from the hairy skin of the donkey's underbelly. Its shape was similar to that of an inverted flower pot*)

sombrío gloomy, somber

son *m.* **en — de** for the purpose

sonar (ue) to sound, resound, ring out; **—se** to blow one's nose; **—a lluvia** to sound like rain

sonido sound

sonriente smiling

sonrisa smile

sonrojado blushing, flushed

soñar (ue) to dream; **a — con los angelitos** sleep tight, knock it off

sopa soup

soplar to breathe, blow

soplo breath, puff, gust, intimation

soportar to put up with it, bear, suffer in silence, stand it

sorber to swallow (up)

sordamente dully, quietly

sordo deaf, insensible, unmoved, dull, muffled

sordomudo deaf-mute

sorna shyness; **con —** slyly, knowingly, ironically

sorprender to surprise

sorpresa surprise

sosegado quiet, calm

sosegar (ie) to quiet

soslayo; de — casually, superficially

sospecha suspicion, fear

sospechar (de) to suspect

sótano basement

Spinoza, Baruj (*1632–1677*), *the great Dutch philosopher*

suave gentle, softly

suavizar to soften; **—se** to become gentle

subconsciente subconscious

subir to go up, go aboard, rise, come forth, come up, mount

súbito sudden; **de —** suddenly

subrayar to underline

subsanar to counteract, correct, alleviate

subterráneo underground, invisible

suburbio suburb, outskirts

suceder to happen

suceso event

sucio dirty

sudar to sweat

sudor sweat

sudoroso sweaty

sueldo salary

suelo ground, floor

suelto loose, free

sueño sleep, dream; tener — to be sleepy

suerte *f.* fate, luck, chance, lottery ticket

suertero lottery ticket seller

suertudo lucky; ¡Qué —! What a lucky guy!

suficiencia completeness; self assurance, cocksureness

sufrimiento suffering

sufrío = sufrido

sujetar to hold up

sujeto person, individual

sulfurar to gripe, annoy no end

suma amount

sumamente very

sumergirse to sink, go under

sumido absorbed; surrounded by; sunken, swallowed up

suntuoso rich, luxurious

suplementado aided

suplementario extra, added

suponer to suppose, presuppose

surcar to cross, cut through, mark

surco furrow

surgir to come out, stick out, project, come up, come into existence

surtidor fountain

suspenderse to cancel, call off

suspirar to sigh, long

suspiro sigh

susto surprise, fright, scare

susurrar to murmur

sutil subtle

T

ta = está

taba = estaba

tábamos = estábamos

taberna tavern

tabique partition

taburete stool

taco heel

tacto touch, human contact

tahur gambler, scoundrel

taita dad, daddy

tajamar bridge pier, jetty

tajo slash

tal such (a); — como just as; — vez perhaps, maybe; — cual as; — o cual such-and-such, so-and-so;

un — a certain, one; el — Colorado this fellow Colorado; la — hija mía that good-for-nothing daughter of mine

Talmúdico Talmudic, *pertaining to the Talmud, a collection of Jewish canonical and civil laws*

talón heel

tallar to cut; to be lucky

taller workshop, shop

tamaño size

tambaleante weaving, wavering; trembling

tambo cattle corral

tan so; — . . . como as . . . as; tan-tan dong, dong (*imitation of a ship's bell*)

tanto (—s) so much (many); en — (que) meanwhile, while; un — somewhat; números —s number so and so; por — therefore, as a result; — como as well as

tapia wall, adobe wall, *used instead of a fence in Spanish America*

tapón gasoline cap

tara burden, disadvantage; grasshopper

tararí tarí tararí *imitation of a bugle*

tardanza delay

tardar to delay, be late, be long in

tarea job, task, performance, chore

'tarías = estarías

tarifa charge, ticket price

tarlatán cotton cloth

tarraya = atarraya casting net, hand net

tarro tarro, *a Central American plant whose branches are used in lean-to construction*

tastazo slap, sharp blow

tata dad, pop; *m.* father, *a form used to show respect, like* don

teatralidad showmanship

teclado keyboard; —s de luz shimmering lights

técnica technique; la — de los incendios the firefighting procedures

techo roof

tei = te he

tejer to weave

tela cloth; —s cloth, goods, fabric

telaraña cobweb, spider web

telegrafiar to telegraph, wire

tema *m.* subject, theme

temblar to shake, tremble

temblón trembling, unsteady

tembloroso trembling

temer to fear, be afraid of

temerario bold, reckless, daring

temor fear, fright; suspicion

tempestá = tempestad

tempestad storm; trouble ahead

templado soft

templanza temperance

templar to temper

templo church

tenazas *f. pl.* pincers

tender (ie) (se) to stretch out, hold out, recline

tendero bookseller

tendón tendon, sinew

tener to have, hold; — mucho interés en + *inf.* to be very interested in + *pres. part.;* — que + *inf.* to have to + *inf.;* no — cómo + *inf.* not to have means to + *inf.*

teniente lieutenant

tentar (ie) to make, attempt

tenue thin, flimsy, delicate

teñido tinged

terapéutica cure

terco stubborn

Terminal Marítimo Maritime Terminal, *the docks area at the port of Callao, Peru*

terminante decisive, peremptory

ternero calf

ternura tenderness

terquear to bother, annoy, insist stubbornly, be persistent

terqueye = terquee

terraza terrace

terreno ground

terrón clod, clump of earth

terroso earthy, dusty

terso smooth, shiny, glossy

tesis *f.* thesis

tesón determination

tesoro treasure

testigo witness, observer, onlooker

testimonio(s) testimony

Tetragrámaton *m.* Tetragrammaton (*Greek*), *the group of four con-sonants of the holy name Jehovah, written JHVH. The word was never uttered in late Hebrew tradition and, consequently, the true pronunciation was lost*

tetrarca governor

tez complexion, skin

tiagás = te hagás

tibio warm

tiempo time; a — que at the same time as; a — in time, on time

tierno tender

tierra dirt, land, country

tieso stiff, straight, tense, hard, rigid

timbre *m.* bell, ring, tone of voice

tímidamente timidly

tiniebla(s) shadow, darkness

tinte color

típico typical; trajes —s native costumes

tipo type, guy, fellow; —s letters, type

tipógrafo typographer, typesetter

tira strip

tirador moneybelt

tirar to throw; — de to pull; —se al agua to dive into the water

tiritar to tremble

tirón jerk, pull, tug; de un — at one blow (stroke)

tironear to jerk while gnawing, tug, pull and haul; — como perro en vaca muerta to get nowhere

tiroteo gunplay

titubeante shaky, quivering, unsteady

tiza chalk

tobillo ankle

tocar to play, touch

todo all, everything; del — completely, entirely; no . . . del todo not . . . at all

todopoderoso all-powerful, omnipotent

tomado: voz —a strange, unnatural voice

tomar to take, set out; to have a drink, drink; — por to consider

tondero *A type of song popular in Peru*

tongo top hat

tontería foolishness

tonto silly, stupid, dumb

toque stroke, touch; ring(ing); call, bugle call; — de silencio taps

torcer (ue) to turn, twist

tormenta storm

tornar to turn; — a + inf. to . . . again; —se to turn around

torniscón slap

torno: en — de (a) around; over; because of

torpe stupid, dumb

torpeza stupidity

torrente flood

tortilla tortilla, *Mexican-Indian bread shaped like a pancake*

tosco coarse, rough, imperfect

toser to cough

tostado burnt by the sun

totalizarse to take shape

trabajá = trabajar

trabajado worked, inspired, spurred on

trabajar to work; — la paciencia to annoy, bother

trabajo job, work, effort, trouble; da — it takes effort, it's hard to

trabajoso hard, difficult; trabajosamente laboriously, with difficulty

traducirse en to take the outward shape of, come to the surface as

traducción translation

traer to bring; —se to bring along

tragar to swallow

trago swallow

traicionar to betray, fail

traicionero tricky, two-faced, double-dealer

traidor traitor

traje suit, dress, costume

trajeado clothed, dressed

trajín hubbub

trama plot

tramar to plan

trámite proceeding; sin mayor — without any delay

tramo section, link, division

trampa trap door, trap

trance: en — de in the process of

tranquil *m.* peace, peacefulness, calm, tranquillity

tranquilizarse to be satisfied; to be at ease, be calmed down

tranquilo sure, confident, peaceful, tranquil, quiet, even-tempered

transcurrir to take place

transcurso course

translúcido clear, translucent

tranvía *m.* streetcar

trapito rag, cleaning cloth

trapo rag, cloth; —s shabby clothing, clothes

tras after

trascendencia importance

trasladar to move, transfer; —se to be sent

traslado movement

traslúcido translucent

trasmitir to pass on

trastienda back room

trastorno trouble, upset, catastrophe

trasudar to be the cause of, be responsible for

tratar to treat; se trataba de it was a matter (question) of; — de + inf. to try to

través: a — de through

travesía crossing, trip

trayecto trip, stretch, section, journey

trayectoria trajectory, path, location

tremendo terrible

trenza braid, tress

treparse to climb up

trepidante vibrating, shivering, shaking

trerse = traerse

tribunal: — de hecho jury

trigésimo tercero thirty-third

trillar to mark up, scratch

tripas *f. pl.* insides, stomach

triturar to crumble, crush

triunfante triumphant

triza splinter; hecho —s splintered

trocito *dim. of* trozo little bit of

tronco trunk

troncón tree trunk, log

tropa troop

tropel: en — en masse

tropezar (ie) to stumble; —(se) con to stumble over, come upon, meet, find

tropilla herd
trote trot; al — on the run
trozo piece
trueno thunder, thundering, thunderclap
trueque exchange, barter
tubo receiver
tumba tomb
tumbarse to fall down
tumbo bound; a —s beating wildly
turba crowd, flock, gang
turbio muddy, hazy, cloudy
turno turn; — de paseo liberty; — franco liberty (naval terminology)

U

ubicuidad ubiquity, mobility
ubre f. udder
ufano proud
ultimar to kill
último last; últimamente recently
umbral m. doorway, entrance, threshold
único single, only; unique
unir to unite
untuoso unctuous, fawning; determined
uña fingernail, nail
urbanidad politeness, courtesy
urbano city, municipal, urban
urdir to scheme, plan
usté = usted

V

vacío empty, unpopulated; —a de todo pensamiento free of all thoughts; m. opening; nostrils
vadear to ford, wade across
vadeo: al — wading
vadeyo = vadeo
vagamente vaguely, hazily
vagar to wander
vagón coach, passenger car, car
vaho vapor, air
vaina pod; trouble, annoyance, difficulty, mess; déjense de —s quit your messing around
valentía courage
valer to be worth; no vale there's no use to; más vale que it's better

valija suitcase, bag
valioso worthwhile, valuable
Valparaíso a coastal city in Chile that serves as the port for Santiago, the capital
valse waltz
valle valley
vanagloriarse to take pride in
vapor steam
vaporcito: — de niebla small cloud of mist
vara branch, twig
variación change, variation
varios several
varón manly
varonilmente in a manly fashion
vaso glass, hoof; — de nivel level gauge
vaya: ¡— si lo conocía! she surely did know him! — a saber who knows
vecino neighbor, nearby
vega flat lowland
vehementísimo very forceful
vejar to vex, scoff, censure
vela sail; candle
velado veiled, covered
velita candle; — de sebo tallow candle
veloz fast, swift, rapid
vellón woolly puff
vena vein
venadito little deer, fawn; —a doe
venalidad venality, corruptibility
vencedor winner, victor
vencer to overcome, conquer
vendaval strong wind, windstorm
vendedor seller
vengador avenger
venganza(s) vengeance
vengarse to take revenge
venidero future
ventaja advantage
ventanilla window
ventar to blow
ventilador ventilating fans
ver to see, look around; —se to be seen, be visible, look, appear, be; —se en el caso de to have to, be forced to; se las ve they look
verdaderamente really, truly
verdinegro dark green

verdugo assassin, murderer; executioner

vereda path, sidewalk

vergonzoso shameful

vergüenza shame; **tener —** to be ashamed

verja iron fence, grating, gate

verosímilmente quite likely, in all probability

vertiginoso dizzy

vértigo dizziness

vestido dress; **—s** clothing

vestigio remain

vestir (i) to dress; **cuarto de —** dressing room

vez time; **de una —** at once, right away; **a veces** at times; **cada — más** more and more, more . . . than ever; **a la —** at the same time

vía way, track; **— muerta** siding, track; **— Láctea** Milky Way

viajar to travel, ride, go

viaje trip, cruise, voyage

viajero tourist, traveler

vibrante vibrant, quivering, pulsating, tense

vibrátil quivering, pulsating

vide = **ví**

vidriera show window

vidrio glass, pane

vidrioso brittle

vieja old woman, mother, old lady

viejecillo little old fellow

vientre belly, inwards, hold (of a ship), stomach, womb; **— seco** unproductive

vigía m. lookout

vigilante policeman

vigilar to watch (over)

vigilia vigil, wakefulness

vigorizarse to grow strong

vincular to connect, link

vínculo link, tie, bond

viola guitar

virar to turn

virola little ball

visera: en — over his eyes

visita visitor, visit

vislumbrar to glimpse

vislumbre semblance, intimation

víspera evening; **estar en la — de** to be on the point of

vista sight, view; trial; **a primera —** at sight; **bajar la —** to lower one's eyes

visto plain, obvious

vivaz all-consuming

víveres m. pl. groceries, food

viveza liveliness, intelligence

vivo lively, intense; sharp, quick-witted, clever (with a lack of scruples understood in all cases)

vocal f. vowel

volante flying

volar (ue) to fly

voltear to turn

volumen volume

voluntad will, will power

voluta turn, whorl, spiral

volverse (ue) to turn (around), become

voracidad greediness, voracity

voraz voracious; **— elemento** all-consuming flames

vos you

vuelo flight; **tiene ya poco —** it doesn't have very much grip any more

vuelta turn, return; **dar —** to turn, turn over; **dar una —** to take a turn

vuelto wrapped, confused

Y

ya already, later, in a short time, now; **— no** no longer, any more; **— que** since, inasmuch as

yacente lying down

yacer to lie

yale f. lock

yate yacht

yegua mare, filly

yema tip, end

Yidische Zaitung Yiddish newspaper (fictional title)

yunta yoke, pair

Z

zacatón grass

¡zafa! go on! baloney!

zafarse to come apart

zafiro sapphire
zambo mulatto
zapateo zapateo, *a dance similar to our tap dance characterized by intricate steps*
zapatilla tennis shoe, sneaker

zapato shoe
zarabanda bustle, noise, mad confusion
¡zas! zip! swish!
zumbar to hum, buzz

Date Due

DEC 4 1970			
DEC 13 1971	JAN 0 9 2001		
DEC 6 1972			
MAR 28 1973	NOV 0 6 2006		
DEC 3 1973	APR 16 2007		
NOV 11 1976			
NOV 1 1982			
NOV 30 1982			
DEC 14 1982			
JAN 12 1983			
JAN 27 1983			
FEB 12 1983			
JAN 12 1999			
MAR 2 0 2002			